운명으로 본 인생

金讚東 著

明文堂

머 리 말

한낱 사주(四柱)쟁이에 불과한 사람이 인생에 대한 문제를 놓고 글을 쓴다는 것이 쉬운 일이 아니었다. 뚝섬 지하철역 근처에서나 아니면 여름에는 뚝섬 유원지에서 돗자리 하나 깔아 놓고 지나가는 사람들을 상대로 사주를 감정해 주고는 복채(卜債)를 몇 푼씩 받아 가며 생활하는 사람이다.

때로는 어린이대공원 입구나 대학가 주변 등을 돌면서 일정한 자리를 잡지 못하고 돌아다니면서 사주쟁이 노릇을 했다.

한때 조그마한 점포를 하나 빌려 철학관 간판을 내건 적도 있었다. 이렇게 하기를 15, 6년이란 세월이 쏜살같이 지나가 버렸다. 그러다가 사주쟁이 노릇을 그만두고 노동판에 들어가 노동을 해보기도 했다.

그러나 역시 물고기는 물에서 놀아야 하고 송충이는 솔잎을 먹어야 사는가 보다. 하루도 만세력(萬歲曆)을 만져보지 않으면 삶의 의욕을 잃을 정도가 되어 버렸으니 타고난 팔자는 어쩔 도리가 없는가 보다.

그래서 지금까지 살아오면서 경전을 보기도 하고 사주학을 더욱더 심도 있게 연구도 하며 항상 기도를 통하여 우주의 대부모이시며 창조주이신 천지부모를 만나게 되었다.

깨닫고 보니 나의 원인이 그곳이고 내 영혼을 낳아 주신 분이 천지부모란 것을 알고는 얼마나 감격했는지 모른다.

내가 만일 천지부모를 몰랐다면 한줌의 흙만도 못한 불쌍한 인생이 되고 말았을 것이다. 그러나 천지부모께서는 나의 손을 이끌어 주시며 새로운 마음의 눈을 뜨게 해주심으로써 인생과 우주의 근본문제를 이해하게 되었다.

'천상천하 유아독존(天上天下唯我獨尊)'이라고 하신 부처님의 말씀이 이해가 되었다.

인간은 천지자녀(天地子女)로 태어났으므로 천지부모 앞에서는 효자효녀의 길을 당연히 걸어가야 한다는 것도 알게 되었다. 또한 인간은 만물을 사랑해야 된다는 것을 알게 됨으로써 한모금의 물도 귀중하게 생각되었다.

다른 만물과 달리 인간에게 육신과 영혼의 이중구조로 만들어 주신 천지부모의 그 무량한 은혜 앞에 감격의 눈물을 흘리지 않을 수 없다.

인간의 본래 모습은 귀중하고 거룩한 천지자녀였다가 타락하여 죄를 지음으로써 악마의 노예가 되어 죄악자녀로 떨어지게 되었고 여기에서 다시 본래의 천지자녀의 자리를 찾아 나아가고자 하는 것이 곧 수도인(修道人)의 모습이란 것을 깨닫게 되었을 때 인생의 참모습이 나타나기 시작했다.

죄악의 세계에 떨어져 있는 그 자체도 고통이지만 본래의 세계로 돌아가는 길은 더 어렵다는 것을 알게 되었다.

그러나 아무리 고통이 심하다 해도 반드시 돌아가야 하는 것이 우리 인생의 숙명이란 것을 알고는 강하고 담대하지 않을 수 없었다.

더구나 인생이란 육신생활로 끝나는 것이 아니라 육신을 벗고도 영혼은 영계에 가서 영원히 산다는 것을 깨닫고는 비록 길가의 잡초처럼 천대받는 사주쟁이지만 용기를 내어 글을 쓰지 않을 수 없었다.

타락으로 말미암아 없는 죽음을 있는 죽음으로 착각하며 살아가는 중생들이 불쌍하게만 보였다.

그들이 보기에는 사주쟁이인 내가 불쌍하게 보이겠지만 그러나 내가 보기에는 그들이 도리어 불쌍하게 보인다.

과연 참된 인생이란 무엇인가? 이것은 제일 먼저 천지부모를 알고 믿고 사는 인생이다.

천지부모를 알지 못하고는 그 사람이 아무리 재물을 많이 소유했거나 아무리 높은 권세를 지녔다 해도 헛된 인생이기 때문이다.

천지부모를 알고 믿고 사는 인생이 될 때 참된 사람의 가치를 부여받을 수 있기 때문이다.

그리고 마음을 바르게 가지고 모든 일에 감사하며 은혜를 잊지 말고 살아야 한다는 것이 곧 사주쟁이인 나의 주장이다.

또한 많은 사람들이 색마(色魔)의 노예가 되어 오늘도 무서운 간음죄를 짓고 살아가는 것을 볼 때 참으로 안타까운 마음 금할 길이 없다.

지금 우리들의 돌아가신 조상들은 모두 영계에 있다.

선업(善業)을 쌓아 낙원에 들어가서 생활하는 조상들도 있고 죄업(罪業)을 쌓아 지옥의 고통에서 몸부림치는 조상들도 있다. 지옥에 떨어져 살려달라고 아우성치는 조상들을 보게 될 때 구원해 줄 수 있는 길은 오직 지상에 살고 있는 후손들이 공덕을 쌓아 그 정성의 기운을 보내는 수밖에 없다는 것을 알게 되었다.

죄를 지은 업보(業報)는 조상과 후손을 사이에 두고 몇십 년이나 몇백 년을 따라오면서 그 빚을 받아 가려고 오늘도 우리 인생을 노리는 것을 볼 수 있었다.

업보란 조상들이 지어놓은 빚이다. 그 빚을 다 갚기 전에는 결단코 편안히 잠을 자거나 쉴 수가 없는 것이다.

만일 그 빚을 갚지 않으면 강제집행을 당하는 것이니 곧 불치의 병이 들거나 불행한 사고를 당하거나 갑자기 벼락을 맞게 되거나 하는 것이다.

물론 다 갚지 않으면 나머지는 나의 자식에게 넘어가서 또 다시 환난을 당하게 된다.

그 사람의 사주를 보게 되면 이러한 내용들이 자세하게 나온다. 그러므로 현명한 사람은 사주를 보아 자기가 갚아야 할 빚은 무엇이며 얼마나 되는가를 알고 업보소멸을 위해 공덕을 쌓는 것이 가장 시급한 문제이다.

업보를 소멸(消滅)시키지 않고는 결코 안심할 수 없는 것이 우리 인생인 것이다.

이러한 내용들을 한낱 미천한 사주쟁이의 말로만 듣지 말고 대우주의 법칙으로 받아들여 준다면 그 사람은 이미 축복 받은 자리에 들어선 것이다.

조상들이 지은 업보는 반드시 소멸시켜야 그 조상도 지옥의 고통에서 해방될 수 있고 또한 지상의 후손은 큰 공덕을 쌓는 결과가 되는 것이다.

이러한 내용을 바르게 이해함으로써 남은 인생을 더욱더 복되게 살아야 하며 무엇보다도 죽음의 보따리를 잘 챙겨야 저승사자가 데리러 올 때 바쁜 걸음을 치지 않을 것이다.

지상의 일생은 저승에 잘 들어가기 위한 준비과정임을 이해하게 될 때 바르고 진실되게 살게 되는 것이다.

아무튼 이 책을 읽고 인생의 참뜻을 깨달은 사람은 복된 사람이다.

孟春

金讚東

■ 차 례

머 리 말
제1장 나는 누구인가? ·· 11
  1. 본래(本來)의 나 ·· 13
  2. 천지자녀(天地子女) ·· 19

제2장 천지부모(天地父母) ·· 25
  1. 천상천하 유아독존(天上天下唯我獨尊) ············· 27
  2. 효자효녀(孝子孝女) ·· 30
  3. 하늘의 생명수(生命水) ······································ 33
  4. 타고난 팔자(八字) ··· 35
  5. 천지법도(天地法度) ·· 37
  6. 사랑의 왕자(王子) ··· 40
  7. 제2의 조물주(造物主) ·· 44
  8. 영혼과 육신 ·· 47
  9. 은혜를 주시는 분들 ·· 63

제3장 인 간(人間) ·· 65
  1. 육 신(肉身) ·· 67
  2. 마 음 ·· 77

3. 나의 자리 …………………………………………… 86

제4장　천성(天性) ……………………………………… 107
　　1. 천성(天性)과 습성(習性) ………………………………109
　　2. 본래(本來)의 사람 ……………………………………113

제5장　인간의 가치 ……………………………………… 125
　　1. 인간이란 무엇인가? ……………………………………127
　　2. 고통(苦痛) ……………………………………………131
　　3. 신앙생활(信仰生活) …………………………………142

제6장　살아계신 하늘 …………………………………… 149
　　1. 마왕은 어떤 존재인가? ………………………………151
　　2. 천지부모는 어떤 분인가? ……………………………159
　　3. 역사(歷史)란 무엇인가? ………………………………168

제7장　회복(回復)의 길 ………………………………… 173
　　1. 당연(當然)한 고통 ……………………………………175
　　2. 천지부모는 구하면 주신다 ……………………………180
　　3. 진리의 배달부(配達夫) ………………………………184

제8장　죽　음 ……………………………………………… 187
　　1. 죽음이란 무엇인가? ……………………………………189
　　2. 없는 죽음 ………………………………………………195

3. 저승세계 …………………………………200
4. 저승생활 …………………………………209
5. 조상들의 소원 ……………………………218

제9장 어떻게 살아야 할까? ………… 225

1. 바른마음으로 살아야 한다 ……………227
2. 감사하며 살아야 한다 …………………232
3. 은혜를 생각하며 살아야 한다 …………239
4. 참고 살아야 한다 ………………………245

제10장 색마(色魔)의 장난 ……………… 255

1. 색마의 장난 ………………………………257
2. 색마의 발동(發動) ………………………266
3. 색마의 유혹 ………………………………273
4. 색마의 시험 ………………………………281
5. 색마의 활동 ………………………………291

제11장 운명으로 본 인생 ……………… 307

1. 운명으로 본 우주관(宇宙觀) ……………309
2. 운명으로 본 인생관(人生觀) ……………315
3. 운명으로 본 사생관(死生觀) ……………321

제12장 사주 보는 법 …………………… 331

1. 십간(十干)과 십이지(十二支) ……………333
2. 오행(五行) …………………………………335

3. 사주를 세우는 법 ……………………………………340
4. 대운(大運) ……………………………………………346
5. 육신(六神) ……………………………………………349
6. 용신(用神) ……………………………………………359
7. 합(合)과 살(殺) ……………………………………368
8. 실제 감정 ……………………………………………372

제13장 사주의 비밀 …………………………………… 383

1. 사주의 점지 …………………………………………385
2. 업보의 소멸(消滅) …………………………………390
3. 조상들의 소원 ………………………………………395
4. 조상들의 인연(因緣) ………………………………398

제14장 삼대주의(三大主義) ………………………… 403

1. 경천주의(敬天主義) ………………………………405
2. 인화주의(人和主義) ………………………………409
3. 애물주의(愛物主義) ………………………………412

■ 맺음말 ……………………………………………………415

제 1 장
나는 누구인가?

1. 본래(本來)의 나

사람이 살아가면서 가끔 한번씩 이런 생각을 하게 된다.
나는 누구인가?
나는 어디서 왔으며 또 어디로 가는가?
　이러한 문제가 평소 행복할 때는 느끼지 못하다가 생활에 어떤 변동이나 충격, 배신을 당했을 때는 사람이 실의(失意)에 빠지면서 이러한 생각을 가지게 된다.
　그러므로 나는 누구인가, 하고 자문(自問)을 하면서 잃어버린 자기를 찾고자 할 때 인생에 대해 새로운 눈을 뜨게 되는 것이다.
　그럼 나는 누구인가?
　필자는 한낱 사주쟁이에 불과하지만 인생과 우주에 관한 근본적인 문제에 대하여 여러모로 논해 보고자 한다.

(1) 하늘의 자녀

　인간은 본래 하늘의 자녀로 지음받았다. 그러므로 인간의 가치는 하늘의 귀한 가치만큼 높고 거룩하다. 온 천하를 주고도 바꿀 수 없는 고귀한 목숨을 가진 하늘의 아들과 딸이다.
　하늘이 처음 인간을 이 세상에 내보낼 때 하늘의 자녀의 가치로써 만들어 보냈으므로 인간은 누구에게도 멸시를 당하거나 무시를 당해서도 안되는 것이다. 더군더나 인간의 존엄성을 짓밟으면 더욱 안되는 것이다.

동학사상(東學思想)에 보면 인내천(人乃天)이라는 말이 나온다.

인간이 곧 하늘이라는 뜻이다.

사실 인간은 본래가 하늘의 자녀로 태어났으므로 이 말은 옳은 말이라 할 수가 있다. 인간의 본래 가치는 이처럼 귀중하고 고귀하며 유일무이(唯一無二)한 존재인 것이다.

하늘이 위대하고 거룩하며 존귀한 것처럼 인간도 하늘의 자녀로 지음받았기 때문에 인간의 본래 가치는 위대하고 거룩하며 존귀한 것이었다.

그러므로 나는 누구인가?

나는 곧 하늘의 아들로 이 땅에 태어났으므로 하늘만큼 위대하고 거룩하며 존귀한 나인 것이다.

(2) 죄악의 자녀

그러나 인간은 타락으로 말미암아 본래의 가치인 거룩함과 위대함, 존귀함을 다 잃어버리고 마치 쓰레기와 같은 아무 가치 없는 인간으로 떨어지고 말았다.

죄(罪)를 지었기 때문에 인간 스스로가 하늘자녀의 자리를 포기하고 죄악자녀(罪惡子女)의 자리로 떨어져 살게 된 것이다.

간음을 하고 도적질을 하며 살인(殺人)을 하는 등 죄악을 저지르는 인간이 되어 스스로 지옥(地獄)을 만들어 살아가고 있는 것이다.

인간 본래의 존귀한 모습은 찾아볼래야 찾아볼 수가 없고 거짓된 마음과 교만함과 원망하는 모습뿐이다.

타락으로 죄악이 마음의 눈을 가리게 되니 본래 인간 자신이 하늘의 자녀란 것을 모르고 살아가게 되었다.
 그러므로 인간의 영원한 부모이신 하늘을 모르게 되었고 또한 하늘을 공경하지도 않으며, 심지어는 자기가 잘못하여 사건을 저질러 놓고는 하늘을 원망하며 죄에서 죄를 가중시키며 살아가는 인생이 되고 만 것이다.
 또한 자기를 낳아 키워 주신 부모에 대한 은혜도 모르는 불효자가 된 것이다.
 부모의 은혜를 무엇에다 비유해도 부족하건만 도리어 불효자가 되어 심지어는 늙은 부모가 귀찮고 보기 싫어 관광유람 시켜 드린다는 명목으로 데리고 다니다가 그곳에다 몰래 부모를 버리고 가는 죄많은 자녀가 있는 것을 볼 때 진정 탄식하지 않을 수 없다.
 하늘이 두렵지 않은가?
 이것은 완전히 타락된 인간의 모습인 것이다.
 본래 인간의 모습에는 그 생각이 참되고 그 말이 정직하며 그 행동이 진실하였지만 타락된 이후에는 그 생각이 모두 거짓되고 그 말이 모두 거짓말뿐이며 그 행동이 모두 난폭하게 되고 말았다.
 사람은 누구나 타고난 능력의 한계가 있건만 자기의 분수도 모르고 탐욕만 앞세워 자행자지(自行自止)하다가 범죄를 저지르기도 하는 것이다.
 눈이 바르지 못하므로 보는 것이 모두 거짓으로만 보이며 남이 하는 일 중에서 조금이라도 허물을 발견하면 몇 배로 부풀려 소문을 내거나 이간질하기를 즐겨하는 인간으로 변하고 말았다.
 사람들과의 사귐에 있어서도 진실함이 없고 자기의 이익을 생각해 사람과 사귀다 보니 이익이 없을 때는 원수처럼 냉대할 수밖에 없는 것이 인간의 실상이다.

남이 보기에는 아무것도 자랑할 것이 아닌데도 자기 혼자 잘난 체하며 자만심에 빠져 날뛰기도 한다.

또는 돈푼깨나 있는 사람에게는 거머리처럼 달라붙어 있다가 돈이 떨어진 기미가 보이면 철새처럼 떠나가 버리는 소인배(小人輩)가 득실거리는 세상이 되고 만 것이다.

바른길로 가려 하지 않고 미신이나 요행수를 바라며, 노력도 하지 않고 일확천금을 꿈꾸며 살아가는 어리석은 인생이 된 것이다.

그러다가 뜻대로 되지 않으면 도적질이나 강도짓을 하게 되는 것이 타락된 인간의 모습이다.

진실로 좋은 것은 배우기를 싫어하고 음란한 것이나 사기(詐欺)치는 것만 배워 사람을 속이고 재물을 취하는 가증(可憎)스런 인간이 되고 만 것이다.

필자가 보기에는 이러한 인간의 모습을 바라보며 개탄도 많이 하였다.

심지어는 노모(老母)가 꼴보기 싫어 빨리 죽기를 바라는 부적을 부탁하는 것을 보고는 개탄을 금할 길이 없었다. 참으로 말세(末世)다.

(3) 수도인(修道人)

이처럼 온 천지(天地)가 죄악의 흙탕물로 가득차 있는 중에서도 소수(少數)의 무리들은 본래의 양심이 부르는 소리를 듣고는 죄악의 세계에서 벗어나고자 몸부림치는 것이 수도인의 자세가 된 것이다.

죄악의 두루마기를 벗어 버리고 본래의 나를 찾기 위해서

구도(求道)의 길을 가는 그 영광된 모습을 사람은 잘 모르지만 하늘은 알고 있는 것이다.

　마음속으로부터 끝도 없이 솟아 오르는 음욕(淫慾)을 억제하고 천도(天道)를 따라가기 위하여 하늘을 붙들고 통곡하는 수도인의 그 모습은 얼마나 아름다운가.

　이기심(利己心)을 버리고 이타심(利他心)으로 살아 보려는 수도인의 그 마음에서 거룩한 성자(聖者)의 모습을 보게 된다.

　남을 미워하고 저주하는 그 마음을 돌려 남을 사랑하고 용서하는 수도인의 그 모습은 하늘자녀의 자리를 찾으려는 고귀한 노력이다.

　또는 불같이 일어나는 분노심을 억제하기 위해 하늘을 한번 쳐다보고 극복하려는 수도인의 그 공덕을 하늘은 반드시 알고 있다.

　원망심의 고삐를 잡고 감사하는 길로 돌리고자 자기와의 무수한 싸움에서 승리하는 수도인은 참으로 훌륭하다.

　탐욕이 불같이 일어나는 것을 모두 억제하고 선업(善業)을 쌓기 위해 수도정진(修道精進)하는 그 모습이야말로 마치 살아있는 부처님을 보는 듯하다.

　한편의 말만 듣고 편벽(偏僻)되지 않고 오직 자기의 바른마음에다 중심을 잡고 세상을 바르게 보는 눈을 가지려고 노력하는 그 모습이야말로 진정한 수도인(修道人)의 표상(表象)인 것이다.

　교만한 마음을 몰아내고 겸손한 마음을 세우기 위하여 밤낮으로 기도하는 그 정성이야말로 반드시 성불(成佛)을 약속받을 수 있다.

　이처럼 잃어버린 본래의 나를 찾기 위해서는 먼저 나를 만들어 주신 주인을 찾아야 한다.

  그 주인을 찾고 보니 곧 우주의 주인이며 만유의 창조자인 천지부모(天地父母), 즉 하늘이다.

  그 하늘을 나의 참부모로 찾게 될 때 비로소 진실한 나를 찾을 수 있는 것이다.

  이처럼 수도인이 여러 가지로 마음을 닦는 궁극적인 목적은 하늘부모를 찾기 위한 노력인 것이다.

  이와 같이 인간의 모습을 세 가지 부분으로 나누어 보았다.

  첫째는 하늘자녀로 지음받아 거룩하고 존귀하며 유일무이(唯一無二)한 가치를 지니고 이 땅에 온 것이다.

  둘째는 하늘자녀로 온 인간이 죄를 짓고 타락하여 죄악자녀로 떨어지게 되어 지상지옥(地上地獄)을 이루게 된 것이다.

  셋째는 죄악자녀는 아무 가치 없는 인간 쓰레기 같은 물건이 되었는데 다시 본래의 하늘자녀의 자리로 올라가기 위해서 노력하는 것이 수도인의 몸부림이다.

  이것이 곧 인간의 현실적인 모습인 것이다. 그러므로 인간은 수도생활(修道生活)을 하지 않고는 하늘의 자녀자리로 복귀할 수 없는 입장이 된 것이다.

  다시 말하면 처음에는 천지자녀(天地子女)로 지음받았다가 중간에 타락하여 죄악자녀(罪惡子女)가 되었고, 마지막에는 다시 마음공부를 통하여 천지자녀로 되돌아가는 것이 인간이 가야 할 필연적인 운명이 되고 만 것이다.

  그러므로 나는 누구인가?

  나는 마음공부를 통하여 죄악의 두루마기를 벗어 버리고 천지자녀로 다시 태어나야 할 운명적(運命的)인 나인 것이다.

2. 천지자녀(天地子女)

　장구한 인류 역사 속에서 많은 현철(賢哲)들이나 선지자(先知者)들이 남겨놓은 명언(名言)을 보면 모두 인간과 우주의 심오(深奧)한 의문을 풀어 주려고 부단히 노력한 것을 우리는 잘 알고 있다.
　인간은 무엇이며 어디에서 왔다가 어디로 가는 것인가? 인간은 무엇 때문에 세상에 태어났는가? 우주는 무엇이며 어떻게 존재하는가? 하는 물음에 대한 무수한 의문을 풀어 보려고 노력하는 사람들도 많이 있다.
　그러나 그들이 가르쳐 준 대부분의 진리가 정도(正道)인 것만은 사실이나 완전한 것은 아니었다.
　때가 이르지 못하여 각각 선지자나 도주(道主)들은 부분적으로 밝혀 놓은 것이며 완전한 것은 아직 세상에 나타나지 않았던 것이다.
　그 이유는 하늘이 보기에 아직도 때가 되지 않았고 인간의 지능이 낮으므로 완전한 것을 받아들일 수 있는 준비가 되지 않았기 때문이다.
　인지(人知)가 미개한 시대에는 하늘이 인간을 대할 때 종(僕)으로 대한 것이다. 즉 주인(主人)과 종(僕)의 관계로 인간을 상대해 온 것이다.
　종은 주인의 깊은 마음을 알지 못한다. 다만 먹을 것만 많이 주면 좋아할 뿐이다.
　세월이 흐르는 동안 인간의 지능이 점점 더 발달함으로써 종의 자리에 있는 인간을 양자(養子)의 자리로 끌어올려 준 것이다.
 양자란 주인에게 친자식이 없을 때 대신자로 세우는 것을 말한다. 즉 인간과 하늘과의 관계가 주인과 양자의 관계로 승격(昇格)된 것이다.
 양자들은 하늘을 알기는 하지만 확실하게 알지는 못하는 것이다. 지금까지가 양자의 시대로 온 것이다. 그러나 이제 새로운 시대를 맞이하여 하늘은 인간의 창조본연(創造本然)의 모습을 보고자 하는 것이다.
 창조 본연의 그 모습은 인간의 가치가 하늘의 친자녀의 가치인 것이다.
 즉 인간이 하늘의 자녀이므로 인간의 가치는 온 우주보다도 더 고귀(高貴)한 존재로 나타나야 하는 것이다.
 참된 하늘의 자녀는 하늘을 부모로 모시고 효도하며 사는 인간이 되는 것이다. 하늘부모의 사정과 뜻을 아는 참자녀가 곧 하늘자녀인 것이니라. 하늘의 자녀는 죄가 없는 인간이니라.
 모든 기준을 하늘에다 정해 놓고 살게 되므로 누구를 대하든지 하늘의 자녀로 대하게 되는 것이다.
 즉 부모를 대할 때도 하늘처럼 모시므로 효자의 길을 가는 인간이 되며, 아내를 대할 때도 나의 아내라는 생각에 앞서 그녀는 곧 하늘의 고귀한 딸이라는 사실을 잊지 말고 사랑해야 한다.
 거룩한 하늘의 딸과 부부(夫婦)가 되어 산다는 그 마음의 자세가 곧 천지자녀(天地子女)의 마음인 것이다.
 하늘을 천지부모(天地父母)로 모시고 살 때 비로소 인간의 가치는 천지자녀(天地子女)의 가치를 완전히 부여받을 수 있는 것이다.

천지자녀의 자리를 회복하기 위해서는 여러 가지 선업(善業)을 지으며 살아가야 한다.

그 첫째로는 아직도 하늘을 모르고 죄악의 고통에서 신음하는 많은 중생들을 하늘 앞으로 인도하려고 노력한다. 나와 피를 나눈 형제가 죄악의 바다에 빠져 몸부림치고 있는데 어찌나 혼자 마음 편하게 살 수 있겠는가.

그들을 구하려고 노력하다 보면 오해와 멸시를 받기도 한다. 멸시와 천대를 받아가면서도 중생제도를 할 수밖에 없는 것이 천지자녀의 심정인 것이다.

둘째는 세상의 모든 미신(迷信)을 물리치고 오직 천지부모인 하늘만 믿으며 살아가는 것이다.

세상에는 온갖 미신과 수많은 가짜가 판을 치고 있다. 이처럼 죄악이 가득한 세상에서 천지자녀들은 정도검(正道劍)을 높이 들고 악당의 무리들을 용감하게 물리치는 용사(勇士)가 되는 것이다.

셋째는 수도인(修道人)들은 남의 허물을 말하지 않으며 그 허물을 포용해 나가는 덕을 쌓는다.

세상의 죄악자녀들은 남의 허물을 놓고 말하기를 좋아한다. 조그마한 허물이라도 발견하면 몇 배나 부풀려서 흉을 보므로 입으로 죄를 짓는 구업(口業)을 범하게 된다.

그러나 천지자녀들은 남의 잘못을 보면 감싸주려고 노력을 하며 반대로 남의 장점(長點)을 발견하면 진정으로 감사하며 키워 주려고 노력하는 것이다.

넷째는 천지자녀들은 자신의 능력과 분수를 정확하게 아는 것이다. 노력도 자신의 능력 안에서 최선을 다하며 분수 안에서 만족을 한다.

그러나 죄악자녀들은 자신의 능력은 무시하고 욕심만 앞세

워 무리하게 밀고 나가다가 실패를 보는 것이 다반사(茶飯事)
이다.
　다섯째는 천지자녀들은 효성(孝誠)이 지극하다는 것이다.
우주의 주인이신 천지부모와 낳고 길러 주신 생육부모(生育
父母)께 효도를 다하는 것을 천직(天職)으로 삼으며 살아가
는 것이다.
　천지부모의 은혜는 한량이 없다.
　사람은 공기가 있음으로써 호흡을 하며 살 수 있는 은혜를
입고 있다. 그러나 공기가 너무 흔하므로 그 귀중한 가치를
못 느끼며 살아가고 있다.
　단 10분만 공기가 없다면 사람은 살지 못한다. 또한 물이
너무 흔하므로 물이 귀한 것을 모르며 살아가고 있는 것이다.
뿐만 아니라 이 세상의 귀한 것은 모두 하늘이 만들어 준 것이
다.
　땅이 없다면 사람이 어디에다 의지하며 살 것인가, 또는 태
양(太陽)의 고마움을 어떻게 갚을 것인가.
　그 외에도 바람이나 구름이나 이슬이나 모든 만물의 은혜를
사람들은 입고 살아간다.
　하늘은 이러한 천지만물을 인간을 위해 미리 만들어 주셨으
니 그 은혜가 얼마나 크고 거룩한 것인가.
　그리고 인간의 본래적 자기 영혼을 만들어 주어 영원히 살
수 있는 길을 마련해 주신 천지부모의 은혜를 생각하면 감격
과 감사의 눈물을 흘리지 않을 수 없는 것이다.
　무엇으로도 다 갚을 수 없는 것이 하늘부모의 은혜이다.
　만분의 1이라도 갚을 수 있는 길은 오직 효심(孝心)을 다
바쳐 모시고 사는 것뿐이다.
　또 낳아 길러 주신 생육부모의 은혜 또한 무량한 것이다.

부모가 있으므로 만사만리(萬事萬里)의 근본이 되는 이 몸을 얻게 된 것이 곧 무량한 은혜이다.

모든 사랑을 다하시고 온갖 수고를 다하시며 자력(自力)을 얻을 때까지 키워 주시며 보호해 주시는 은덕은 태산보다 높으며 바다보다 깊은 것이다.

또한 자식이 어디를 가거나 부모의 마음은 자식을 따라 다니면서 근심하며 자식만 잘된다면 어떤 고생도 마다하지 않는 부모의 은혜를 생각해야 하는 것이 자녀의 도리인 것이다.

여섯째는 하늘을 사모하는 생각으로 가득하며 말을 할 때도 하늘을 공경하는 말을 먼저 하는 것이 천지자녀의 모습인 것이다.

그러나 죄악의 자녀들은 생각하는 것이 음란하고 사악하며 시기심과 질투심이 가득한 것이다.

일곱째로는 화합을 위해 노력하는 것이니 인간생활에서는 화합하는 것이 제일이기 때문이다.

이처럼 천지자녀들의 모습은 곧 성현(聖賢)의 길이며 온 인류가 따라가야 할 길을 먼저 가고 있는 것이다.

그러므로 나는 누구인가?

죄악의 두루마기를 빨리 벗어 버리고 천지자녀의 자리를 회복해야 할 숙명(宿命)을 타고난 나인 것이다.

제 2 장
천지부모(天地父母)

1. 천상천하 유아독존(天上天下唯我獨尊)

천상천하 유아독존이라는 말은 이 우주 가운데 나 자신보다 더 존귀한 것은 없다는 뜻이다.

석가모니는 태어나자마자 한 손으로는 하늘을 가리키고 또 한 손으로는 땅을 가리키며, 일곱 걸음을 걸으며 하는 말이 "하늘과 땅 사이에 내가 홀로 높다."라고 하였다.

이 말의 참뜻은 인간의 가치는 이 우주 가운데 가장 존엄하다는 뜻이다.

그럼 무엇 때문에 인간의 가치가 이처럼 존귀한가에 대하여 그 이유를 알아 본다.

인간이 존귀한 이유는 결론적으로 말해 하늘을 닮아 태어났기 때문이다. 즉 인간은 천지부모의 성품과 형상을 닮은 개성진리체(個性眞理體)이기 때문이다.

하늘이 거룩하고 위대한 것처럼 인간도 하늘을 닮았기 때문에 거룩하고 위대하기 때문이다.

그럼 하늘은 어떤 모습으로 운행하는가를 알아 보자.

- 하늘은 지극히 밝음의 주인이므로 밝음의 도(道)를 운행(運行)한다.
- 하늘은 공정(公正)의 주인이므로 지극히 공정한 도(道)를 운행한다.
- 하늘은 정성(精誠)의 주인이므로 지극히 정성한 도(道)를 운행한다.

- 하늘은 순리(順理)의 주인이므로 지극히 순리의 도(道)를 운행한다.
- 하늘은 합리(合理)의 주인이므로 지극히 합리의 도(道)를 운행한다.
- 하늘은 영원(永遠)하며 불변(不變)하며 절대적(絕代的)이므로 그 도(道)를 운행하는데도 영원하며 불변하며 절대적이다.
- 하늘은 사랑의 주인이므로 지극한 사랑의 도(道)를 운행한다.
- 하늘은 진실의 주인이므로 지극히 진실의 도(道)를 운행한다.
- 하늘은 은혜의 주인이므로 지극히 은혜의 도(道)를 운행한다.

이러한 하늘의 운행하는 모습을 인간도 닮았기 때문에 곧 완성한 인간은 지극히 밝은 도를 실행한다.

완성한 인간이란 성불(成佛)한 모습을 말하며 천지자녀(天地子女)를 말한다.

- 천지자녀는 밝음의 자녀이므로 지극히 밝음의 도를 실행한다.
- 천지자녀는 공정(公正)의 자녀이므로 지극히 공정한 도를 실행한다.
- 천지자녀는 정성의 자녀이므로 지극히 정성한 도를 실행한다.
- 천지자녀는 순리의 자녀이므로 지극히 순리의 도를 실행해 나간다.

- 천지자녀는 합리의 자녀이므로 지극히 합리의 도를 실행해 나간다.
- 천지자녀는 사랑의 자녀이므로 지극히 사랑의 도를 실행해 나간다.
- 천지자녀는 진실의 자녀이므로 지극히 진실한 도를 실행해 나간다.
- 천지자녀는 은혜의 자녀이므로 지극히 은혜로운 도를 실행해 나간다.

 그리고 인간은 천지부모를 닮은 천지자녀이므로 영원히 살아간다. 불변의 모습인 천지자녀이다. 절대적인 천지자녀이므로 그 실행하는 모든 도(道) 또한 영원하며 불변하며 절대적인 것이다.
 이와 같은 인간 본래의 모습을 부처님은 '천상천하 유아독존'이라고 나타내신 것이다.
 다른 말로 표현하면 '천지자녀'라고 부르는 것이며 성불(成佛) 한 자(者)라고 한다.
 그러므로 나는 누구인가?
 나는 천상천하(天上天下)에 나보다 더 존귀한 것이 없이 고귀한 나인 것이다.

2. 효자효녀(孝子孝女)

　인간은 본래 천지부모의 천지자녀로 태어났으므로 천지부모께 효자와 효녀가 되도록 지음받았다.
　즉 효자효녀가 되는 것이 천지간에 가장 큰 도(道)이다.
　대도정법(大道正法)은 효자효녀(孝子孝女)의 길을 두고 하는 말이다.
　효(孝)라는 것은 부모가 자녀에게 내려주는 사랑 앞에 자녀가 부모 앞에 보은(報恩)하는 행위를 말하는 것이다.
　공자께서 말씀하시기를 "효는 백행(百行)의 근본"이라고 하셨다.
　이 말씀은 인간이 행하는 모든 행동 중에서 효도하는 것이 제일 근본이라는 말이다. 그러므로 인간은 본래가 하늘의 자녀로 지음받았으므로 하늘부모 앞에는 지극한 효성을 다하도록 지음받았다.
　이와 같이 인간이 하늘부모께 지극한 효성을 다할 때 하늘부모를 기쁘게 할 수 있으며 또한 무한한 축복을 받을 수 있는 비결인 것이다.
　효도하는 사람치고 악한 사람이 없으며 효도하는 사람치고 무한한 축복을 받지 않은 사람이 없었다.
　심청(沈淸)이도 하늘을 감동시키는 효성을 다 바침으로써 왕비(王妃)가 되는 축복을 받았다.
　효성이 지극했던 손순(孫順)이라는 사람은 경주(慶州) 손씨의 시조로 신라 제42대 흥덕왕(興德王) 때 신라 삼기(三器)

의 하나인 석종(石鍾)을 얻은 효자이다. 지극한 효성 때문에 집 한 채와 해마다 쌀 50석을 받는 은혜를 입었다.
 시전(詩傳)에 보면 이러한 기록이 있다.

　　아버지 나를 낳으시고
　　어머니 나를 기르시니
　　아아, 애닳고 슬프도다.
　　나를 낳아 기르시느라고
　　애쓰시고 수고하셨도다.
　　그 은혜를 갚고자 한다면
　　넓은 하늘도 다함이 없도다.

 정말 가슴을 뭉클하게 하는 내용이다. 또한 효도를 하는 사람은 효자를 낳고 불효를 하는 사람은 불효자를 낳는 것은 천지의 이치이다.

　　내가 부모에게 효도하면
　　내 자식이 또한 나에게 효도한다.
　　내가 어버이에게 불효하면
　　내 자식이 또한 나에게 불효한다.

 이것도 지극히 당연한 이치이다. 자기는 부모에게 불효하면서 자식에게는 효도해 주기를 바란다는 것은 어리석은 생각이다.
 천지간에는 오직 이치밖에 없다.
 한치의 오차도 없는 것이 천지의 이치이다. 콩 심은 데는 반드시 콩이 나고 팥 심은 데는 반드시 팥이 나는 법이다.

효도하고 순한 사람은 또한
효도하고 순한 자식을 낳을 것이며
오역한 사람은 또한 오역한
자식을 낳을 것이다.
믿지 못하겠거든 저 처마
끝의 낙수(落水)를 보라.
방울방울 떨어져 내림이
어긋남이 없느니라.

자연의 이치를 보아도 알 수 있다.
이처럼 효자의 가는 길은 하늘을 찾아가는 길이다. 불효자가 가는 길은 악마를 찾아가는 길이다.
본래의 이상세계는 모든 사람이 효자효녀였다.
그러나 인간은 타락으로 말미암아 효자효녀의 자리를 잃어버리고 배은망덕(背恩忘德)한 불효자가 되고 말았다.
죄악의 그림자가 사람의 눈을 가리므로 하늘부모를 몰라보게 되었고 영계가 있는지 없는지도 모르는 무지몽매(無知蒙昧)한 인간이 되고 말았다.
가치의 근본인 천지부모를 모르게 됨에 따라 인간의 가치도 무가치하게 되고 말았다.
그러므로 나는 누구인가?
창조본연의 세계에서의 나는 천지부모께 기쁨을 돌려드려야 하는 효자의 사명을 타고난 나인 것이다.

3. 하늘의 생명수(生命水)

　천지간에 존재하는 모든 만물은 모두 천지부모께서 만든 피조물이다.
　천지부모와 인간과의 관계는 부모와 자식과의 관계이다. 영원한 부모이시며 불변의 부모이시며 절대적인 부모이시다.
　인간과 하늘과의 관계가 이처럼 영원하고 불변하며 절대적인 관계이므로 인간이 비록 타락하여 죄인이 되었다 하더라도 이러한 부자(父子) 관계가 있기 때문에 버리지 못하고 다시 구원의 섭리를 편 것이다.
　천지부모는 일찍이 인간을 창조하기 이전에 먼저 장차 자녀인 인간들이 태어나 행복하게 살 수 있도록 시원한 물과 아름다운 산과 그림 같은 구름을 만들었다.
　그리고 낮을 위해서는 태양을 만들어 놓았고 밤을 위해서는 달을 만들어 놓았다. 또한 동물이나 식물도 모두 인간인 자녀를 위해서 미리 만들어 놓았다.
　그 어느 것 하나도 하늘의 손길이 닿지 않은 것이 없고 그 무엇 하나도 천지부모의 사랑의 손길이 깃들이지 않은 것이 없다.
　그 모든 아름다운 것이나 귀중한 만물들을 모두 사랑하는 자식인 인간을 위해서 만들어 놓은 것이다.
　이렇게 볼 때 우리가 흔히 마시는 냉수 한 그릇도 곧 천지부모의 생명수(生命水), 젖줄임을 느끼며 마셔야 한다.
　냉수 한 그릇을 마시면서도 감사할 줄 알아야 도를 통할 수가 있으며 밥 한 술을 먹으면서도 하늘의 은혜에 감격하여 눈물을 흘릴 수 있는 사람이 된다면 그 사람은 성불(成佛)의 길이 멀지 않을 것이다. 건강하게 살아있는 그 자체만으로도 감사와 감격을 할 수 있는 사람이라야 진정으로 참된 천지자녀의 자리를 회복할 수 있는 것이다.

또한 인간은 하늘의 대신자로 지음받았다. 그러므로 인간은 하늘의 대신자의 자격으로서 하늘이 만들어 놓은 피조만물들을 사랑으로 보살펴야 할 사명을 가지고 태어난 것이다.

그러므로 인간은 만물을 대할 때마다 자식을 사랑하는 마음으로 보살펴야 한다. 꽃 한 송이를 보면서도 감사함을 느끼며 보살펴야 하고 한 마리의 소(牛)를 보고도 "너는 정말 훌륭하구나." 하면서 칭찬을 해주어야 할 사람이 되어야 하는 것이다.

지금 존재하는 모든 만물들은 탄식하고 있다. 진정으로 자기(만물)들을 사랑해 주고 보살펴 줄 참사람, 즉 천지자녀가 나타나지 않았기 때문인 것이다.

이제 우리는 만물을 대할 때 천지부모의 대신으로 만물을 사랑하고 환경을 아끼며 보살펴야 만물들이 참소나 항의를 하지 않는 것이다.

그러므로 나는 누구인가?

나는 하늘 대신 만물을 사랑하고 보살펴야 할 천지자녀의 자격을 가진 나인 것이다.

4. 타고난 팔자(八字)

사람의 운명을 알 수 있는 길은 그 사람의 사주팔자(四柱八字)를 보면 미래를 마치 손바닥 들여다보듯이 훤히 알 수 있다.

신왕재왕격(身旺財旺格)은 부자로 타고난 사람이고 재다신약(財多身弱)에다 용신이 파극을 당하면 가난뱅이 팔자이다.

또 신왕(身旺) 사주에 정관(正官)이 용신(用神)이며 강력하면 높은 벼슬을 할 귀한 사람이며 용신을 파극하는 기신(忌神)이 왕성하면 하인(下人) 사주이거나 천인(賤人)의 팔자인 것이다.

또는 큰 그릇을 타고난 사람도 있고 작은 그릇을 타고난 사람도 있다.

그리고 아내복이 아주 많은 사람이 있는가 하면 반대로 아내복이 지독하게 없어서 애를 태우는 사람들도 우리 주변에는 많이 있다.

사람은 각각 다르게 태어났다. 그러므로 각각 자기의 능력대로 살아가고 소질대로 먹고 산다.

굼벵이도 꿈틀거리는 재주가 있고 곰(熊)도 미련한 특기가 있다. 토끼는 달리는 재주가 있고 거북은 느리게 기어가는 재주가 있다.

이처럼 거북의 특성은 느리게 기어가는 것인데 토끼가 와서 자기처럼 빨리 못 뛴다고 흉을 보는 것은 잘못이다.

사람이나 동물이나 식물이나 모두가 특성이란 것이 있다.

사람을 보더라도 각각 특성이 다르므로 자기의 주장만 앞세우고 남의 주장이나 특성을 무시해서는 안된다.

이 세상에 똑같은 사람은 한 사람도 없다.

비슷한 사람은 있을지 몰라도 똑같은 사람은 동서고금(東西古今)을 통하여 한 사람도 없다.

이와 같이 인간은 모두 각각 특성(特性)을 지니고 있다. 자기만의 유일(唯一)한 특성을 지니고 있으므로 절대로 무시될 수 없는 것이 인간의 본래 가치인 것이다.

다시 말해서 인간의 개성은 천지부모의 유일한 특성을 지니고 태어났기 때문에 각각 독특하고 유일한 기쁨을 돌려드릴 수 있는 분복(分福)을 타고난 것이다.

사람의 수가 많은 만큼 그 특성도 천 가지 만 가지이며 사람마다 타고난 팔자도 각각이다.

그러므로 아무리 못나고 부족한 사람이라 해도 그 사람이 나타낼 수 있는 특성이 있는 것이므로 인간의 가치가 존귀한 것임을 알 수 있다.

이 점을 잘 알아서 모두를 존중할 줄 아는 사람이 되어야 참된 천지자녀가 되는 것이다.

그러므로 나는 누구인가?

나는 천지간에 오직 나만이 가지고 있는 특성(特性)으로 천지부모에게 기쁨을 돌려드릴 수 있는 유일한 나인 것이다.

5. 천지법도(天地法度)

 천지의 만물은 지음을 받을 때 모두 일정한 법칙에 의해 창조된 것이다.
 태양이 공전(公轉)하는 것을 보아도 알 수 있다. 태양이 만들어져서 운행식(運行式)을 시작한 이후로 장구한 역사를 통하여 운행하면서 지금까지 단 한번도 천지법도를 어긴 적이 없다.
 쉬었다가 돌아가거나 아니면 기분이 별로 좋지 않다 하여 반대로 돌아가거나 한 적이 없다.
 우주의 주인이신 천지부모가 한 번 정해준 대로 그 어명(御命=天命)을 추호도 거역함이 없이 자기 자리를 지키며 맡은 바 사명을 단 1초라도 틀리지 않고 완수하고 있는 것이다.
 또한 계절을 보아도 때를 맞추어 춘하추동(春夏秋冬) 사계절을 분명하게 나타내면서 자기의 책임을 다하고 있다.
 식물이나 동물들도 모두 마찬가지다. 모두 천명을 지키며 대자연의 순리에 따라 생존하고 번식하며 발전하고 있는 것이다.
 천지법도란 곧 순리(順理)를 말한다. 천지에 일어나는 모든 일들은 그 순리대로 운행되고 있다. 또한 천지의 모든 만물들도 모두 순리대로 생을 영위하고 있다.
 그러므로 순리에 따르지 않으면 즉시 파멸하도록 창조된 것이다.
 모든 존재는 순리를 따르고 있으며 추호도 어긋나지 않는다.

그러므로 천리(天理)를 역행(逆行)하며 사는 존재란 곧 타락한 인간뿐이다.

인간만이 하늘과 대적하며 불신(不信)을 하며 역행의 길을 살아가고 있는 것이다. 역리(逆理)는 반드시 파멸되는 것이 천지법도이다.

천지법에 비추어 볼 때 인간은 역행을 많이 하므로 반드시 파멸될 수밖에 없는 것이다. 파멸이란 질병에 걸리거나 비명횡사를 당하거나 불행한 흉사(凶事)를 당하는 것 등이다.

인간이 질병에 걸리지 않고 건강하게 살기를 원하거나 비명횡사를 당하지 않기를 원하거나 죽지 않고 영생(永生)을 얻고자 한다면 반드시 천지법도에 순응(順應)을 해야 살아남을 수 있는 것이다.

그러면 인간의 입장에서 천지법도에 순응하는 것은 구체적으로 어떤 것인가? 대충 그 세목을 열거해 보면 다음과 같다.

- 천지부모를 공경하며 효성을 다 바치며 모시고 사는 것이 곧 천리법도에 순응하는 것이며 또한 순리이다.
- 넓은 마음을 가지고 남을 사랑하고 용서하는 마음이 곧 복받는 마음이며 순리이다.
- 우주의 주인이신 천지부모를 절대적으로 믿으며 사는 것이 순리이다.
- 천지부모의 무량한 은혜를 생각하며 보은(報恩)하는 것이 순리이다.
- 모든 일에 감사하며 살아가는 것이 순리이다.
- 마음을 바르게 가지는 것이 순리이다.
- 정당한 일에 노력을 많이 하는 것이 순리이다.

- 참기 어려운 일을 당하더라도 끝까지 잘 참는 것이 순리이다.
- 남을 위해서 희생하거나 봉사하거나 열심히 노력하는 것이 순리이다.
- 진실한 마음으로 살아가는 것이 순리이다.
- 살인(殺人)이나 도적질을 하지 않는 것이 순리이다.
- 간음(姦淫)을 하지 않는 것이 순리이다.
- 시기심과 질투심을 내지 않는 것이 순리이다.

그리고 혈기를 부리지 않는 것이 순리이며 그 외에도 수없이 많다.

사람은 반드시 이상과 같이 실행하여 순리로 살아야 건강하게 살 수 있으며 행복하게 살 수 있으며 천지자녀가 될 수 있는 것이다.

공자께서도 이렇게 말씀하셨다.

순천자는 살아남고
역천자는 멸망한다
(順天者存 逆天者亡)

그러므로 나는 누구인가?
나는 천지법도에 순응하며 순리를 지켜 축복을 받아야 할 나인 것이다.

6. 사랑의 왕자(王子)

인간은 하늘의 자녀로 지음받았다.

하늘은 자비롭고 인자하고 사랑이 많다.

그러므로 자녀로 지음받은 인간도 천지부모를 닮아서 자비가 많고 인자하며 사랑이 많은 왕자로 살아야 하는 것이다.

그러므로 인간은 천지부모의 사랑을 상속받은 사랑의 계승자인 것이다.

그러나 불행하게도 타락하여 죄를 지음으로 말미암아 천지부모와의 관계가 끊어지고 악마 파순(波旬)과 친구가 되어 '사랑의 왕자' 자리를 잃어버리고 '죄악의 왕자'가 되고 만 것이다.

죄악의 왕자로 타락한 인간들은 간음을 밥먹듯이 많이 하여 죄업을 쌓아 가며 온갖 나쁜 짓은 골라 다하게 되었다. 남이 잘되는 것은 시기 질투심이 나서 도저히 그냥 볼 수가 없는 죄악자녀가 된 것이다.

남이 망하는 것을 보고 가장 크게 즐거워하는 것이야말로 인간이 타락된 증거이다.

하늘과의 관계가 끊어짐으로써 모든 말하는 것이나 보는 것이나 듣는 것이나 행동하는 것이 모두 죄업을 장만하는 것뿐이다.

그러나 인간이 아무리 타락되었다 하더라도 본심(本心)은 살아서 남아 있는 것이다.

본심은 늘 부르고 있다.

어서 빨리 죄악의 두루마기를 벗어 버리고 천지부모의 품으로 돌아가라고 외치고 있다.

본심의 소리를 듣고 용감하게 일어선 사람들이 수도인(修道人)이요 종교인이요 선행자(善行者)들이다.

수도인들이 쉬지 않고 열심히 마음을 닦는 것도 끊어진 천지부모와의 사랑을 회복하여 천지자녀의 자리를 되찾기 위한 것이다.

사랑은 생명보다 귀하고 혈통보다 귀한 것이다. 사랑이 이루어진 뒤에 생명이 탄생하고 생명이 탄생된 뒤에야 혈통이 이어지는 것이다. 또한 혈통이 이어져야 가문(家門)이 살아 나는 것이다.

이처럼 제일 중요한 것이 사랑이다.

여기서 말하는 사랑은 세상적인 속된 사랑도 아니고 음란한 사랑도 아니다.

여기서 말하는 사랑은 참사랑이며 거룩한 사랑이며 천지의 사랑을 말한다.

천지아버지와 천지어머니가 사랑을 함으로써 인간과 만물이 탄생된 것이다.

인간의 남녀가 사랑함으로써 능히 자녀가 태어나는 것과 같은 이치이다.

참사랑은 상대를 즐겁게 해주기 위한 사랑이다. 참사랑은 만복의 근원이며 은혜의 원천이며 생명의 근본이다. 사랑 속에서 영생(永生)이 나오는 것이다. 고린도전서에 사랑의 기록이 잘 나타나 있다. (공동번역, 개정판 참조)

내가 사람의 방언과 천사의 말까지 한다 하더라도 사랑이 없으면 나는 울리는 징과 요란한 꽹과리와 다를 것이 없습니다.
 내가 하나님의 말씀을 받아 전할 수 있다 하더라도 온갖 신비를 환히 꿰뚫어 보고 모든 지식을 가졌다 하더라도 산을 옮길 만한 완전한 믿음을 가졌다 하더라도 사랑이 없으면 나는 아무것도 아닙니다.
 내가 비록 모든 재산을 남에게 나누어 준다 하더라도 또 내가 남을 위하여 불속에 뛰어든다 하더라도 사랑이 없다면 모두 아무 소용이 없습니다.
 사랑은 오래 참습니다
 사랑은 친절합니다
 사랑은 시기하지 않습니다
 사랑은 자랑하지 않습니다
 사랑은 교만하지 않습니다
 사랑은 무례하지 않습니다
 사랑은 사욕을 품지 않습니다
 사랑은 성내지 않습니다
 사랑은 앙심을 품지 않습니다
 사랑은 불의를 보고 기뻐하지 아니하고 진리를 보고 기뻐합니다
 사랑은 모든 것을 덮어 주고
 모든 것을 믿고
 모든 것을 바라고
 모든 것을 견디어 냅니다
 사랑은 언제까지든지 떨어지지 아니합니다
 말씀을 받아 전하는 특권도 사라지고 이상한 언어를 말하는 능력도 끊어지고 지식도 사라질 것입니다
 우리가 아는 것도 불완전하고

말씀을 받아 전하는 것도 불완전하지만 완전한 것이 오면
불완전한 것은 사라집니다.
　내가 어렸을 때는
　어린이의 말을 하고
　어린이의 생각을 하고
　어린이의 판단을 했습니다
　그러나 어른이 되어서는
　어렸을 때의 것들을 버렸습니다
　우리가 지금은
　거울을 비추어 보듯이 희미하게 보지만 그때에 가서는
　얼굴을 맞대고 볼 것입니다
　지금은
　내가 불완전하게 알 뿐이지만
　그때에 가서는
　하나님께서 나를 아시듯이
　나도 완전하게 알게 될 것입니다
　그러므로 믿음과 희망과 사랑
　이 세 가지는 언제까지나 남아 있을 것입니다.
　이 중에서 가장 위대한 것은 사랑입니다.

　이와 같이 본연의 인간은 참사랑의 왕자인 것이다. 천지부모께서 사랑의 주인으로 계시므로 천지자녀로 태어난 인간도 당연히 사랑의 자녀가 되어야 하는 것이다.
　그러므로 나는 누구인가?
　나는 천지부모의 사랑을 상속받은 참사랑의 왕자이다.

7. 제2의 조물주(造物主)

이 우주를 창조한 것은 천지부모이신 하늘이다.

천지부모는 스스로 계신 분이며 영원히 살아있는 하늘이며 영원히 변하지 않는 사랑의 주인이며 절대적인 자리를 지키는 법도의 주체자이다.

인간과 만물과 우주를 만든 목적은 분명히 있었다. 그냥 심심하니까 만들어 본 것도 아니고 권위를 자랑하고 싶어서 만든 것도 아니다.

그럼 피조세계를 창조한 목적은 무엇인가?

그것은 인간과 만물을 통하여 기쁨을 얻기 위해서 창조한 것이다.

그러므로 인간이나 만물들이 존재하는 목적은 천지부모이신 하늘에 기쁨을 돌려드려야 할 목적으로 지음받은 것이다. 기쁨을 돌려드릴 줄 모른다면 아무 가치 없는 인간이 되고 만다.

그럼 인간이 어떻게 하여야 창조주께서 기쁨을 누릴 수 있을까?

광물이나 식물이나 동물들은 생존하거나 번식하는 그 자체가 하늘 앞에 기쁨을 나타내고 있는 것이다. 그러므로 동물이나 식물은 특별히 연구를 한다거나 공부를 한다거나 사주팔자를 볼 필요가 없는 것이다.

소〔牛〕는 새끼를 낳음으로써 창조주에게 기쁨이 되며 독수리는 높이 날아다님으로써 하늘에 기쁨을 돌려드리는 것이 된다.
　돼지는 많이 먹고 살만 찌면 그 자체가 천지부모 앞에 기쁨을 돌려드리는 것이 된다.
　인간을 제외한 만물들은 특별하게 공(功)을 세운다거나 무엇을 새롭게 창조해 낸다거나 하지 않아도 생존해 있는 그 모습 자체만으로 하늘 앞에는 기쁨의 대상이 되는 것이다.
　그러나 인간은 다르다. 하늘이 인간을 만든 목적은 만물과는 달리 하늘의 자녀의 자격으로 만들었다.
　그러므로 인간에게는 하늘의 모든 것을 부여해 주었다.
　하늘의 능력 중의 한 가지인 창조성(創造性)까지 부여하여 준 것이다.
　천지부모의 힘으로 온 천지를 창조하신 것처럼 천지자녀의 자격으로 창조된 인간도 천지부모를 닮아서 인간 자신의 능력으로 무엇이든지 창조할 수 있는 힘이 있는 것이다.
　인간이 만물과 다른 점은 창조의 능력이 있다는 점이다.
　그러므로 인간은 만물과는 달리 어떤 공(功)을 세워야만 하늘이 기뻐하게 되는 것이다.
　그리고 효도하는 마음을 나타내야 하늘이 기뻐하는 것이며 열심히 노력하여 그 무엇을 창조하여 인간들을 이롭게 할 때 하늘이 진정으로 기뻐하는 것이다.
　이와 같이 인간은 동물이나 식물과는 달리 생존(生存)하여 있는 그 자체만으로는 하늘을 기쁘게 할 수가 없고 자유의지(自由意志)와 창조성 발휘를 통하여 공(功)을 세우거나 효도를 하거나 이로운 물건을 창조해 내거나 할 때 천지부모께서는 진정으로 기뻐하시는 것이다.
　또한 인간이 복을 받는 것도 생존해 있는 그 자체로는 복을 받을 수가 없고 자유의지와 창조성을 통해 공을 세우거나 효도를 하거나 이기(利器)를 만들어 낼 때야 비로소 축복을 받는 것이다.

그러므로 인간은 천지부모께서 조물주이신 것처럼 천지자녀의 자격으로 제2의 조물주가 되는 것이다. 인간을 놓고 만물의 영장(靈長)이라는 말은 제2의 조물주라는 뜻이다.

이와 같이 인간은 제2의 조물주이므로 만물을 다스릴 자격이 있으며 또한 만물을 사랑하고 보살필 수 있는 주인이 된 것이다.

또한 천지부모께서 스스로의 능력으로 대우주(大宇宙)를 창조하신 것처럼 인간도 천지부모를 닮아 스스로의 능력으로 소우주(小宇宙)인 자신을 성불(成佛)시켜 천지자녀의 자리를 찾아야 하는 것이다.

인간이 이처럼 천지자녀의 자리를 회복해야 할 천적인 뜻이 있으므로 만물의 영장이라고 하는 것이다.

그러므로 인간을 만물과 비교하거나 만물에서 조금 더 발전된 고등동물 정도로 생각해서는 안된다.

인간의 가치를 논할 때는 오로지 우주의 주인이신 천지부모에다 비교하여야 하고 천지부모가 완전무결한 것처럼 인간도 모든 죄악이나 모든 허물을 떨쳐 버리고 나면 오로지 천지부모와 함께 완전무결한 천지자녀가 될 수 있는 것을 알아야 한다.

그러므로 나는 누구인가?

나는 스스로의 능력으로 자신을 완성시켜야 할 사명을 부여받았으며 동물에 비교하는 인간이 아니라 하늘과 비교할 수 있는 제2의 조물주인 것이다.

8. 영혼과 육신

하늘이 천지만물을 창조할 때는 인간자녀를 기본으로 하여 창조하였다.

즉 인간에게 육신과 영혼이 있는 것처럼 이 우주도 인간의 육신이 살 수 있는 지상세계(地上世界)가 있고 다음에 육신을 벗은 후에 영혼이 들어가서 살 수 있는 천상세계(天上世界)가 있는 것이다.

인간은 육신을 쓰고는 영원히 살 수가 없으며 육신의 수명은 백년 이내이다. 육신이 노쇠하면 벗어 버리고 영혼만이 천상세계에 들어가서 영원히 사는 것이다.

천상세계를 다른 말로는 영계(靈界)라고도 하고 저승이라고 부르기도 한다. 지상세계와 천상세계는 그 구조가 다르다.

지상세계에서는 시간과 공간의 제약을 받는다. 그러나 천상세계는 시간과 공간을 초월하는 세계이다.

즉 지상에서 사는 모습을 보면 예를 들어 서울에서 부산까지 가려면 차를 타고 가거나 걸어서 가거나 하더라도 가는 데는 얼마간의 시간이 소요되는 것이다.

그리고 차를 타고 간다 하더라도 가는 데는 정해져 있는 도로를 따라서 가야 한다. 또 도중에 차가 많아서 밀리기라도 하면 정차하여 기다릴 수밖에 없는 것이다.

이와 같이 지상세계에서는 시간이 소용되는 것이며 또한 공간의 제약도 받게 되는 것이다.

그러나 영계인 천상세계는 다르다.

영계에서는 영혼이 서울에서 부산까지 가는 데는 눈깜빡할 순간에 도착하고 만다. 시간적으로나 공간적으로나 아무런 제약도 받지 않고 생각하는 것과 동시에 영혼은 목적지에 도착하는 것이다.

참으로 편리한 곳이 영계이다.

사실 영계에서 살던 영혼에게 다시 육신을 입혀 준다면 답답하고 불편해서 못살겠다고 하며 당장 도로 벗어 버리려고 할 것이다.

또한 지상에서는 저 멀리 있는 북극성까지 가려면 인간의 과학으로 만든 제일 빠른 비행기로 간다 하더라도 그 소요되는 시간은 천년 이상이나 걸리는 멀고 먼 거리이다.

그러나 이처럼 먼 거리라 해도 영계에서의 영혼으로는 순간에 도착하는 것이다. 단 1초도 걸리지 않는다.

시간과 공간을 초월하는 세계이기 때문이다. 사람은 삼생(三生)을 산다고 볼 수 있다. 모태(母胎)에서의 열 달 동안 사는 것이 한 생이고 다음은 지상에 태어나서 육신을 쓰고 살아가는 것이 한 생이며 다음은 노쇠한 육신을 벗어 버리고 영혼만으로 영계에 들어가서 사는 것이 한 생인 것이다.

그리고 그 사는 기간도 각각 다르다.

즉 모태에서는 열 달 동안이며 지상의 육신생활은 백년 이내이며 영계의 생존은 영원한 것이다.

또한 모태에서의 사는 목적은 장차 지상에 태어나서 살기 위하여 준비하는 기간이고, 지상에서 사는 목적은 장차 육신을 벗고 영계에 들어가서 영원히 살기 위하여 준비하는 수련 기간인 것이다.

예를 들어 본다.

아기가 모태에서 살 동안 팔이나 다리나 그리고 눈과 귀와

코와 입 등을 준비한다. 그러나 실상 이러한 사지백체(四肢百體)는 모태 속에서는 별로 필요하지 않다. 다만 다음 세상인 지상에 나가서 살 때 꼭 필요하기 때문에 미리 준비하여 나가는 것이다.

그런데 만일 다리를 준비하지 못하고 태어났다고 할 때 모태 속에서는 전연 불편함을 느끼지 못하였지만 지상생활에서는 엄청나게 불편할 뿐만 아니라 고통 또한 말할 수 없이 큰 것이다.

그리고 다리 병신이라는 소리를 들어가면서 온갖 천대와 멸시를 받아가며 살 수밖에 없는 처량한 신세가 되는 것이다.

모태에서 살 동안 눈(目)을 준비하지 못하고 태어났다면 모태에 있을 동안에는 별로 불편함을 모르고 살았지만 막상 지상에 나와 보면 엄청나게 불편한 것이다.

눈으로 볼 수 없으니 자연 만물의 아름다움을 느낄 수 없으며 또한 스스로는 살아갈 수도 없을 만큼의 불행한 평생을 살 수밖에 없는 것이다.

이와 같이 모태에서 살 동안 무엇이나 준비하지 못하고 태어나면 이 지상생활에서는 준비하지 못한 부분만큼 고통을 당할 수밖에 없는 것이다.

이와 마찬가지로 사람이 이곳 지상에서 사는 목적도 장차 육신을 벗고 들어가는 본 고향인 천상세계를 위해서 준비해야 될 과정인 것이다.

천상세계에서 바라보면 지상의 육신생활의 인간이 마치 어머니 모태에 있는 생활과 흡사하다.

지상에서 무엇이나 준비하지 못하고 육신을 벗으면 천상에 가서는 고통을 당할 수밖에 없는 것이다.

그러면 지상의 육신생활에서 무엇을 준비해야 할 것인가?

그것은 영계에서 행복하게 살고 있는 영혼들은 무엇을 가지고 왔는가 하는 것을 조사해 보면 그 답은 저절로 풀리게 되는 것이다.

인간은 타락으로 말미암아 그 영안(靈眼)이 어두워짐으로써 엄연히 존재하는 천상세계를 볼 수 없게 되었다. 그러다 보니 없다고 소리 높여 주장하게 되었고 죄를 짓는 데 조금도 두려워할 줄도 모르게 된 것이다.

그러나 수도를 많이 하여 영안이 열리고 보면 천상세계를 훤히 내다볼 수 있는 것이다.

그럼 천상세계에서는 지상에서 무엇을 준비해 온 사람이 복을 받으며 영원히 행복하게 살게 될까?

그것은 세 가지 보물이다.

이 세 가지 보물을 지상에서 준비해 온 사람이라야 영계에서는 행복하게 살 수 있는 것이다.

그 첫째는 공덕(功德)의 보물이다.

공덕이란 남을 위해서 선업(善業)을 쌓은 덕을 말한다.

즉 물질적으로나 또는 정신적으로 어려운 사람을 구제하며 선한 도문(道門)으로 인도하는 것을 말하는데, 보시(布施)라고도 한다.

보시하는 공덕으로는 여러 가지가 있다. 굶주림에 시달리는 중생들에게 재물을 나누어 주므로 구제하는 재물보시(財物布施)가 있다.

그리고 법문(法門)을 전해주어 깨달음을 얻게 하는 법문보시(法門布施)도 있다.

또는 많이 굶주린 자에게 자신의 살이라도 떼어주어 굶어죽어가는 자를 구제하는 신명보시(身命布施)란 것도 있는데 이 신명보시는 좀 어려운 보시다.
　이외에도 재물이 없는 사람들이 베풀 수 있는 일곱 가지의 보시공덕이 있다.
　첫째는 부드러운 눈으로 사람을 대하는 공덕을 안시공덕(眼施功德)이라 한다.
　둘째는 부드러운 미소로 사람을 대하는 것도 공덕이 되는데 화안열색시공덕(和顏悅色施功德)이라 한다.
　셋째는 좋은 말로 남을 이롭게 하는 것도 공덕이 되니 언시공덕(言施功德)이라 한다.
　넷째는 예의바르게 사람을 대하는 것도 공덕이 되니 신시공덕(身施功德)이라 한다.
　다섯째는 선한 마음으로 사람을 사랑하는 것도 공덕이 되니 심시공덕(心施功德)이라 한다.
　여섯째는 노인이나 병약한 사람에게 자리를 양보하는 것도 공덕이 되니 좌시공덕(座施功德)이라 한다.
　일곱째는 길 가는 사람에게 방을 내주어 잠을 자고 가게 해 주는 것도 공덕이 되니 방시공덕(房施功德)이라 한다.
　이외에도 공덕은 수없이 많다.
　또한 공덕 중에서 제일 큰 공덕이 두 가지가 있는데 수희공덕(隨喜功德)과 무념보시공덕(無念布施功德)이다.
　수희공덕이란 다른 사람이 잘한 일을 보고는 그 사람이 기뻐하는 것처럼 나도 따라서 기뻐해 주는 공덕을 말한다.
　대부분 사람들은 남이 잘되면 시기하거나 질투를 하게 된다.
　그러나 수도인은 남이 잘되면 내가 잘된 것처럼 진정으로 기뻐하여 주는 것이니 이것이 곧 수희공덕이라 한다.
　수희공덕은 내게 재물이 없어도 복을 지을 수 있는 공덕이며 내가 능력이 없어도 복을 지을 수 있는 공덕인 것이다.

그리고 무념보시공덕(無念布施功德)은 아무 사심(私心) 없이 텅빈 마음으로 남에게 보시하는 것을 말한다.

예수님이

"오른손이 한 일을 왼손이 모르게 하라."고 하셨듯이 남에게 보시한다는 생각이나 상(相)이 없이 허공 같은 마음으로 보시하는 것이 무념보시인데 실상 무념보시를 하여야 무루복(無漏福), 즉 새어나가는 것이 없는 진짜 큰 복을 짓게 되는 것이다.

그리고 공덕에는 크게 나누어 두 가지로 구분할 수 있다.

양덕(陽德)과 음덕(陰德)이 바로 그것이다. 이 두 가지가 다 공덕인 것은 사실이나 양덕보다는 음덕이 더 복이 많은 것이다.

이 두 가지 공덕을 과일나무에 거름주는 데 비유하여 본다. 양덕이란 과일나무에다 거름을 주는데 땅에 덮어 주는 것과 같다.

땅 위에다 거름을 주므로 주위 사람들이 보기에는 상당히 수고를 많이 한 모습이 나타나 보이므로 수고한 것을 놓고 칭찬을 하게 된다.

그러나 바람이나 햇빛으로 거름의 기운이 많이 흩어지게 되어 실제로는 과일나무에 영양분은 아주 적은 것이다.

음덕은 이와 반대로 과일나무에 거름을 주는 데 땅을 판 다음 그 속에 거름을 넣고는 흙으로 덮어주는 것과 같다.

흙으로 덮어 놓았기 때문에 거름이 보이지 않으므로 주위 사람들이 보기에는 수고한 모습이 나타나지 않으므로 칭찬을 하지 않는다.

그러나 흙 속에 있으므로 바람이나 햇빛에 의해 거름의 기운이 흩어질 염려가 없으므로 영양분을 나무에다 많이 주게 되는 것이다.

음덕과 양덕의 차이도 이와 똑같은 이치이다. 또한 양덕은 그 복을 대체로 지상에 살 동안 많이 받으므로 천상세계까지 가지고 갈 것이 적으나 음덕은 지상에서는 다 못받지만 천상세계에 가서 많이 받게 된다.

또한 양덕은 자기 당대에 대부분 받으므로 끝이 나지만 음덕은 주로 자녀나 후손들이 받게 되므로 그 공덕 기운이 멀리 뻗어 가는 것이다.

지상에서 준비해야 할 보물 중에 그 두번째는 선한 인연(因緣)을 많이 맺어 놓은 것이다.

지상에 살 동안 선한 사람이나 덕망이 높은 사람과 인연을 많이 맺어 놓으면 장차 저 영계에 가서도 그 인연은 계속되므로 이것이 보물인 것이다.

선한 친구들과 우정을 돈독하게 해두는 것도 영생길에 보물이 될 수 있다.

부처님의 가르침 속에서 함께 법을 구하는 인연을 법우(法友)라고 한다.

법우의 인연은 정말 좋은 인연이다. 법우와 같은 뜻으로 함께 도를 이루기 위한 반려자를 도반(道伴)이라고 한다.

그리고 같은 종교를 신봉하는 사람들을 교우(敎友)라고 한다. 또한 하나의 목적을 놓고 뜻을 이루어 나가는 사람들을 동지(同志)라고 부른다.

같은 부대에서 아군(我軍)의 승리를 위하여 전투에 함께 참가하는 자들을 전우(戰友)라고 한다.

그리고 일생을 함께 동고동락(同苦同樂)하며 사는 부부인 경우에는 반려자(伴侶者)라고 하여 진실로 소중한 인연이다.

또한 같은 종교나 도문(道門)의 동지를 도우(道友) 라고 하여 귀중한 인연들이다.

친구 중에는 세 가지 이로운 벗이 있다. 즉 정직한 친구와 신의(信義) 가 굳은 친구와 견문(見聞) 이 넓은 친구를 가리켜서 삼익우(三益友) 라 한다.

또 금란지교(金蘭之交) 란 고사가 있다. 친구 사이가 너무나 친밀하여 그 사귐이 강철보다 굳세고 그 향기가 난초같이 짙다는 뜻이다.

그리고 죽마고우(竹馬故友) 란 말도 있다.

어렸을 때 잎이 달린 대나무를 말(馬)이라고 생각하고 가랑이 사이에 함께 넣고 끌고 다니며 노는 흉허물없는 친구의 우정을 말한다.

또한 더 좋은 인연이 있다.

즉 성현(聖賢) 들과의 인연을 무시할 수가 없다. 과거에 살다 간 성현들을 직접 만나볼 수는 없지만 성현들의 말씀이나 사상(思想) 을 지극히 사모하다 보면 장차 저 영계에 가서 큰 은혜를 입게 된다.

이처럼 지상에 살 때 선한 인연을 많이 맺어 놓는 것이 진실로 귀한 영생 길의 보물인 것이다.

반대로 악한 자들과 인연을 많이 맺어 놓으면 손해 또한 많이 보게 된다.

즉 나쁜 친구 때문에 따라서 지옥에 떨어지는 일도 허다한 것이니 친구를 사귐에는 신중을 기해야 한다.

나쁜 친구를 사귀다 보면 팔자(八字) 에 없는 낭패를 보기도 한다.

영계에 들어가기 전에 지상에서 준비해야 할 보물 중에 그 세번째는 심정(心情) 의 보물이다.

사실 심정이라는 표현을 썼지만 그 참뜻은 무한히 넓고 무한히 깊은 내용이 숨어 있다. 심정이란 우주의 주인이신 천지부모와 직접 통하는 마음의 상태를 말한다.

천지부모란 하늘을 뜻하며 하나님을 말한다. 또한 종교가 다름에 따라서 그 부르는 이름이나 표현 방법이 조금씩 다르다. 기독교에서는 '하나님'이라고 부르고 불교에서는 청정법신불(淸淨法身佛)이라고 한다.

주역(周易)에서는 태극(太極)이라고 부른다.

그리고 어떤 도문(道門)에서는 상제(上帝)라고도 부르며 하늘님이라고 부르는 곳도 있으며 일원상(一圓相)이라고 부르는 도문도 있다. 그리고 철학자들 중에는 절대정신으로 보기도 하였고 또는 대자연이라고 부르기도 한다.

어떤 이름으로 부르든지 궁극에는 우주의 주인이며 천지만물을 창조하신 분이며 영원불변하며 절대적이며 전지전능하고 무소부재하며 사랑과 생명과 혈통과 은혜의 원천이신 천지부모이다.

필자가 계시를 받기에는 천지부모님이라고 받았다.

아무튼 진리의 본체이며 절대자인 천지부모인 하늘과 마음이 통한다는 것은 인간으로서는 가장 귀중한 보물이 아닐 수 없다.

우주의 주인인 천지부모와 마음으로 통한다면 그 이상 더 바랄 것이 없는 것이다.

천지의 주인인 하늘을 늘 마음에 모시고 살며 괴로우나 즐거우나 문의하며 보고하며 무슨 일을 당해도 명령대로 사는 사람은 곧 성인(聖人)인 것이다.

부처님과 공자님, 예수님이 바로 성인이다. 이 세 분은 하늘과 하나 되신 분들이다.

천지부모와 일문일답(一問一答)하며 일심동체(一心同體)로 사는 사람은 곧 천지자녀의 칭호를 받게 되는 것이다. 그래서 예수님께서도 자신이 곧 하늘의 아들이라고 당당하게 외친 것이다.

천지자녀가 되면 그 자녀는 천지부모와 동일한 가치로써 거룩한 인간이 되는 것이다. 또한 천지자녀는 천지부모와 심정이 통하는 사람이 되며 하늘의 사정을 알게 된다. 하늘의 슬픈 사연을 깨닫게 된다.

천지부모는 어떤 슬픈 사연이 있는가?

수십억 년이라는 장구한 세월에 걸쳐 우주를 창조하고 모든 만물을 창조하였다. 모든 존재하는 것은 천지부모의 은혜의 손길로 창조된 것이다.

아름다운 산도 만들었고 찬란히 빛나는 태양도 만들어 띄워 놓았고 넓은 바다며 아름다운 꽃(花)이며 초원을 달리는 얼룩말도 만든 것이다.

살기 좋은 환경을 다 만들어 놓고는 마지막에는 천지부모 자신의 모습과 똑같이 닮은 가장 사랑하는 자녀를 만든 것이다.

만들었다고 하기보다는 낳았다고 해야 더 정확한 말이다.

천지아버지와 천지어머니께서 무량한 사랑을 다 모아서 두 분의 정기(精氣)가 하나로 만나니 생명이 잉태된 것이다.

천지어머니께서 열 달의 임신기간이 다 지나자 드디어 아들을 낳은 것이다.

천지아버지의 기쁨은 이루 말로 다 표현할 수 없을 만큼 큰 영광이었다.

천지부모는 친히 이름을 짓기를 만인류의 아비가 되고 만인류의 조상이 되라는 뜻으로 남천(男天)이라 지었으니 곧 천자

(天子)이다.
 아들만으로는 이상의 꿈을 이룰 수가 없으므로 이듬해 또 두 분의 무량한 은혜를 모아서 생명을 탄생시키니 딸이었다. 천지부모께서는 딸에게도 이름을 짓기를 만인류의 어미가 되고 만인류의 조상이 되라는 뜻으로 여지(女地)라 불렀다. 곧 천녀(天女)인 것이다.
 '남천' 아들과 '여지' 딸을 낳은 그때의 그 무한한 기쁨과 희망찬 영광은 인간으로서는 도저히 상상도 할 수 없을 정도로 컸던 것이다.
 천지부모께서는 복을 빌어 주셨다.
 "어서 빨리 건강하게 잘 자라서 성년(成年)이 되면 천자인 '남천'과 천녀인 '여지'를 결혼시켜 온 천지의 대권을 상속시켜 주겠노라." 하셨다.
 이것이 천지부모가 자녀인 인간에게 내려주신 최고로 큰 축복이었다. 엄청난 축복을 모두 다 준 것이다.
 그러나 천지부모의 기대에 어긋나는 사건이 인간 조상에게 벌어지고 말았다.
 천지부모의 충복(忠僕)이던 '파순(波旬)'은 자기의 위치를 이탈하여 사고를 내고 만 것이다.
 '파순'이란 천사는 원래 천지부모의 종(僕)이었으며 천사(天使) 세계의 제일 높은 권세를 잡고 있었다.
 그러한 그가 사랑의 감소감(減少感) 때문에 반역자가 되어 천자와 천녀를 자기의 자식으로 만들고야 말았다.
 참으로 어이없는 사건이 인류 역사 시초에 벌어진 것이다.
 마왕(魔王)으로 변해버린 '파순'은 그때부터 인간을 죄악의 길로 끌고 다녔던 것이며 인간은 천지자녀의 자리에서 쫓겨나고 말았다. 마왕을 부모로 모시게 된 인간은 이제 천지자녀가 아니라 죄악자녀(罪惡子女) 란 비참한 신세가 되고 만 것이다.

천자인 '남천'은 악자(惡子) 가 되었고 천여인 '여지'는 악녀(惡女) 가 되어 마왕 '파순'의 노예로 살게 된 것이 인류역사의 시작이다. 또한 그 후손들이 오늘날의 인류가 되었으니 곧 지상지옥이 되고 만 것이다.

그러므로 사람들은 누구나 태어나면서부터 죄를 지고 태어나는 것이니 곧 인간의 죄악자녀들이다.

천지부모는 상상도 할 수 없었던 사건이 일어나면서 갑자기 사랑하는 자식을 잃어버린 부모가 되어 버린 것이다.

인간의 모습을 보면 몸은 비록 천지자녀의 탈을 쓰고 있으나 그 마음은 죄악자녀가 되어 음란한 생각과 시기질투하는 마음과 남을 미워하고 세상을 원망하는 마음이 가득하여 감옥과도 같은 사망권내에 인간이 갇히고 말았을 때 천지부모의 그 무한한 기쁨은 무한한 슬픔으로 변하고 말았다.

이때부터 한(恨) 이 맺힌 천지부모가 되고 만 것이다.

세상의 부모들도 애지중지하는 자식이 갑자기 어떤 사고로 죽었다면 부모의 슬픔은 가슴이 찢어지고 창자가 끊어지는 듯한 고통이거늘 하물며 무한한 사랑의 주인이고 은혜의 주인인 천지부모의 마음은 오죽 하겠는가? 무엇으로 표현하기 어려운 고통을 당하는 분이 되고야 말았다.

늙은 부부가 늘그막에 외아들을 죽인 것처럼 정신없는 심정이다. 인간이 타락하는 순간 하늘이 무너지는 듯하였고 태산이 넘어지는 비극이었다.

그런데 타락으로 인하여 천지부모의 품을 떠나버린 인간들을 다시 사랑의 품으로 돌아오도록 하기 위하여 타락 직후부터 천지부모는 구원섭리를 시작하셨던 것이다.

천지부모는 천지를 아무렇게나 창조하신 것이 아니라 천지의 법도로써 이 세상을 창조하셨다.

천지부모 자신이 법도(法度)의 창조주이기 때문에 법도에 의하지 아니하고는 천지를 창조할 수가 없다.

한치의 오차도 없는 것이 천지의 법도이다. 천지의 법도는 영원하며 불변하며 절대적인 것이다.

그러므로 인간이 성장해 가는 과정에서는 인간에 대하여 일체 간섭할 수가 없게 법도를 만들었다. 즉 인간 스스로가 그 자유의지와 창조성의 능력으로 책임분담을 완수함으로써 천지자녀의 자리를 스스로 정복해야만 만물을 다스릴 수 있는 자격을 부여받기 때문이다.

이것은 타락하여 죄악의 두루마기를 입고 있는 인간이 그 죄를 소멸하여 하늘 앞으로 나아가 본래의 인간모습으로 회복하는 데도 직접 간섭할 수 없는 것이다.

하늘의 구원섭리가 이처럼 장구한 역사에 걸쳐 흘러온 이유는 이 때문인 것이다.

다만 천지부모인 하늘은 인간이 스스로의 노력과 책임을 다하여 열심히 수도정진(修道精進)하여 바르게 인간책임분담을 다하면서 하늘의 뜻에 합당한 탕감조건을 세우면서 죄악세계권을 벗어나기를 곁에서 초조히 지켜보면서 기다리고 있을 뿐이다.

인류 역사가 긴 세월을 통하여 하늘이 쉽게 인간을 구원할 수 없는 사연은 바로 인간책임분담인 인간의 노력 때문인 것이다.

만일 인간이 그 스스로의 노력과 피나는 수도정진을 통하여 책임분담을 다하여 타락권을 벗어났다면 천지부모는 인자하고 사랑이 너무나 많은 분이므로 과거의 모든 죄과를 덮어 주고 또한 천지부모 자신의 슬픔도 모두 잊어버리고 그 인간을 죄악자녀가 되기 전의 모습이었던 천지자녀로서 사랑하고 축복해 주려는 분이다.

 이것이 우주의 부모로서 천지부모의 심정(心情)인 것이다. 그러므로 누구든지 죄악의 두루마기를 벗고 바르고 참된 몸과 마음으로 천지자녀 되기를 맹세하며 수도정진하는 사람에게는 그 사람의 과거에 범했던 모든 죄악은 깨끗이 지워 버리고 참자녀로 맞이해 주는 것이다.

 천지부모의 자비를 여기에서 볼 수 있다.

 원래 천지자녀의 자리를 지켜야 할 인간이 타락하여 죄악자녀가 됨으로써 천지만물도 모두 악마의 주관을 받게 된 것이다. 그 결과 천지부모는 자녀를 잃어버린 슬픈 부모가 되었고 인간은 부모를 잃어버린 고아가 된 입장이다.

 천지부모는 인간이 악자녀가 되므로 친히 상대할 수 있는 인간이 없으며 고독과 슬픔과 한(恨)이 많은 하늘부모가 되고 말았다. 또한 인간을 통하여 다스리게 하였던 천지만물도 모두 악마의 손아귀에 들어가게 되었으므로 하늘부모는 한치의 땅도 상대할 수 없는 불쌍한 천지부모가 된 것이다.

 이러한 애달픈 사연이 있음을 알고 위로해 드릴 수 있는 인간이 되어야 할 것이며 그러한 사람은 진정으로 천지자녀의 자리를 회복한 성인(聖人)이 되는 것이다.

 하늘과의 관계가 끊어짐으로써 인간은 영안(靈眼)이 어두워져서 하늘을 몰라보게 됨으로써 영계가 있는지 없는지를 전연 모르게 되었고, 인간과 하늘과의 부자지인연(父子之因緣)도 끊어지게 되었다.

 죄악자녀가 됨으로써 천지부모와는 부자(父子)의 관계가 아니라 원수의 관계로 떨어지고 만 것이다.

본래 인간을 창조할 때는 부자(父子)의 관계이므로 사랑의 요소와 생명의 요소를 받고 살았기 때문에 인간에게는 병(病)이란 것이 없었다. 그러나 타락으로 말미암아 하늘과는 부자의 인연이 끊어짐으로써 생명의 요소를 받을 수 없게 되자 인간에게는 병이란 것이 들어오게 된 것이다.

병이 인간세계에 들어온 근본 이유는 여기에 있다.

세월이 흘러감에 따라 죄악의 인간은 그 숫자가 점점 불어나면서 천지부모를 반대하며 대적하는 세력은 점점 더 증대하여 갔다. 하늘을 부모로 모시지 않는 세계에서는 인간들 각자가 모두 나름대로 행복을 찾으려고 동분서주해 보지만 진정한 행복은 나타날 수가 없는 것이다.

어떤 사람은 재물만 많이 모이면 진정한 행복이라고 생각하여 돈벌기에 혈안이 되고 어떤 사람은 성욕을 마음껏 충족시키는 것이 최고의 행복이라고 생각하여 많은 처(妻)와 첩(妾)을 거느리며 밤낮을 가리지 않고 음욕에 빠지게 되었다.

인생은 어차피 육신을 중심한 것뿐이라고 단정지어 놓고는 진리(眞理)나 수도정진(修道精進)이나 정의(正義)란 것은 찾아볼래야 찾아볼 수가 없고 살아 생전에 아름다운 첩이나 음부(淫婦)들을 한 사람이라도 더 차지하려고 발악을 하고 있다. 참으로 한심한 인생이 되고 말았다.

잠시 왔다 가는 이 세상인데 그 사이를 못 참아 죄업을 좀더 쌓으려고 발버둥치는 것을 볼 때 참으로 걱정이다. 이러한 인간의 모습을 바라보는 천지부모는 근심으로 인간을 지은 것을 후회하셨다.

그러나 밤낮을 가리지 않고 구원해 보려고 수고하시는 것이다. 반역자인 인간을 구원하기 위하여 선지자(先智者)나 의인(義人)이나 성현(聖賢)을 세워 하늘을 대적하는 죄악의 무리들과 싸웠으나 이들도 대부분 기운의 역부족으로 중도에서 쓰러지고 만 것이다.

죄악인간들이 하늘편의 의인이나 성현들을 박해하였기 때문이다.

이러한 입장을 바라보는 천지부모의 심정은 창자가 끊어지는 비극과 슬픔의 정도를 뛰어넘은, 말로 다 형언할 수 없는 고통이며 한없는 슬픔이었던 것이다.

지상에서 하늘로부터 소명을 받아 천도(天道)를 걸어가는 의인이나 성현으로 세움받은 사람이 박해를 받고 비난을 당하는 고통은 물론 본인도 무척 고통이 많겠지만 그러한 모습을 바라보는 천지부모의 심정은 그 성현이 당하는 고통의 몇십 배나 몇백 배 이상으로 고통을 당하는 것이니 이것이 곧 하늘의 심정이다. 이러한 천지부모의 심정을 아는 사람이라야 진정한 천지자녀의 자리를 회복할 수가 있는 것이다.

그러므로 인간이 지상에 살면서 영계에 들어갈 때 준비해야 할 것 중에서 가장 큰 보물이 바로 하늘부모와 마음이 통하는 심정을 느껴 영혼에다 기록을 하는 것이 가장 귀하고 중요한 것이다. 또한 지상에서 심정을 준비하지 못하고 육신을 벗어버리면 다시는 준비할 수 없는 것이 지상과 영계와의 관계이다. 영계에 들어가기 전에 지상에서 준비해야 할 보물 중에 공덕과 선연(善緣)과 심정을 영혼에다 많이 기록하는 사람이 가장 복된 사람이다.

그러므로 나는 누구인가?

나는 육신을 쓰고 있을 동안 영계에 가지고 갈 세 가지 보물을 열심히 준비해야 할 나인 것이다.

9. 은혜를 주시는 분들

아무리 용감한 사람이라도 혼자서는 살 수가 없는 법이다.
　가정에는 부모님이 계시고 사랑하는 아내가 있으며 귀여운 아들딸들이 있다.
　또 직장에서도 위로는 사장과 중역간부들이 있고 옆으로는 동료사원들이 있으며 아래로는 부하직원이나 후배가 있다. 이러한 관계 속에서 서로가 서로에게 도움을 주기도 하고 도움을 받기도 하면서 살아가는 것이다.
　독불장군(獨不將軍)이란 있을 수 없는 법. 잘 주고 잘 받으면서 공생공영(共生共榮)을 해야 살 수가 있는 법이다.
　학교에서는 선생님이 지식을 전해주고 시장에서는 장사하는 분들이 온갖 인간생활에 필요한 물건을 유통해 주고 공장에서는 기계공들이 열심히 인간생활에 필요한 물건을 만들고 있다. 모두가 따지고 보면 고마운 분들이며 은혜로운 분들이다.
　농부가 없으면 어찌 밥을 먹을 수 있으며 어부가 없으면 어찌 꽁치라도 맛볼 수 있겠는가.
　운전기사는 사람들의 교통을 책임지고 있으므로 그분들의 은혜가 적다 할 수가 없으며 경찰들이 없다면 세상은 온통 무법천지가 될 것을 생각하면 경찰들의 은혜는 부처님 은혜만큼이나 큰 것이다.
　의사는 질병을 치료해 주는 고마운 분이므로 예수님의 사랑만큼이나 은혜로운 사람들이다.

약국이 없다면 당장에 배탈난 사람에게는 무척 심한 고통이 될 것이며 세탁소가 없다면 또한 얼마나 불편하겠는가. 생각해 보면 은혜 아닌 것이 없다. 모두 고마운 사람들이다.

또한 인간의 길흉화복을 미리 알려주는 철학관이 없다면 궁금증을 풀길이 없으며 도문(道門)이 열려 있지 않았다면 영생길을 안내해 줄 자를 만나지 못할 것이다.

이와 같이 인간은 개인으로나 또는 가정에서나 사회에서나 항상 사람들과의 관계를 이루며 살도록 지음받은 것이다.

주종(主從) 관계를 잘 이루어 화합하며 사는 것이 하늘이 본래부터 정해준 길이다. 그러므로 인간은 절대로 혼자서는 살 수 없으며 사람들과의 관계 속에서 덕을 쌓으며 선을 베풀어야 하는 것이다.

이처럼 주위 사람들의 은혜는 크고 중요한 것이다.

영생길에 준비할 보물 중 두번째가 상생의 선연(善緣)이라고 하였으니 사람과의 화합이 얼마나 중요한가를 말해 주고 있다.

사람과의 관계 속에서 화합하고 은혜를 나누어야 인생의 참된 즐거움을 찾을 수 있는 것이다.

또한 모든 사람들에게 은혜에 보답하는 길이 되는 것이다. 이런 노래가 있다.

　　은혜 생각 많이 하면
　　많은 복을 받게 되네.

그러므로 나는 누구인가?

나는 모든 사람들의 은혜를 입고 살아온 사람이므로 반드시 보은(報恩)을 해야 할 의무를 가지고 태어난 나인 것이다.

제3장
인간(人間)

1. 육신(肉身)

인간은 마음과 몸의 이중구조로 되어 있다. 그러므로 인간이 생존하려면 마음의 양식과 몸의 양식을 섭취해야 살아갈 수 있는 것이다.
이 두 가지 중에서 어느 한 가지만 결함이 있어도 온전한 사람이라고 할 수가 없는 것이다.
그러므로 몸과 마음은 모두 다 귀한 것이며 마음은 몸의 주인이며 마음은 또한 몸을 통해서 성장할 수가 있는 것이다. 그럼 먼저 육신에 대하여 좀더 세밀하게 알아보자.

(1) 주종(主從) 관계

우주의 주인이며 천지부모이신 하늘은 인간을 만들 때 마음과 몸 두 부분으로 만들었다.
그러므로 인간은 모든 면에서 두 부분으로 되어 있다. 영혼과 육신이 이중구조로 되어 있으며 마음과 몸 또한 이중구조이며 이러한 이중구조를 놓고 주종관계(主從關係) 라 한다.
인간에게는 두 가지의 본래 마음이 있다. 그 하나는 본심(本心)의 마음이며 또 하나는 본능(本能)의 마음이다. 본심의 마음을 주(主) 라 하고 본능의 마음을 종(從) 이라 한다.
또한 본심의 마음에는 네 가지 귀중한 보물이 있다.
첫째는 진리(眞理)를 따라서 살고자 하는 진심(眞心) 이다. 사람이 이 진심을 따라서 살면 무량한 복을 받는다.

둘째는 남에게 선행을 베풀면서 살고자 하는 마음이 있으니 곧 선심(善心)이라 한다. 사람이 적선(積善)을 하면 반드시 복을 받도록 천지 이치가 그렇게 되어 있는 것이다.

셋째는 아름다운 것을 보고 싶어하는 마음이 있으니 곧 미심(美心)이라 한다. 사람의 본심은 항상 아름답게 살고 싶어하는 본심이 들어 있는 것이다.

넷째는 남을 사랑하고자 하는 마음이 있으니 곧 애심(愛心)이라 한다. 예수님의 사랑이나 부처님의 자비나 공자님의 인(仁) 사상이 모두 인간의 애심을 키우기 위한 것이다.

그러므로 사람은 진심과 선심과 미심과 애심 이 네 가지 보물을 잘 활용하면 무량한 복을 받을 수 있는 것이다.

그리고 본능(本能)의 마음에도 네 가지 덕을 쌓을 수 있는 기능을 가지고 있다. 그 첫째는 좋은 옷을 입고자 하는 본능인 의심(衣心)이 있다. 좋은 옷을 입고 화려하게 살고 싶어하는 것은 인간의 본능심(本能心)인 것이다.

둘째는 맛난 음식을 먹고자 하는 식심(食心)이 있다. 사람은 누구나 맛난 음식을 먹고 싶어하는 본능의 마음이 있는 것이다.

셋째는 고래등같이 크고 화려한 집에 살고 싶어하는 주심(住心)이 있다.

사람은 누구나 편리하고 화려하고 웅장하고 아름다운 집에서 살고 싶어하는 본능의 마음이 있는 것이다.

넷째는 아름다운 여인과 성욕(性慾)을 만족시키고자 하는 성심(性心)이 있다. 특히 이 성욕의 본능은 그 힘이 아주 강하므로 방향을 잘못 잡으면 인간을 파멸의 길로 끌고 가기가 쉽다.

이상과 같이 본능의 마음 안에는 의심(衣心)과 식심(食心)

과 주심(住心)과 성심(性心) 네 가지가 있으니 이것을 잘 사용하면 복이 되나 만일 잘못 사용하면 큰 죄를 지을 수도 있다.

본능의 네 가지 마음은 모두 천지부모가 주신 고귀한 선물인데 인간이 타락하여 이 네 가지 보물을 모두 나쁜 곳으로만 사용해 왔기 때문에 죄악을 낳게 된 것이다.

사실 인간에게 있어 성욕은 하늘이 준 본능이다. 그러므로 아주 귀하고 거룩한 것이다.

다만 인간이 죄를 지어 타락함으로써 그 귀하고 거룩한 것을 악하게 사용해 왔기 때문에 가장 천하고 더러운 것으로 보게 된 것이다.

인간이 죄악자녀의 자리에 머물러 있으면서 성욕을 채우는 것은 가장 천하고 더러운 것이 되고 말았다. 그러나 죄악의 탈을 벗어 버리고 천지자녀의 자리를 회복한 다음에는 성관계(性關係)만큼 거룩한 것이 없다. 이 성관계를 통하여 생명이 탄생되고 혈통이 이어지며 가문(家門)이 일어서며 더 나아가서는 인류가 발전해 나가는 것을 보아도 얼마나 귀중한 것인가를 알 수 있다.

결론적으로 말하면 가장 귀하고 거룩한 사랑과 성기(性器)는 타락으로 말미암아 가장 천하고 가장 더러운 것이 되고 만 것이다.

그리고 사람에게 있어서 주(主)가 되어야 할 것은 도덕(道德)이며, 종(從)이 되어야 할 것은 물질인데 이것도 사람이 타락하여 죄인이 되고부터는 주객이 전도되어 종(從)인 물질문제, 특히 의식주성(衣食住性)에 대한 본능심에 먼저 신경을 쓰게 되었고 주(主)인 진리의 생활이나 적선생활이나 도덕생활이나 사랑하는 생활은 등한시하게 되었던 것이다.

또한 타락으로 말미암아 영안이 어두워져 엄연히 존재하는 영계를 부정하는 상태까지 떨어지고 말았다. 영계는 장차 육신을 벗고서 들어가는 본고향 같은 곳인데 고향을 부정하고서야 장차 저승문을 통과할 때 무엇으로 변명할 것인지 심히 염려스럽다.

그럼 나는 누구인가?

타락으로 말미암아 사랑과 성(性)이 천해진 것을 열심히 수도정진하여 천지자녀의 자리를 회복함으로써 사랑과 성을 귀하고 거룩하게 만들어야 할 사명이 있는 나인 것이다.

(2) 남자와 여자

천지부모께서 인간을 창조하실 때 남자와 여자 두 성(性)을 창조하셨다. 그러므로 남자를 양성이라 하고 여자를 음성이라고 한다.

천하의 모든 만물들이 생존하거나 번식을 하려면 양성과 음성 두 기운이 화합을 해야 하는 것이다.

동물들도 수컷과 암컷이 합해야 새끼를 낳을 수 있으며 식물들도 수술과 암술이 합해야 꽃이 피고 열매가 열리는 것이다.

이와 마찬가지로 인간세상도 멸망하지 않고 영원히 지속되려면 남자와 여자가 가정을 이루어 자녀를 낳아야만 되는 것이다.

이것이 곧 천지의 법칙이며 순리의 길이다.

여기에서 결혼(結婚)에 대한 문제가 나온다. 결혼은 그 의미가 매우 크다.

결혼을 통하여 남녀가 한몸이 되므로 천지부모의 창조이상이 실현되는 것이다. 원래 사람은 천지부모의 반(半) 쪽 부분을 닮았다.

그러므로 남자나 여자가 혼자 있을 때는 완전한 사람이라고 할 수가 없고 반쪽 사람이라고 할 수 있다.

아무리 훌륭한 남자도 혼자 몸으로는 반쪽 사람에 불과한 것이다.

또한 여자도 아무리 그 인물이 뛰어나 양귀비(楊貴妃)에 버금가는 미모를 가진 여자라 해도 혼자로는 역시 반쪽 사람일 뿐이다.

천지법도에 보면 남자는 누구를 위해 태어났는가, 할 때 남자는 여자를 위해서 태어난 것이다.

또한 여자는 남자를 위해서 태어난 것이다. 이렇게 볼 때 남자는 남자 자신을 위해서 태어난 것이 아니라 상대인 여자를 위해서 태어났으므로 여자를 진정으로 사랑해야 할 의무가 있는 것이며 여자도 마찬가지다. 여자는 여자 자신을 위해서 태어난 것이 아니라 상대자인 남자를 위해서 태어났으므로 남편을 공경하고 사모하며 하늘처럼 모시고 살아야 하는 것이 천지의 이치인 것이다.

이러한 천지의 이치를 생각해 볼 때 남자인 나는 과연 왜 태어났는가라고 자문(自問)한다면 그 대답은 여자 때문에 태어났다고 해야 정확한 답이 되는 것이다. 이렇게 하여 남자와 여자가 가정을 이루어 생활을 하면 천지부모는 본래 사람을 만드신 목적이 이루어지므로 그 가정에는 하늘의 축복이 임하는 것이다.

또한 천지부모도 이러한 가정을 보면서 무한한 기쁨을 누리고자 하였기 때문에 남녀로서 이루어지는 가정에는 항상 하늘이 임재하시어 부모의 사랑이 충만하게 되며 부부의 사랑도 충만하게 되며 자녀의 사랑도 충만하게 되는 것이다.

천지부모가 본래부터 가지고 있던 세 가지의 크고 거룩한 사랑이 참다운 천지가정을 통해서 실현되는 것이니 곧 부모의 사랑과 부부의 사랑과 자녀의 사랑이다.

이 삼대(三大) 사랑이야말로 천지에 으뜸가는 근본된 사랑인 것이다.

부부에게도 남자는 천지부모의 양적(陽的)인 요소를 닮았고 여자는 천지부모의 음적(陰的)인 요소를 닮았기 때문에 남자와 여자는 곧 인류의 대표자인 것이다.

한 사람의 남자는 인류 전체 남자의 대표로 태어난 것이 되며 또한 한 사람의 여자는 인류 전체 여자의 대표로 태어난 것으로 천리법도(天理法度)는 정하고 있다.

그러므로 남녀의 결합(結合), 즉 결혼은 우주의 완결(完結)이 되며 천지의 상봉이 되며 인류의 통일이 되는 것과 동시에 천지부모의 현현(現顯)과 같은 뜻을 지니게 되는 고귀한 것이다.

참사람이 참사랑을 하여 결혼을 하면 천지가정(天地家庭)을 이루는 것이 되므로 그 가정은 신성(神聖)하고 거룩한 가정이 되는 것이다.

천지가정에는 하늘의 축복이 항상 임재하게 되므로 무한한 사랑과 무한한 은혜 속에서 살아가는 지극히 행복한 하늘가정인 것이다.

이러한 천지가정이 지상에서 이루어지니 곧 지상천국(地上天國)이요 지상천국생활을 한 사람만이 육신을 벗으면 천상천국(天上天國)으로 들어가게 되는 것이다.

그러나 인간은 타락함으로써 이처럼 복되고 거룩한 천지자녀가 되지 못하고 죄악자녀로 떨어졌으며 또한 천지가정이 되지 못하고 죄악가정이 되었던 것이며 인간과 가정 그 가치는 만물보다 더 거짓된 자리에 떨어져서 지상지옥생활을 하게 된 것이다.

죄악가정이 되었으므로 남녀의 결합은 천하고 더러운 것이 되었고 물질적인 만남이 되었으며 음욕(淫慾)을 채우기 위한 육신의 만남에 불과한 것이 되고 말았다.

마음이 거짓되므로 그 하는 생각이나 말하는 것이나 행동하는 것이나 밥먹는 것이나 잠자는 것이나 일하는 것이 모두 죄악을 만드는 꼴이 되었다. 그러므로 수도인들이 이 죄악을 씻어내기 위해서 철야기도를 하며 금식을 하며 정성을 드리는 것이다.

그러므로 나는 구구인가?

남자인 나는 여자 때문에 태어난 나이며 천지가정을 이루어야 할 사명과 의무가 있는 나인 것이다.

(3) 유일무이(唯一無二)한 나

인간은 본래 천지부모를 닮아서 천지자녀의 가치로 태어났기 때문에 사람마다 독특한 특성(特性)을 지니고 있다. 사람의 수가 아무리 많다 해도 동일한 사람은 절대로 있을 수 없는 것이다.

그러므로 한 사람 한 사람은 모두 천지간에 둘도 없는 단 하나뿐인 유일무이하고 귀중한 존재인 것이다. 다시 말해서 개개인은 각각 천지부모의 유일한 개성을 가지고 태어났기 때문에 사람은 누구나 천지부모의 유일무이한 개성체(個性體)인 것이다.

이처럼 사람은 각각 유일무이한 개성체로 귀중한 존재이기 때문에 어느 누구에게도 지배를 당하거나 무시를 당하거나 짓밟히는 것은 있을 수 없으며 또한 남을 지배하거나 무시하거나 짓밟으면 천지의 자녀를 짓밟는 것이 되므로 천법(天法)에 걸리게 되는 것이다.

천지부모가 거룩하고 고귀하며 신성한 것처럼, 인간도 본래의 가치는 거룩하고 고귀하며 신성한 개성체인 천지자녀인 것이다.

인간의 개성은 이처럼 천지부모를 닮아서 태어난 것이므로 인간의 개성은 다른 어떤 동물과는 비교할 수 없는 신성하고 존귀한 것이다.

인간의 본래 가치는 이처럼 고귀한 것이므로 그 어떤 타력(他力)에 의해서 멸시를 당하거나 모욕을 당할 수는 없는 것이다.

알고 보면 사람의 가치는 하늘만큼 고귀한 가치이므로 모든 성현들의 가르침의 요지는 모두 사람을 사랑해야 한다고 가르쳐 온 것이다.

예수님이 하신 말씀도 모두 사람을 하늘의 아들딸처럼 사랑해야 한다고 가르친 것이 그 요지인 것이다. 또한 온 세상의 부귀영화와 천하의 모든 권세를 다 준다 해도 자기 목숨보다 못하다고 한 것도 결국은 인간은 하늘만큼이나 귀한 존재라는 뜻이리라.

부처님의 자비도 결국은 사람을 사랑하고 용서해 주라는 뜻이다.

그리고 천상천하 유아독존(天上天下唯我獨尊)이란 참뜻도 인간은 본래 성불(成佛)한 가치임을 나타내신 것이다.

성불이란 곧 천지자녀의 자리를 회복한 것을 나타내고 있는 것이다.

제3장 인간(人間) 75

그리고 공자의 인(仁) 사상은 한마디로 말해서 사람을 사랑하는 것이 주요 목적임을 알 수 있다.

또한 수도인이나 신앙자들의 최종목적은 사람을 진실로 사랑할 수 있는 참사랑의 주인공이 되기 위한 것이 목적인 것이다.

흔히 사람이 많이 모이게 되면 서로 충돌하는 일들이 벌어지는 것을 보게 된다.

자기 주장만 옳다고 하여 남의 주장을 받아들이지 않는 것은 이처럼 인간에게는 특성이 있다는 것을 제대로 이해하지 못하였기 때문이다.

나 자신이 귀중한 만큼 남들도 귀중한 것이다.

내 목숨이 억만금을 주고도 바꿀 수 없을 만큼 귀한 것처럼 남의 목숨도 억만금을 주고도 바꿀 수 없을 만큼 귀중한 것이다.

그러므로 사람이 죄악의 두루마기만 벗어 버리면 모두가 다 부처님이며 모두가 다 하늘의 아들딸이며 모두가 다 성현인 것이다.

또한 천지부모가 바라보는 인간의 가치는 누구나 동등한 것이다. 인간은 천법(天法) 앞에 동등(同等)하며 천지부모 앞에 동등한 것이다.

사람은 모두가 유일무이한 존재이므로 각 사람마다 천지부모께 기쁨을 돌려드려야 할 유일무이한 의무와 사명이 있는 것이다.

그러므로 자신을 스스로 천대하거나 무시하면 천지부모가 매우 섭섭해하는 것이며, 자신을 무조건 죄인(罪人)이라고 천시해도 천지부모는 기분이 나쁜 것이다.

다만 타락하여 죄인으로 떨어졌기 때문에 인간의 존엄한 가치가 떨어져 인간을 천시하는 풍조가 생겨났던 것이다. 그러나 죄는 미워하되 인간까지 미워해서는 안되는 것이다.

인간은 본래 천지자녀의 자격이 있는 고귀한 존재이므로 설사 타락되어 죄인이 되었다 해도 인간의 존엄성만은 영원히 살아 있는 것이다.

사람을 대할 때도 죄는 미워하되 사람은 사랑해야 진정으로 사람을 바르게 보는 눈이 되는 것이다.

그러므로 나는 누구인가?

나는 천지부모의 거룩하고 신성한 모습을 닮은 천지자녀이므로 나 또한 거룩한 마음과 신성한 행동을 해야 할 나인 것이다.

2. 마 음

천지부모는 인간을 몸만 창조한 것이 아니라 마음까지 창조하셨다.

천지에는 모든 것이 천지법도로 되어 있는 것이다. 몸과 마음의 관계를 주종(主從) 관계로 나누어 보면 마음은 주(主)가 되고 몸은 종(從)이 되는 관계이다.

그리고 마음은 근본(根本)이며 몸은 가지가 되는 것이다. 그러므로 몸과 마음 둘다 귀중한 것은 사실이나 더 귀중한 것은 마음이며 몸은 그다음인 것이다.

마음에 대한 중요한 교훈을 생각해 본다.

마음이 바르지 못한 사람이 돈이 많으면 그 돈은 모두 죄업을 쌓게 된다.

마음이 바르지 못한 사람이 지식이 풍부하면 그 지식은 모두 세상을 속이는 일에 사용된다.

마음이 바르지 못한 사람이 높은 벼슬을 하게 되면 세상을 더욱 불행하게 이끌어 가게 된다. 마음이 바르지 못한 사람이 두뇌가 좋으면 큰 사기꾼이 된다. 또한 마음이 바르지 못한 사람이 건장하면 폭력배가 된다.

마음이 바르지 못한 사람이 사주학(四柱學)에 능통하면 재물을 취하는 큰 사기꾼이 된다.

그러므로 마음이 바른 뒤에야 돈이나 지식이나 권세나 좋은 두뇌나 건장한 몸은 복을 지을 수 있게 되는 것이다.

인간의 마음은 천지부모가 만든 것이므로 그 마음에는 하늘과 통하는 참마음이 있으며 또한 하늘을 섬기는 효심(孝心)이 있다. 그리고 하늘이 천지를 창조한 것처럼 인간의 마음속에도 창조성이 있는 것이다.

인간의 마음에 대하여 좀더 자세히 논해 보겠다.

(1) 참마음

인간이 타락하지 않고 완성되었다면 과연 어떤 모습일까? 겉으로는 별로 차이가 없지만 속으로는 엄청난 차이가 있는 것이다.

완성된 인간을 우리는 천지자녀라고 부른다. 예수님이나 부처님이나 공자님은 모두 천지자녀의 자리를 회복한 분들이다. 인간이 완성하여 천지자녀가 되었다면 천지부모와 마음이 통하는 부자관계(父子關係)가 되었을 것이다. 이렇게 마음으로 통하는 관계를 심정(心情) 관계라고 한다.

즉 인간이 완성되었다면 천지부모의 심정의 계승자가 되어서 천지부모의 심정을 체휼하는 참된 효자효녀가 되었을 것이다.

심정에 대한 내용은 참으로 표현하기 어려운 부분이다.

하늘의 은사를 받는 자 외에는 알 수가 없는 법이므로 표현하기가 상당히 어려운 내용이다.

이 우주에는 창조주이신 하늘이 있고 나는 그로부터 지음을 받았으며, 그리고 천지부모와 부자인연(父子因緣)이라는 것을 몸과 마음으로 체휼하게 될 때 천지부모의 심정을 느껴 볼 수가 있는 것이다.

심정이란 말은 진실한 사랑을 더욱더 진하게 표현한 말이다.

심정이란 참된 사랑을 말한다.
심정은 참마음이며 참사랑이며 천지사랑을 말한다. 세상에도 사랑은 많이 있다.
그러나 참된 천지의 사랑은 찾아보기가 어렵고 죄악사랑만 더 많이 성행하고 있다. 죄악의 사랑은 음욕을 만족하기 위한 사랑이므로 천하고 더러운 것이며 죄를 짓는 사랑인 것이다.
천지부모는 만인류의 부모이므로 태양이 만물을 고루고루 비치듯이 천지부모의 사랑도 이와 같이 모든 사람에게 골고루 사랑을 베풀어 주신다. 요한복음 제3장 16절에 보면 하나님의 사랑이 잘 나타나 있다. (공동번역, 개정판 참조)

하나님이 세상을 이처럼 사랑하사 독생자를 주셨으니 이는 저를 믿는 자마다 멸망치 않고 영생을 얻게 하려 하심이라.

천지부모의 사랑은 무엇으로 표현하여도 부족할 뿐이다. 그리고 하늘의 마음을 가장 잘 알고 있는 사람들이 성현(聖賢) 들이다.
성현들을 배우다 보면 하늘의 마음을 느껴볼 수가 있다.
천지어머니의 바다같이 넓은 사랑은 어떤 죄를 지어도 모두 용서하시고 죄를 씻어 주려 하시며 대자대비하신 것이 천지어머니의 사랑이다.
그리고 천지아버지의 태산 같은 엄격함은 한 번 범죄하면 추호도 용서하지 않는 무섭고 두려운 법도의 하늘이 계시나니 곧 천지아버지의 참모습이다. 이처럼 인간 하나를 사이에 두고 천지어머니의 사랑과 천지아버지의 엄격함이 동시에 나타나고 있다.

천지어머니 하늘과 천지아버지 하늘은 천지의 큰 부모이시며 또한 천지의 부부이시다. 그리고 두 하늘은 이위일체(二位一體)이시며 때로는 이체일심(二體一心)으로 역사하기도 하신다.

그럼 인간은 어디에서 왔는가?

천지아버지와 천지어머니의 큰 사랑이 합해지고 큰 은혜가 합해져서 그 결과로 탄생된 것이 인간이다.

이처럼 큰 사랑의 결실이며 거룩한 은혜의 결실이 바로 인간이며 곧 나 자신인 것이다.

그러므로 나는 누구인가?

나는 천지부모의 큰 사랑과 거룩한 은혜가 합해져서 그 결실로 태어난 거룩하고 존귀한 천지자녀인 것이다. 그리고 천지부모의 심정의 계승자이며 참마음의 상속자이다.

(2) 효심(孝心)

천지부모를 닮은 인간은 천리(天理)를 따라 살아가도록 만들어졌다. 즉 인간의 몸과 마음은 천리가 다스리고 있으므로 이 천리에 순종하는 사람은 복을 받고 살 수 있고 천리에 불순종하는 사람은 천벌을 받도록 천지의 법에 정해져 있다.

천리에 순종하는 것을 순리(順理)라 하고 천리에 불순종하는 것을 역리(逆理)라 한다. 인간이 본래 타락하지 않고 완성되었다면 천리법도대로 살도록 되어 있었던 것이다.

천리법도는 곧 순리이므로 사람이 살아가면서 만사·만리를 순리로써 이행하면 성공하는 것이고 역리(逆理)로써 이행하면 반드시 실패하고 멸망하는 것은 만고불변의 진리인 것이다.

그럼 순리란 무엇인가?
 순리 중에서 가장 중요한 것은 인간의 윤리(倫理)와 도덕(道德)을 행하는 것이다. 윤리란 사람과 사람 사이의 관계에서 서로가 공경하는 마음과 행동을 말하는 것이고 도덕이란 자기 마음과 몸과의 관계에서 진리를 따라 동(動)하고 정(靜)하는 마음과 행동을 말하는 것이다. 그러므로 윤리를 잘 지키는 사람은 사람을 공경하며 친구간에 신의가 돈독하며 부부간에 화목하며 형제간에 우애가 좋은 것이다.
 그리고 도덕을 잘 지키는 사람은 마음이 주인이 되어 진리의 길로 인도하며 몸은 마음의 명령에 따라 진리의 길로 따라간다. 그러므로 마음이 선행하라고 명령하면 몸은 아무 불평 없이 순종한다. 마음이 명령하기를 좌선을 하라 하면 몸은 두말 않고 시키는 대로 한다.
 또한 마음이 금식기도를 하라고 명령하면 몸은 비록 고달프지만 마음의 명령에 절대 복종하는 것이 곧 도덕을 잘 행하는 사람인 것이다.
 그리고 항상 천지부모를 모시고 효도하는 마음으로 있는 이상 몸은 마음을 따라 효도하게 되는 것이다.
 그러나 중생들은 반대로 되어 있다. 몸이 주인이 되고 마음이 종(僕)이 되어 몸이 시키는 대로 마음이 끌려가는 것이다. 타락인간의 몸은 아무런 기준이나 방향이 없으므로 선악을 구별하지 않고 과감하게 밀고 나간다.
 지나가는 여자를 보면 몸은 무조건 다가가려 한다. 그러나 마음은 말린다. 여자를 함부로 다루지 말라고 한다. 그러나 몸은 마음의 말을 듣지 않으려고 떼를 쓴다. 그러다가 경찰에 체포되어 감옥에 들어가게 된다. 감옥에 들어가서도 몸과 마음은 싸운다. 그리고 마음이 몸을 야단친다. "너 때문에 이 꼴이 되지 않았느냐?"라고.
 그러나 몸은 대항을 한다. 오히려 큰소리로 마음을 상대로 덤벼든다.
 "왜 내가 폭행할 때 좀더 적극적으로 말리지 않았느냐?"라고.
 이렇게 몸과 마음이 싸우는 모습이야말로 타락된 인간의 실상이다.
 윤리와 도덕은 비슷하나 윤리는 사람과의 관계이고 도덕은 자기와의 관계라 했다. 남을 공경하고 사랑하는 것을 잘하면 윤리가 잘된 사람이고, 자기의 몸과 마음이 진리를 중심삼아 잘 나가면 도덕 훈련이 잘된 사람이다.
 윤리와 도덕을 지키고 하늘 앞에 효도하는 것은 모두 하늘로부터 부여받은 순리이며 의무인 것이다.
 그러므로 윤리와 도덕을 잘못 지키는 사람이 성현의 도를 배우려 한다거나 천도(天道)를 가려는 것은 실로 어리석은 짓이다.
 윤리를 잘 지키는 사람들은 은혜를 받는 지름길이 되며 도덕을 잘 지키는 사람은 성현의 도를 배우는 데 첩경이 되는 것이다.
 그러므로 윤리와 도덕을 잘 지키는 것은 순리 중의 순리인 것이다.
 하늘을 공경하고 사람을 사랑하는 것은 순리이다. 또한 부모에게 효도하고 하늘 앞에 효도하는 것은 당연한 순리이다. 사람이 순리를 행하면 복을 받고 건강하며 장수하며 항상 행복하다. 반대로 사람이 역리를 행하면 화(禍)를 입거나 병에 걸리거나 요절하게 되거나 사고를 당하거나 벼락을 맞게 되는 것이다.

천지에는 모든 것이 이치 속에 있다. 근본을 알고 근본에 힘쓰면 끝도 따라서 좋아진다.
그러나 근본을 무시하고 끝에만 힘을 쓰면 결국 근본과 함께 끝도 망하는 것이다.
순리를 따라야 한다. 순리란 천리를 말하며 천리란 곧 천지부모와 생육부모에게 효도하는 것을 말한다.
효도할 줄 모르면서 성현을 배우겠다는 것은 참으로 어리석은 일이다.
그렇다면 순리란 무엇인가?
춘하추동(春夏秋冬) 사계절이 때를 따라 변하는 것이 순리이다.
모든 것을 순서를 따라 하는 것이 순리이다. 순리로 구하면 성공한다.
순리란 곧 효도하는 것을 말한다.
• 불효하는 것은 역리이다.
• 불신하는 것은 역리이다.
• 불충하는 것은 역리이다.
• 불법을 행하는 것은 역리이다.
• 무엇이나 무리하는 것은 역리이다.
• 자기의 능력도 모르고 날뛰는 것은 역리이다.
역리의 끝은 병에 걸리지 않으면 사망하는 것뿐이다.
그러므로 나는 누구인가?
나는 윤리도덕을 잘 지키며 효도를 다하여 순리의 길을 가야 할 나인 것이다. 그러므로 필자 또한 사주를 정확하게 봐주는 것이 순리이다.

(3) 창조의 즐거움

인간이 천지부모로부터 상속받은 것 중에 하나가 창조성이다.

인간은 다른 동물이나 식물과는 달리 창조할 수 있는 능력을 가지고 있다. 즉 천지부모가 우주를 창조해 냈던 그 창조의 능력을 인간도 가지고 있는 것이다.

이렇게 인간이 창조성을 가지게 됨으로써 만물의 영장이라는 소리를 듣게 된 것이다.

천지부모가 자신의 능력으로 대우주(大宇宙)를 창조하여 창조주라는 이름을 얻게 된 것처럼 인간도 자신의 능력으로 소우주(小宇宙)인 자기를 완성시켜야 진정으로 천지자녀의 자리를 회복하는 것이다.

여기서 말하는 자기완성이란 곧 성현(聖賢)이 되는 것을 의미한다. 즉 성불(成佛)을 해야만 천지자녀의 영광을 얻을 수가 있는 것이다.

그러므로 인간은 누구나 자신의 노력으로 자기를 완성시켜 성현이 되도록 노력해야 할 의무가 있는 것이다.

그럼 창조를 해야 할 이유는 무엇인가? 그 이유는 천지부모가 대우주를 창조하면서 기쁨을 얻는 것처럼 인간도 자기의 노력으로 무엇을 창조해 낼 때 비로소 기쁨을 얻을 수 있기 때문이다.

그러므로 창조는 어디까지나 선(善)을 목적으로 창조해야 하며 세상에 이익을 주기 위한 목적으로 창조해야 하며 모든 사람들에게 기쁨을 주기 위한 목적으로 창조해야 하는 것이다.

창조의 능력은 오직 인간에게만 내려주신 천지부모의 무량한 은혜인 것이다.
 그러나 타락하여 죄인이 되면서 인간은 남에게 기쁨을 주기 위한 목적으로 창조하는 것이 아니라 자기의 사욕(私慾)을 채우기 위한 목적으로 창조를 하기 시작한 것이다.
 이러한 창조는 모두 죄업을 짓는 창조가 되는 것이다.
 천지부모와의 관계가 끊어짐으로써 남을 위한 거룩한 창조가 되지 못하고 자기 자신의 탐욕이나 음욕을 채우기 위한 창조로 변하고 말았으니 실로 안타까운 일이 아닐 수 없다. 이상에서 본 바와 같이 인간의 마음에는 하늘과 통할 수 있는 참 마음이 들어 있고 또한 하늘을 모시고 살고 싶어하는 효심이 들어 있으며 또한 새로운 것을 만들어 사람들을 기쁘게 해주고자 하는 창조성이 있는 것이다.
 이러한 것은 모두 원인자(原因者)인 천지부모를 닮았기 때문인 것이다.
 그럼 나는 누구인가?
 나는 사람들에게 이익을 줄 수 있는 창조를 하여 모든 사람들에게 공헌해야 할 의무가 있는 나인 것이다.

3. 나의 자리

　인간은 천지부모의 자녀로 지음받았기 때문에 고귀하고 거룩한 인간이다. 천지부모가 거룩한 것처럼 인간도 거룩한 것이다.
　그러나 동격(同格)은 아니다. 천지부모는 원인자(原因者)이고 인간은 결과자(結果者)이며 자녀인 것이다.
　거룩한 면으로 보면 하늘이나 인간이나 다 거룩하지만 그 자리로 보면 동격은 아니다.
　즉 부모와 자식은 엄연히 구분되어야 하는 것처럼 천지부모는 창조자이며 인간은 피조물인 것이다.
　물론 인간에게도 창조의 능력을 준 것은 사실이지만 인간의 창조에는 한계가 있는 것이다.
　천지부모의 창조능력에 비하면 인간의 창조능력이란 극히 미약하며 억만분의 1도 안되는 창조능력에 불과할 따름인 것이다.
　그러므로 천지부모는 주(主)가 되고 근본(根本)이 되며 상위자(上位者)이고 원인자인 것이다. 반면 인간은 종(從)이 되고 말(末)이 되며 하위자(下位者)이며 결과자(結果者)인 것이다.
　뿐만 아니라 가정을 놓고 보더라도 부부(夫婦)는 일심동체(一心同體)이나 그 자리를 엄연히 구별하면 동격(同格)이 아닌 것이다.
　즉 남편은 상위자(上位者)이고 아내는 하위자(下位者)인 것이다.

이것은 천리원칙이며 천리법도인 것이다.

또한 직장에서는 사장은 상위자이고 사원은 하위자의 입장에 있는 것이다. 그리고 선배는 상위자이고 후배는 하위자이다. 물론 상급자는 상위자(上位者)이고 하급자는 하위자(下位者)인 것이다.

집안에서도 부모는 상위자이고 자식은 하위자의 입장에 있는 것이다.

그러나 자신의 아들딸들 앞에서는 상위자가 되고 아들딸들은 하위자가 되는 것이다.

이와 같이 인간은 세상을 살아가면서 때로는 상위자도 되었다가 때로는 하위자도 되었다가 한다. 그러므로 인간은 언제 어디서나 자기의 자리가 정해진다. 상위자가 아니면 하위자의 자리가 분명히 정해져 있다.

여기에서 상위자(上位者)는 하위자(下位者)를 진정으로 사랑하며 선한 길로 인도하며 보살펴야 할 의무가 있으므로 이것이 곧 천리원칙이다.

또한 하위자는 상위자 앞에 절대 순종하며 충성하며 믿으며 모심(慕心)의 생활을 다해야 할 의무가 있으며 이것이 곧 천리법도인 것이다.

즉 천지의 법(法)이 그렇게 정해져 있다는 말이다.

이처럼 사람이 어느 곳에 가거나 스스로 자기 자리를 분명히 알아서 본분을 충실히 이행한다면 지상천국이 빨리 이루어지는 것이다.

천지부모가 상위자와 하위자를 구분해 놓은 목적은 질서의 세계를 이루기 위한 것이다. 그러므로 이상세계는 곧 질서의 세계라고 할 수 있는 것이다.

(1) 하위자(下位者)

인간은 천지부모의 자녀로 지음받았으므로 먼저 천지부모에 대하여는 하위자의 자리를 지켜야 하는 것이다.

천지부모가 바로 인간에 대해서 상위자(上位者)이다.

그리고 하위자는 상위자에게 충성과 효성을 다해야 하며, 모심의 생활을 다해야 하는 것이 천지법도(天地法度)인 것이다.

그러므로 인간은 천지부모를 절대적으로 믿어야 하며 절대적으로 충성을 다해야 하며 절대적으로 효성을 다해야 하며 절대적으로 모심의 생활을 다해야 천지법도에 따르는 순리인 것이다.

사람이 순리를 따르면 복을 받지 않는 사람이 없다. 순리 자체가 복의 원천이기 때문이다.

그러므로 병고에 시달리거나 빈천하게 살거나 비명횡사를 당하거나 벼락을 맞거나 하는 것은 모두 순리를 따르지 않고 역리(逆理)를 걸어왔기 때문이다.

인간으로서 천지부모인 하늘을 믿지 않고 충성도 하지 않으며 불효를 하며 더 나아가서는 "하늘은 없으니 내 주먹을 믿으라."고 큰소리치는 것은 천리를 역행하는 역리이므로 조만간 파멸을 당하게 되는 것이다.

역리(逆理)를 가다 보면 태산 같은 병마가 침범을 하고 걸어가다가도 넘어져서 크게 다치기도 하며 또는 달려오는 자동차에 치여 몸 전체가 망가지는 비운을 당하게 된다. 이것은 천법(天法)으로 정해져 있다.

즉 하위자가 상위자 앞에 충성과 효성과 섬김의 도리를 다하는 것은 천법으로 규정되어 있는 것이다.

그러므로 개인은 전체에 대해서는 하위자(下位者)의 입장에 서야 하는 것이다.

왜냐하면 개인은 전체의 한 부분이기 때문이다. 그러므로 부분은 전체의 뜻에 따라야 하는 것이 천리법도이며 순리인 것이다.

즉 전체적인 이익은 공적인 것이며 개인적인 이익은 사적이기 때문이다.

그러므로 전체의 이익을 위해서는 개인이 비록 조금 손해를 본다 해도 전체의 뜻에 따르는 것이 천리법도에 순응하는 길이 되며 순리(順理)인 것이다.

만일 전체에는 이익이 되는데 개인이 손해를 본다 하여 전체의 뜻에 따르지 않는 것은 천리법도에 불순종하는 것이 되므로 병에 걸리거나 사고를 당하거나 벼락을 맞게 되는 것이다.

또한 인간은 가정에서나 직장에서나 사회에 나가서나 어느 장소에서나 항상 상위자를 만나게 되는데 그때마다 하위자의 입장에서 도리를 다해야 할 의무가 바로 이 천법에 정해져 있다.

즉 가정에서는 상위자(上位者)인 부모가 있으므로 부모의 뜻을 존중하고 효도를 다해야 하며 모심의 생활에서 충실해야 하위자의 사명을 다하는 것이 된다.

그리고 직장에서는 상위자인 사장과 회사를 위하여 자기가 맡은 본분을 다하여 충성을 해야 하위자(下位者)의 도리를 다하는 것이 된다.

이와 같이 상위자에게 효도를 하거나 충성을 다하는 것은 천리법도를 지키는 것이 되며 순리의 도를 지키는 것이므로 복을 받으며 잘 살게 되는 것이다.

반대로 부모에게 불효하거나 직장에서 불충성하게 되면 천리법도를 어기는 일이 되므로 역리(逆理)인 것이다.

역리의 결과는 병에 걸리거나 사고를 당하거나 벼락을 맞거나 하는 것은 당연하다.

이와 같이 인간은 천지부모를 위시하여 수많은 계층의 상위자를 대하게 대는데 이때는 하위자의 도리를 성실히 수행해야 하며 때로는 상위자의 도리를 성실히 수행해야 하며 때로는 상위자의 지리에 설때도 있는 것이다.

이 점을 잘 알고 어느 장소에서나 자신이 상위자인가 하위자인가 하는 것을 그때마다 잘 파악하여 만일 상위자의 입장에 처할시에는 하위자(下位者)에게 사랑과 덕으로 다스려 나가야 할 것이며, 하위자의 입장에 처할시에는 상위자(上位者)에게 존경과 충성을 다해야 순리의 길이 되는 것이다.

그리고 천지부모는 전체 중에서 최고의 상위자이다. 그러므로 인간은 태어나면서부터 최고의 전체이며 최고의 주체이며 최고의 상위자인 천지부모를 위해서 살도록 지음받았으며 또한 천지부모에게 기쁨과 영광을 돌리면서 살도록 창조된 것이다.

그러므로 인간은 천지부모인 하늘을 모시고 충성하며 지극히 사모하며 사는 것이 순리인 것이다.

순리를 행하면 만복(萬福)을 받게 되고 역리(逆理)를 행하면 만화(萬禍)를 받게 되는 것이다.

사람이 살아가면서 병에 걸리거나 사고를 당하거나 벼락을 맞게 된 원인은 역리의 길을 걸어왔기 때문이다.

즉 하늘을 원망하며 탐욕을 절제하지 못하였으며 음욕을 이기지 못했기 때문이다.

이것은 천지의 법이며 대자연의 이치인 것이다.

또한 인간은 살아가기 위해서는 개인 목적과 전체 목적을 함께 수행해야 생을 영위할 수 있다.

전체 목적에만 치중하여 개인 목적을 무시하면 자신이 설 자리가 없어지고 반대로 개인 목적에만 치중하여 전체 목적을 무시하면 손해를 보게 되는 것이다.

그러나 개인은 전체 속의 한 부분이기 때문에 선후(先後)로 따진다면 전체 목적이 선(先)이 되고 개인 목적이 후(後)가 되므로 먼저 전체 목적을 위해 살면서 개인 목적도 이루어 나가야 하는 것이다.

또한 전체 목적을 위해서 살아야 기쁨과 보람을 느낄 수 있는 것이며 더 나아가서는 최고의 전체인 하늘을 위해서 살 때 하늘이 보우하사 개인의 목적은 자신도 모르는 사이에 다 이루어지게 되는 것이다.

예를 들면 주인집을 위해서 열심히 일을 하면 수확이 많아지므로 그로 인하여 나에게 돌아오는 봉급도 올라가는 것과 같은 이치이다.

그런데 인간이 타락으로 말미암아 영안이 어두워져서 최고의 상위자인 천지부모를 잃어버렸기 때문에 누구를 위하여 살아야 할 것인가에 대하여 목표와 방향을 잃어버려 아수라장이 되고 만 것이다.

인간은 본래 천지부모를 위해서 살도록 지음받았는데 타락으로 말미암아 천지부모를 잃어버렸기 때문에 왜 태어났는지 그 이유를 모르게 되었고, 왜 사는지를 모르게 되었으며, 어떻게 살아야 하는지조차 모르게 되어 죄만 지으며 살게 된 것이다.

그리고 누구를 위하여 살아야 하는지 그 기준을 정하지 못하였기 때문에 자행자지하여 죄만 지으며 살다 보니 병마에 시달리게 되었고 때로는 사고를 당하기도 하였고 더 나아가서는 벼락을 맞아 죽기도 한 것이다.

그러나 인간이 비록 타락하여 하늘과의 관계가 끊어져 영안이 어두워지긴 하였지만 본심(本心)이 살아 있기 때문에 현재 나타나는 의식으로는 잘 느끼지 못하지만 마음속 깊은 곳에 자리잡고 있는 본심이 소리를 지르고 있는 것이다. "빨리 천지부모를 찾아가라."고.

그러므로 인간의 본심은 자신도 모르는 사이에 천지부모를 찾게 되고 또한 성현을 찾게 되며 영웅(英雄)을 찾게 되는 것이다.

또한 천지부모와 같은 위대한 능력을 소유한 사람이 있다면 의지하고 싶어하는 것이 사람의 본심이며 천지어머니와 같은 깊은 사랑의 소유자가 있다면 의지하며 살고 싶어한다.

그리고 정의(正義)의 지도자가 있다면 그러한 인물의 지도를 받고 싶어하며 그 지도자를 천지부모 대신자로 생각하면서 자신의 목숨까지도 바치려 하는 것이다. 이러한 마음은 모두 본래 인간은 천지부모를 믿고 효도하며 모시고 살도록 천지법도를 만들어 놓았기 때문이다.

즉 인간의 본심은 항상 천지부모를 찾아가려고 애를 쓰고 있다.

오늘날까지 성현들이나 정치 지도자들이 대중을 이끌어 나올 수 있었던 것은 이처럼 인간에게는 상위자에게 충성하고자 하는 본능의식이 작용하였기 때문인 것이다.

세상에서는 이처럼 때와 장소에 따라서 하위자(下位者)의 자리나 상위자(上位者)의 자리가 절대적으로 필요한 것이며 이러한 위계질서가 한번 무너지면 가정이나 사회 어디에서나 대단한 혼란을 초래하게 되는 것이다.

그러므로 이상세계인 천국에서는 무엇보다도 위계질서를 잘 지키는 세계인 것이다.
　이렇게 볼 때 인간은 언제 어디서나 질서를 잘 지켜야 한다는 결론이 나오는 것이다.
　동양의 정신적 지주인 삼강오륜을 보면 모두 위계질서를 잘 지키도록 훈련을 시켜온 것이다. 그럼 삼강오륜에 대하여 잠깐 언급하여 보겠다.
　동양의 정신적 강령인 삼강오륜(三綱五倫)은 다음과 같다.

삼강이란
부위자강(父爲子綱)
군위신강(君爲臣綱)
부위부강(夫爲婦綱)

오륜이란
부자유친(父子有親)
군신유의(君臣有義)
부부유별(夫婦有別)
장유유서(長幼有序)
붕우유신(朋友有信)

　부위자강이란 부모는 자식의 근본이 된다는 말이다. 부모 없이 자식이 태어날 수 없으므로 부모의 은혜는 그 무엇보다도 중요한 것을 가르치기 위하여 삼강에 제일 먼저 부위자강이라고 가르치고 있다.
　부위자강이란 한마디로 말해서 있는 정성을 다하여 부모에게 효도하라는 뜻이다. 효(孝)를 가르친 공자는 어느 성인보다도 효를 중요시했다. 효에 대하여 여러 가지를 가르쳐 왔지만 논어(論語) 이인(里仁) 제18장에 보면 다음과 같은 기록이 있다.

'부모를 섬김에 허물이 있거든 은근히 간(諫)하여야 하느니라. 부모의 뜻이 간함을 따르지 않음을 보더라도 그럴수록 더욱더 부모를 공경하고 부모의 뜻을 어기지 말아야 하느니라. 그렇게 함에 있어서 많은 노고로움이 따를지라도 절대로 원망해서는 안되느니라.'

정말 공자의 효에 대한 가르침이야말로 감탄할 수밖에 없다. 더 이상 설명이 필요없는 명언 중의 명언이다.

지금까지는 부모에 대한 효를 지켜왔지만 이제는 더 큰 효를 지킬 때이다. 즉 천지부모에 대하여 효를 다해야 하는 것이니 곧 천지효(天地孝)이다.

천지효를 다해야 천지자녀가 될 수 있기 때문이다. 천지효는 인간효(人間孝)보다 더 깊고 내적이며 주체적인 효이다.

지금은 천지부모에게 천지효를 행할 때이다.

다음에 군위신강(君爲臣綱)이란 임금은 신하의 주체(主體)가 된다는 뜻이다.

대상(對相)은 주체를 위해서 충성하며 살아야 하는 것이니, 즉 신하는 임금에게 충성을 다해야 한다는 뜻이다.

하위자(下位者)인 신하가 상위자(上位者)인 임금에게 충성과 공경을 다하며 심지어 목숨까지도 바쳐야 참된 충성이라는 뜻이다.

그래서 충신은 두 임금을 섬기지 않는다고 했다. 이 말은 한 임금을 위해서 절대적 충성을 약속한다는 말이다.

이제 새로운 시대를 맞이하여 임금님 중에 가장 큰 임금님이신 천지부모에게 이 목숨 다 바쳐 충성해야 할 때이다. 천지부모인 하늘에 바치는 충성을 우리는 천지충(天地忠)이라고 한다.
 천지충을 바친 사람은 영원한 복락을 반드시 받게 되는 것이다.
 한나라의 임금에게 충성을 다해도 그 공로를 높이 찬양하는데 하물며 우주의 주인이신 천지부모에게 충성을 다한다면 그 공로는 무량한 것이다.
 즉 무루의 공로가 되는 것이다.
 다음은 부위부강(夫爲婦綱)인데, 즉 남편은 아내의 중심(中心)이 된다는 뜻이다.
 남편은 상위자이므로 아내를 사랑하고 아끼며 모든 어려움을 아내를 위해 살아야 하며 하루에도 몇 번씩 안아주고 업어주며 사랑하는 것이 남편의 의무이다. 또 하위자인 아내는 남편 대하기를 하늘 대하듯 해야 할 것이며 남편에게 절대 순종의 도리를 세워야 하며 매일 발을 씻어 주는 공덕을 쌓아야 할 의무가 있는 것이다.
 하늘의 법도를 지상에 내려보낸 윤리도덕이 바로 삼강인 것이다.
 다음에는 오륜(五倫) 중에서 부자유친(父子有親)이 나온다. 부자유친이란 혈연(血緣)을 중심삼고 부모와 조상을 잘 섬겨야 하며, 특히 부모와 자식 사이는 무한한 사랑과 은혜가 넘쳐야 한다는 뜻이다.
 부모에게 제일 귀한 희망은 자식이며 자식에게는 부모가 곧 은혜와 사랑의 원천이다. 그러므로 부모와 자식 사이에 사랑과 은혜가 넘쳐야 하는 것처럼 천지부모와의 관계에서도 사랑과 은혜를 넘치게 받는 관계가 되어야 진정한 천지자녀의 자리를 회복할 수 있는 것이다.

다음은 군신유의(君臣有義)인데 임금과 신하는 의리가 있어야 한다는 뜻인데 군위신강(君爲臣綱)과 그 내용이 대동소이하다. 임금을 섬기는 그 마음은 하늘을 섬기는 마음이 부분적으로 나타난 것이다. 임금의 올바른 뜻에는 따르고 충성하며 또한 임금이 잘못된 길로 가게 되면 목숨을 버리면서까지 바로잡아야 하는 것이 충신인 것이다.

포박자(抱朴子)가 말하기를

"도끼에 맞더라도 바른길로 간(諫)하며 끓는 기름솥에 넣어서 죽이려 하더라도 옳은 말을 다하면 이것을 충신이라 한다."라고 하였다.

목숨까지 버려 가면서 임금을 바로 모시고자 하는 것이 충신의 도리인 것이다.

다음은 부부유별(夫婦有別)인데 부부는 일체라고는 하나 그 맡은 책무가 각각 다르므로 자기의 맡은 본분을 성실히 이행하며 도리와 위치를 잘 지키라는 뜻이다. 부위부강(夫爲婦綱)과 그 뜻이 대동소이한 것이다. 열녀는 한 남편만 섬긴다(烈女不更二夫). 이것은 단순 부부만의 일이 아니라 하늘과 관계된 일이다. 본래 인간이 타락하지 않았다면 남자는 모두 열남(烈男)이 되었을 것이고 여자는 모두 열녀(烈女)가 되었을 것이다. 천지부모를 중심으로 하여 열남열녀가 되어야 천상천국에 들어갈 수 있는 것이다.

다음은 장유유서(長幼有序)인데 어른과 어린이 사이에는 차례가 있는 법인데 곧 질서를 의미한다. 천국도 질서의 세계이기 때문에 질서를 강조한 것이다.

삼강오륜을 보면 장차 천국에 들어가기 위한 훈련을 시킨 것이다. 인간의 지능이 낮아 천지부모가 직접 나타날 수 없으므로 대신자로 임금이나 부모나 남편 등을 하늘 대신으로 세운 것이다.

다음은 붕우유신(朋友有信)인데 친구 사이는 서로간에 믿음이 있어야 된다는 것이다. 친구뿐만 아니라 동지 중에서도 서로 신의를 중요시해야 한다. 신의를 지키지 못하고 배신하면 전체가 큰 피해를 보기 때문이다.

천지부모도 하늘 편으로 세움받은 많은 신앙의 동지들끼리는 신의를 중요시하라고 하셨다. 배반자가 생길까봐 두려워서였다. 예수님도 '가룟 유다'의 배신으로 하늘의 섭리를 망치는 결과를 초래하고 말았다.

그러므로 밖에 있는 적보다 안에 있는 내부의 배신자가 더 무서운 것이다.

삼강오륜도 결국은 하위자가 상위자를 잘 섬기라는 교육이다.

그러므로 나는 누구인가?

나는 직장이나 국가나 하늘을 위하여 상위자에게 바치는 충성을 다해야 할 의무가 있는 나인 것이다.

(2) 상위자(上位者)

천지법도에 의하면 인간은 천지부모 앞에서는 하위자의 입장이지만 만물에 대해서는 상위자의 입장이다.

즉 인간은 모든 만물을 사랑으로 다스릴 권세를 부여받은 상위자인 것이다.

창세기에 하나님은 인간 조상인 아담과 하와를 빚으시고는 만물을 다스리라고 축복하신 기록을 볼 수가 있다.

인간이 만물을 다스리자면 만물과 동일한 입장에서는 다스릴 수가 없다. 그러므로 만물보다 한단계 높아야 다스릴 수 있는 것이다.
 인간을 만물과 달리 한단계 높게 해주시기 위하여 하늘이 인간에게 '인간책임분담'이란 것을 주었다.
 그리고 인간에게만 창조성을 주어 만물을 다스릴 자격이 부여된 것이다.
 동격(同格)은 동격을 다스릴 수가 없다.
 군대에서 보면 같은 졸병(卒兵)이 졸병을 다스릴 수 없는 것이다. 졸병보다 계급이 한단계 높은 장교라야 다스릴 수가 있는 것이다.
 인간과 만물 사이도 이와 같은 것이다.
 인간이 만물과 동격이라면 만물을 다스릴 수가 없는 것이다.
 인간이 만물을 다스리기 위해서는 만물(萬物)보다 한단계 높은 것이 있는데 곧 심정이며 윤리도덕이며 창조성이며 영혼이다.
 동물에게는 심정이란 것이 없다.
 돼지에게는 천지부모의 마음이나 생각이나 뜻에 대하여 생각하거나 염려할 필요가 없다.
 돼지는 아무 걱정 없이 많이 먹고 잠만 자면서 살만 디룩디룩 찌면 그것으로 돼지 자신의 책임은 완수한 것이 된다.
 동물들은 윤리도덕을 지킬 필요가 없다. 소(牛)가 자기 발전을 위해서 수도정진(修道精進)한다거나 연구한다거나 윤리도덕을 지킬 필요는 없는 것이다.
 윤리도덕이나 연구심이나 창조성이나 심정 등은 오직 인간에게만 해당되는 것들이다.
 늙은 소가 송아지를 불러모아 놓고 삼강오륜을 가르치지는 않는다. 또한 늙은 말(馬)이 망아지들을 불러모아 놓고 위계

질서나 상위자・하위자 등을 가르칠 필요는 없는 것이다.
 영혼은 오직 인간에게만 있다. 영혼이 없는 동물이 저승갈 보따리를 챙길 필요는 없다. 개가 임종 때 자식이나 손자를 불러모아 놓고 유언(遺言)했다는 이야기는 들어보지 못했다. 또 닭이 무슨 기계를 발명하여 박사학위를 받았다는 이야기는 아직도 신문에 실리지 않았다.
 오직 인간에게만 상위자와 하위자의 관계가 필요하기 때문이다. 인간은 개인과 전체 두 가지 목적을 동시에 이루어 나가야 하며 사람들과의 관계에서도 때로는 상위자도 될 수 있고 때로는 하위자도 될 수 있는 것이다.
 이때 상위자의 입장에 서면 하위자에 대하여 진심과 사랑으로 보살펴야 하며 정도(正道)로 가도록 인도해야 하며 정의(正義)를 내세워야 하며 도덕을 주장해야 할 의무가 있는 것이다.
 그리고 하위자의 입장에 서면 상위자를 존경하며 공경심과 충성을 다하여 모셔야 할 의무가 있는 것이니 이것이 곧 상하관계의 천리법도인 것이다.
 인간은 이처럼 사랑과 자비와 충성심과 공경심으로 서로를 위하여 살아갈 때 조화(調和)가 이루어지며 통일(統一)이 이루어지는 것이니 이것이 곧 천지부모가 구상하던 이상세계, 즉 지상천국인 것이다.
 그러므로 사랑과 은혜와 충성과 공경과 모심(慕心)과 효성과 애정 등이 가득한 세계가 곧 극락세계이며 천국인 것이다.
 조화가 되려면 질서를 잘 지켜야 하는데 질서는 곧 천리법도인 것이다.
 이와 같이 질서를 잘 지키는 사람치고 복을 받지 않는 사람이 없고, 반대로 질서를 무시하며 순리를 무시하는 사람치고 병들거나 불행하지 않은 사람이 없으며 고통을 당하지 않는 사람이 없는 것이다.

극락세계는 곧 사랑으로 화합(和合)된 세상이며 충성심과 공경하는 마음이 통일된 세상이다.

사랑과 화합과 은혜와 충성과 효성이 가득한 세상이 곧 용화회상(龍華會上)이며 미륵불이 다스리는 세상이며 재림주님이 오시는 세계인 것이다.

이러한 살기 좋은 세상이 어서 빨리 오기를 모든 종교인들은 기도하며 모든 수도인들이나 신령한 사람들은 학수고대하고 있다.

사람은 하위자의 입장에서는 충성과 공경을 다해야 할 의무가 있지만 상위자의 입장에서는 하위자보다 더 많은 책임과 의무가 따르게 된다.

즉 하위자를 사랑과 은혜로써 인도해야 하며 그 밖에도 하위자가 살아가는 데 필요한 모든 문제를 책임져야 할 의무가 있는 것이다.

이것이 곧 상위자의 권세인 동시에 책임감이며 의무인 것이다.

예를 들어 한나라의 왕(王)은 그 나라에서는 최고의 상위자이므로 존귀와 영광과 권세를 누리지만 반대로 온 나라 안의 백성을 모두 행복하게 살 수 있도록 관리해야 할 의무와 책임이 따르는 것이다.

그러나 타락세계가 되고 보니 사람들이 자기가 꼭 해야 할 의무와 책임은 등한시하면서 영광과 권리만 누리려 하게 되었다. 이것이 소인배들의 처세인 것이다. 책임과 의무만 성실히 이행하면 영광과 권세는 자동적으로 이루어지는 것이건만 주종(主從)이 바뀌어 버리고 말았다.

또한 세상 사람들이 천리법도를 잘 알지 못하므로 책임과 의무에 대해서는 아주 소홀하거나 무시하면서 권리행사에만 강하게 작용하다 보니 세상에는 싸움이 자주 일어나는 것이다.

그러므로 권리를 찾기 이전에 먼저 책임과 의무를 충실히 이행하여야 참다운 사람이 되는 것이며 복을 받게 되는 것이다.

그러므로 하위자는 자신의 책임과 의무인 충성과 효성과 모심과 공경 등을 다한 연후에 상위자에게 사랑을 받고 은혜를 받으려 해야 하는 것이다.

또한 상위자는 자신의 책임과 의무인 참사랑과 은혜를 베풀어야 하며 하위자보다 더 많은 수고를 해야 하며 더 많이 염려해 주며 오직 하위자가 행복해질 수 있는 온상의 사명을 다해야 하며 외적을 막아야 할 책임과 분배를 골고루 해야 할 책임이 있으며 자신은 굶더라도 하위자에게는 밥을 먹여야 할 책임이 따르며 자신은 추위에 헐벗더라도 하위자에게는 따뜻한 옷을 입혀 주어야 할 책임을 다한 연후에 권세를 선용(善用)해야 하는 것이다.

이와 같이 누구나 극락세계에 들어가고자 한다면 먼저 충성과 공경의 의무와 책임을 다해야 할 것이며 또한 사랑을 베풀어야 하며 은혜를 베풀며 권리를 선용해야 이것이 곧 순리를 아는 사람인 것이다.

그러나 상위자 중에서 최고의 상위자이며 최고의 주체인 천지부모를 알지 못하고는 진정으로 참된 사람이 될 수 없으며 또한 사람과의 관계를 알 수 없는 것이다.

그러므로 사람이 올바른 인생관을 확립하려면 먼저 창조주이시며 사랑의 주인이신 천지부모를 찾아 세워야 모든 기준이

확정되는 것이다.

천지부모를 모시지 않고는 마음이나 행동이나 생각이나 그 무엇도 절대적인 기준이 없어지게 된다. 기준이 없는 그 생각이나 행동은 여건만 조성되면 얼마든지 범죄를 저지를 수밖에 없는 것이다.

이와 같이 창조주이신 천지부모를 찾아 세워서 참사랑을 이어 받아 개인이나 가정이나 사회나 국가나 세계를 사랑하는 생활을 할 때 비로소 이상세계인 천국이 실현되는 것이다.

이처럼 천국은 인간 스스로의 노력으로 천지부모를 찾아 사랑을 실천함으로써 천국을 이루어야 하는 것이다.

이렇게 볼 때 천국은 인간 스스로의 노력으로 만들어 가는 것을 알아야 한다. 천국이 지상에서 이루어지니 곧 지상천국이다. 사람이 지상에서 살 동안 천국생활을 누려보지 못하면 영계에 가서도 천상천국에 들어가지 못한다. 즉 육신생활을 통해서 천국생활을 영혼에다 기록하지 못하면 그 영혼은 천국생활을 못 느끼고 살기 때문이다.

마치 장님이 지상세계의 아름다운 모습을 모르고 사는 것과 같이 지상에서 죄를 지으면 영안이 어두워지므로 장차 영계에 가서도 영원히 장님이 되므로 천국의 아름다움을 느끼지 못하기 때문이다.

모든 종교의 최종적인 목적은 천지부모를 찾아가야 한다고 가르치고 있다. 그리고 인간은 만물의 주관자가 되기 위해서는 먼저 사랑의 자세를 갖추어야 하는 것이다. 사실 상위자와 하위자가 한뜻으로 통일이 될 때 비로소 천국이 이루어지는 것이다.

그러므로 나는 구인가?

나는 천지부모의 사랑과 심정을 상속받은 천지자녀이며 만물이나 하위자에 대해서는 사랑으로 보살펴야 할 의무와 책임이 있는 상위자의 자세를 가져야 할 나인 것이다.

(3) 만물의 영장(靈長)

인간을 두고 만물의 영장이라는 말을 하는 것은 영혼이 있기 때문이며 또한 지상세계와 천상세계를 화동(和同) 시키는 매개체(媒介體) 로써 지음받았기 때문이다.

인간이 만일 타락하지 않았더라면 영안이 발달하여 지상세계에 살면서도 영계에 대하여 잘 알고 있었을 것이므로 그로 말미암아 지상생활은 더욱더 영계를 위하여 준비하는 기간으로 삼았을 것이다.

또한 인간은 만물의 영장이므로 인간의 가치 기준을 정할 때도 그 육신을 보고 그 사람을 평가할 수는 없는 것이다. 그러므로 주체적이며 원인적인 영혼을 나타내는 마음을 보고 그 사람의 인격을 평가하는 것이다.

예를 들어 보자.

겉으로는 비록 인물이 준수하고 아름다운 사람이라고 해도 그 마음 자세가 바르지 못하거나 생각하는 자세에 결함이 많다면 그런 사람을 놓고 온전하다고 할 수는 없다.

이와 반대로 비록 겉으로는 눈이 못생겼다거나 한쪽 귀가 없다거나 혹은 절름발이라 해도 마음 자세가 올바른 사람이라면 우리는 그 사람을 온전하게 본다.

물론 몸도 온전하고 마음도 온전하면 백 퍼센트 온전한 사람이 되는 것이다.

그리고 몸은 온전하나 마음이 불량한 사람은 20퍼센트만 온전한 사람이라고 할 수 있고 반대로 몸은 비록 불구지만 마음이 정도(正道)를 행하는 사람은 80퍼센트 온전하다고 할 수 있다.

마음은 영혼 그 자체이므로 영계에 가서도 변하지 않는 것이다. 지상에 있을 때 마음이나 생각이 육신을 벗어나더라도 변하지 않으므로 우리는 마음공부에 공(功)을 많이 들여야 하는 것이다.

예를 든다면 지상에 살 동안 성격이 고약한 사람은 육신을 벗고 영계에 가서도 그 고약한 버릇을 고치지 못하고 고통을 당하며 살아가는 것이다.

지상에서 원망하는 마음이나 불평하는 그 마음을 소멸시키지 못한 채 육신을 벗어 버리면 영계에 가서도 그 원망심이나 불평하는 마음이 계속되므로 많은 고통을 당하게 되는 것이다.

반대로 지상에서 수도를 많이 하여 마음을 청정(淸淨)하게 닦아 항상 기쁨과 은혜와 감사한 마음으로 사는 사람은 육신을 벗어도 그 마음은 변하지 않으므로 영계에 가서도 무한한 은혜를 받고 살게 되는 것이다.

사람에게는 두 가지 병(病)을 앓고 있다. 그 하나는 마음의 병이고 그다음은 육신의 병이다.

육신의 병은 아무리 중하다 할지라도 그 고통이 일생에서 그친다. 가벼우면 짧은 시일에도 치료할 수 있는 것이다.

그러나 마음의 병은 치료하지 않고 그대로 두면 영계에 가서까지 고통의 원인이 되므로 마음병이 무서운 것이다. 사람이 마음에 병이 있다면 악마의 노예가 되어 자유를 잃게 되어 여러 가지 경계의 유혹에 끌려 들어간다.

유혹에 넘어가면 안할 말을 하여 고통을 당하게 되고 안할 일을 하여 구금이 되기도 하고 안할 생각을 하여 스스로 죽을 땅에 들기도 하고 천대(賤待)를 불러들이기도 하며 고통을 만드는 것이다. 죄악의 구렁텅이에 빠져서도 뉘우칠 줄 모르므로 더욱더 깊은 죄악에 빠지게 되는 것이다.

　마음의 병이란 원망의 병이며 편벽(偏僻)의 병이며 교만(驕慢)의 병이다. 그리고 분노(忿怒)의 병이며 증오(憎惡)·이기심(利己心)·사기심(詐欺心)·탐욕심(貪慾心)·음란(淫亂)한 생각이나 시기질투심(猜忌嫉妬心) 등 이러한 것이 모두 마음의 병이다.

　마음의 병을 치료하는 약제는 이러하다. 즉 원망의 병을 치료하려면 감사하는 마음을 가져야 하며 편벽의 병을 치료하려면 원만(圓滿)한 마음을 가져야 하며 교만의 병을 치료하려면 겸양의 마음을 가져야 하며 분노심의 병을 치료하려면 인내심을 가져야 하는 것이다.

　그리고 증오심의 병을 치료하려면 사랑하는 마음이 되어야 하며 이기심의 병을 치료하려면 이타심(利他心)으로 해야 하며 시기질투심을 치료하려면 수희공덕(隨喜功德)이 약제가 되는 것이다.

　소〔牛〕도 독초(毒草)를 가려서 먹고 도살장(屠殺場)을 알아보는 법인데 하물며 만물의 영장이라는 인간이 자기가 살 길과 죽을 길을 모른다면 말이 안되는 소리다.

　그럼 어떤 길이 진실로 사는 길인가?

　제일 먼저 해야 할 것은 천지부모와 상봉해야 한다. 그런 다음 마음을 바르게 하여 죄로 물든 몸과 마음을 수년간 노력하여 청정하게 해야 하며 본래 천지자녀의 자리를 찾아서 올라가야 한다.

　천지자녀가 된 다음에는 천지부모가 허락하는 가정을 이루어야 하며 다음에는 만물을 사랑으로 다스릴 권세를 얻어야 하는 것이다.
　이러한 모든 것을 육신을 쓰고 있을 동안 성취해야 되는 것이니 이것이 곧 지상천국이다. 지상에서 천국인(天國人)이 되어야만 육신을 벗고 영계에 들어가게 되면 천상천국(天上天國)에 들어가서 영원무궁토록 복락을 누리며 영생을 누리는 것이다.
　그러므로 나는 누구인가?
　나는 만물의 영장이므로 미리 죽음의 보따리를 잘 챙겨 육신을 벗을 때 바쁜걸음을 치지 않는 자신이 되어야 할 사명이 있는 나인 것이다.

제4장
천성(天性)

1. 천성(天性)과 습성(習性)

　인간은 천지부모가 낳아 주신 천지자녀이므로 인간의 몸과 마음은 모두 천지부모를 닮고 있다.
　그러므로 천지부모는 거룩하며 사랑이 많은 것과 같이 인간도 거룩하며 사랑이 많은 사람이 본래의 모습이다. 인간의 모든 성품은 천지부모로부터 받은 것이다.
　그러므로 인간의 본래 성품인 천성은 이미 70퍼센트는 고정되어 있는 성품이다.
　그러므로 천성은 고칠 수가 없다. 그러나 그 사람이 성장하면서 환경이나 교육이나 관습 등에 의해서 30퍼센트 정도는 영향을 받게 되는데 이를 습성(習性)이라고 한다.
　천성은 내적(內的)인 성품이며 습성은 외적(外的)인 성품이다. 또한 천성은 주(主)가 되고 본(本)이 되며 습성은 이에 상대하여 종(從)이 되고 말(末)이 되는 것이다.
　이렇게 볼 때 사람이 습성을 아무리 잘 관리한다고 해도 천성까지는 바꿀 수가 없는 것이며 또한 천성을 아무리 선량하게 타고났다 해도 습성을 잘못 길들이면 천성 또한 많이 흐려지게 된다.
　천성은 선천적인 성품이며 습성은 후천적인 성품인 것이다.
　선천적으로 천품을 고약하게 타고난 사람은 후천적으로 여간 노력을 많이 한다 해도 그 습성만으로는 역부족이므로 종종 천성이 폭발하기도 하는 것이다.

천성도 선량하게 타고나고 주위 환경이나 습성 또한 선량하게 형성되었다면 그 사람은 대덕군자(大德君子)가 될 사람이다.

반대로 부모와 조상들의 죄업이 많아 그 천성을 고약하게 타고난 사람이 후천적으로 환경과 교육이 매우 불량한 곳에서 습성이 형성되었다면 그 사람은 흉악범(凶惡犯)이 될 사람이다.

이렇게 볼 때 훌륭한 사람이 되려면 좋은 부모와 공덕이 많은 조상의 후손이라야 좋은 천성을 타고나는 것이다. 또한 좋은 환경과 좋은 친구나 좋은 도문(道門)이나 좋은 교육이나 좋은 풍습에서 자라야 좋은 습성이 형성되어 좋은 사람이 될 수 있는 것이다.

예를 들어 본다.

```
年 月 日 時
戊 戊 庚 丁     己庚辛壬癸甲己
辰 辰 子 亥     巳午未申酉戌亥
```

이 사주(四柱)는 庚金일주(日主)가 辰月에 출생하여 신강사주로써 용신(用神)은 亥子水이다. 용신이 왕성하므로 부자의 사주팔자를 타고났으며 그 성품 또한 의리가 있고 의협심도 강하며 고집도 세면서 정직하다. 즉 천성과 선천적인 기운은 잘 타고났다.

그러나 살아가면서 환경이 좋지 못하였다. 술집을 경영하다 보니 많은 술주정뱅이들과 자주 충돌이 일어나므로 그 습성은 자꾸만 난폭하게 되었고 또한 장사를 하다 보니 손님을 상대로 거짓말을 잘하는 버릇이 생기는 등 환경의 영향을 많이 받게 된 것이다. 이와 같이 사주에 타고난 천품은 비교적 양호하나 주위의 환경 때문에 성품이 난폭해졌고 사기성이 일어난 것은 후천적인 습성이 된 것이다.

즉 천성은 잘 타고났으나 후천적으로 습성이 불량하여 결국은 비굴한 소인배가 되고 만 것이다.

맹자의 어머니가 맹자를 훌륭한 사람으로 만들어 보려고 세 번씩 이사를 하게 된 일화도 후천적인 습성을 중요시했기 때문이다. (孟母三遷之敎)

이처럼 사람은 습성이 중요한 것이다. 비록 천성을 잘 타고났다 해도 습성을 바르게 길들이지 못하면 이와 같이 폭군으로 둔갑할 수 있는 것이니 군자(君子)는 당연히 자리를 정할 때 그 자리를 잘 살피고 정해야 한다.

특히 인간은 어려서는 부모의 영향을 많이 받는다. 습성은 제2의 천성이라고 할 만큼 그 사람의 장래에 지대한 영향을 미치는 것이다.

포악한 부모 밑에서 자란 아이들은 그 습성이 난폭하기 쉽고 살벌한 부모 밑에서 자란 아이들은 그 습성이 또한 살벌하게 변하는 것이다. 또 포악하고 살벌한 가정에서 자란 아이들이 성장하면 살인범이 되거나 흉악범이 되기 쉽다.

그와 반대로 선천적으로 그 천성이 다소 난폭하게 타고났다 하더라도 후천적으로 환경이 좋으면 습성 또한 선량하게 변하는 것이니 인간은 환경과 교육이 매우 중요하다.

한 부모 밑에서 태어난 형제라도 형은 일찍 불량배들과 어울리다 보니 그 습성은 한없이 난폭하게 되었고 동생은 일찍 도문(道門)에 들어가서 수도정진(修道精進)하여 그 습성이 선량하게 되었다. 이와 같이 후천적인 습성이 중요한 것을 알 수 있다.

또 이런 예도 있다.

한 부모 밑에서 태어나고 자란 두 자매가 있는데, 언니는 일찍이 성직자인 신부(神父)와 인연이 되어 진리를 사모하다 수녀(修女)가 되어 성직자의 길을 가게 되었다. 날마다 기도를 하고 철야정성을 드리고 금식의 공덕을 드리며 희생과 봉사의 공덕을 쌓으니 그 습성은 천사처럼 거룩하게 되었다.

반대로 동생은 일찍이 친구를 잘못 사귀게 되어 음탕한 짓을 자주 하더니 결국은 창녀(娼女)가 되었다.

동생은 밤마다 음욕을 채우며 살다 보니 완전히 타락하여 인생을 자포자기하게 되었다.

하루도 남자 품에 안기지 않으면 잠을 못자는 색마(色魔)로 둔갑을 하였으니 그 습성 또한 한없이 음란하고 무례하며 천한 여자가 되고 말았다.

이러한 예를 보아도 비슷하게 천성을 타고났지만 그 환경에 따라 습성은 천양지차(天壤之差)로 달라지는 것이다.

이와 같이 인간에게는 천성 못지않게 습성 또한 중요한 것이니 환경이나 직업이나 교육 등을 잘 받아야 일생을 행복하게 살 수 있으며, 반대로 환경이나 직업이나 교육 등을 잘못 받으면 일생을 불행하게 살 수밖에 없는 것이다.

그러므로 나는 누구인가?

나는 환경을 잘 택하고 직업을 잘 택하고 교육을 잘 받아 습성을 양성함으로써 대도군자(大道君子)의 길을 걸어가야 할 나인 것이다.

2. 본래(本來)의 사람

사람들의 지능에 따라 사람을 보는 관점이 달라졌다. 이 땅에서는 어떤 기준이 없으므로 인간의 가치를 논함에 있어 적지않은 혼란을 가져오게 된 것이다. 그럼 인간이란 무엇인가?

인간은 본래부터 천지부모의 자녀로 지음을 받았다. 그러므로 인간의 가치는 천지자녀의 가치인 것이다.

그럼 천지자녀의 가치는 얼마나 고귀한 것인가? 그 대답은 간단하다.

즉 천지부모의 자녀이므로 인간의 가치는 천지부모가 거룩한만큼 인간도 거룩한 것이다.

그러므로 천지부모가 귀한 것처럼 천지자녀인 인간도 귀한 것이다.

인간의 가치를 이처럼 높이 평가하는 데 대하여 혹자는 이해하기 힘들지도 모른다.

그러나 천지부모가 인간을 만들 때 그 인간의 가치를 천지부모의 귀한 가치만큼 창조했기 때문에 그 가치는 영원히 불변하며 절대적인 것이다.

천지부모가 인간을 만들 때 이러한 가치로써 창조한 기준이 있기 때문에 비록 인간이 타락하여 죄인이 되었다 하더라도 그냥 없애버릴 수가 없기 때문에 유구한 역사를 통하여 끊임없이 구원 섭리를 하시며 인간을 상대하여 오늘에 이른 것이다.

(1) 인간은 천지자녀이다

철학자들은 인간을 가리켜 '이성적 동물'이라고 했다. 이 말은 인간을 동물과 같은 입장에서 보면서 동물보다 좀더 이성이 발전한 동물이라는 뜻에서 '이성적 동물'이라고 한 것이다.

그리고 또 다른 사람들은 인간을 정의하기를 '사회적 동물'이라고 했다. 이 말은, 인간은 집단사회를 이루고 사는 동물로 본 것이다.

그러나 이러한 '이성적 동물'이나 '사회적 동물'이란 말들은 모두 인간의 본래적 가치를 모르는 데서 나온 말이다. 인간은 본래 우주의 주인이신 천지부모의 자녀로 태어났기 때문에 인간은 천지자녀의 가치가 있는 것이다.

결코 인간을 동물과 비교할 수 없으며 육신만 살찌우는 것으로 인생을 보아서는 아되는 것이다.

인간은 천지자녀의 자격으로 지음받았으므로 천지부모를 닮았다.

천지부모를 닮았기 때문에 심정을 소유한 인간이며 윤리도덕을 지켜나가는 인간이며 다른 동물에게서 찾아볼 수 없는 창조성을 가지고 있는 고귀하고 거룩한 천지자녀인 것이다.

인간의 가치는 천지부모의 가치만큼이나 고귀하고 거룩한 것이 본래적 인간의 가치인데, 다만 타락하여 죄를 지은 인간이 되었기 때문에 인간 스스로가 그 고귀한 천지자녀의 가치를 잃어버리고 죄악의 자녀가 되고 만 것이다.

이처럼 인간이 타락하여 죄인이 되었기 때문에 인간의 가치를 동물과 비교하는 사상이 나오게 된 것이다.

그러나 인간이 스스로의 노력으로 수도정진을 열심히 하여 죄악의 두루마기를 벗어 버리고 나면 죄악자녀의 자리에서 벗어나 천지자녀의 본래적 자리를 회복할 수 있는 것이다.

사람들이 죄악의 두루마기를 벗어 버리고 모두가 천지자녀가 된다면 그러한 사람들이 모여사는 세계는 인간들이 지금까지 이상으로만 그리워하던 천국인 것이다.

천국 백성들의 모습은 어떠할까?

그 시대에는 인간의 지능과 덕성(德性)만이 발달하여 인간과 천지부모와의 관계를 잘 알게 되므로 모든 생각이나 행동이 정도(正道)의 길로만 행하므로 모두 참사람이 되는 것이다.

모두가 참사람이므로 사람과 사람 사이에도 윤리와 도덕이 잘 발달하여 사랑과 은혜와 감사가 넘치는 세계인 것이다. 죄인이나 중생이나 범부나 흉악범이나 간음자나 도적이나 사기꾼은 찾아볼래야 찾아볼 수 없는 아름다운 세상이다.

그 시대의 사람들은 모두 하늘의 아들과 딸들이며 천지자녀들이며 부처이다.

그 시대의 사람들은 모두가 성현(聖賢)들이며 모든 사람들이 대덕군자(大德君子)이며 모든 사람들이 대자대비하신 보살들이다.

그 시대 사람들은 공익사업을 놓고 서로가 봉사를 많이 하려고 싸움을 하며 서로가 남에게 이익을 많이 주려고 싸움을 하는 세상이다.

가는 곳마다 사랑과 은혜가 차고 넘치며 죄인들이 없는 세상이므로 감옥이 필요 없으며 모든 사람들의 마음이 바르고 진실하며 착하고 아름다운 마음이므로 병자(病者)가 한 사람도 없는 세상이다.

병자가 없으므로 병원이나 약국이 필요 없는 살기 좋은 세상이다.

　사람은 아기로 태어나면서부터 이미 대각(大覺)을 하고 태어나므로 요즘처럼 공부하는 데 사력(死力)을 다하지 않아도 되는 것이다.

　모두가 다 천재들만 모여사는 세계이므로 소학교나 중학교를 거치지 않고 곧바로 5세에 대학교(大學校)에 입학을 하게 된다.

　물론 그 시대에는 국민학교나 중고등학교는 없어진다. 가장 기초적인 학교가 오늘날의 대학교인 것이다.

　그리고 대학교 과정도 1년 만에 졸업을 하게 된다. 졸업과 동시에 모든 학생들이 박사학위를 받게 된다.

　그 시대에는 가정윤리와 사회윤리가 잘 발달되어 있으므로 모든 사람들이 효자효녀인 동시에 충신열사인 것이다.

　임금은 성군(聖君)이며 백성들은 모두가 성인들이며 부처들이니 어떤 명령도 필요 없고 서로가 남과 사회를 위하여 헌신 노력하려고 경쟁을 한다.

　온 세상은 하나의 나라로 통일되어 있으며 천지부모를 중심으로 하여 마치 완성된 사람의 모습과 같은 세상이다.

　머리에서 명령하면 인간의 사지백체로 일순간에 전달되며 또한 발끝에서 일어난 작은 고통 하나까지도 다 알게 되므로 사지백체는 통하는 것이다.

　이상세계도 이와 마찬가지로 머리에 해당되는 천지부모의 은혜가 온 세계 백성들에게 일시에 전달되어 모든 사람들에게 은혜를 받게 되며 또한 어느 한 사람이 고통을 당하게 되면 그 고통은 천지부모가 느끼므로 다른 모든 사람들에게도 전달이 되는 것이다. 그러므로 주위 사람들이 즉시 달려와서 구제하여 그 고통에서 해방되도록 도와주는 것이다.

어느 한 사람이라도 고통당하는 자녀가 있다면 천지부모는 그 자녀에게 마음을 주게 되므로 주위 사람들이 그냥 있을 수 없는 것이다.

남의 고통을 나의 고통으로 즉시 느끼게 되므로 남을 해롭게 하는 생각은 추호도 없는 것이다.

모든 사람들은 천지부모와 심정으로 연결되어 있으며 또한 사람들과의 사이에도 심정으로 연결되어 있기 때문에 서로의 입장과 사정을 잘 알므로 서로 은혜를 베풀려고 노력을 하는 세상이다.

인간의 지능이 최고도로 발달되어 있어 우주는 일일(一日) 생활권내에 들어와 있는 세상이 된다.

아침은 지구(地球)에서 먹고, 점심은 화성(火星)에 가서 먹고, 저녁은 다시 금성(金星)에 가서 먹는 시대가 되는 것이다.

온 우주가 일일생활권으로 들어오게 되므로 그 생활의 화려함과 은혜로움은 말로 다 표현할 수 없이 무량한 것이다.

그리고 그 시대에는 인간의 영감이 발달하여 영계에 대한 내용을 소상히 알게 되며 또한 먼저 돌아가신 부모나 형제나 친구들에게도 수시로 접촉이 가능하며 항상 함께 살게 되므로 지상에 살고 있으나 영계에 살고 있으나 이별이 아니므로 죽음이라는 용어가 없어지는 세계이다.

그 시대에는 육신을 쓰고 지상에 살고 있으면서도 영계를 마음대로 여행할 수 있으며 또한 영계에 들어가 있는 영혼도 마음대로 육신을 입을 수 있다.

즉 지상과 영계의 구별이 없어지고 아침식사를 할 때도 지상에 살고 있는 사람들과 영계에 들어간 부모를 초청하여 함께 즐거운 식사를 하는 것이다.

또한 영적인 귀가 잘 발달되어 있으므로 이 우주간 어디에서 생활하더라도 서로 말이 통하게 된다.

서울에서 살면서 달나라에 가 있는 친구에게 바로 옆에 있는 것처럼 이야기를 주고받을 수도 있다.

영감이 너무나 발달하여 있으므로 전화가 필요 없으며 무전기나 삐삐가 없어도 서로간의 의사소통이 잘 이루어지는 세상인 것이다. 모든 사람들이 과학자이므로 지구에서 살면서 멀고 먼 북극성에까지도 금방 다녀올 수 있는 시대가 열려 있는 것이다.

지상이나 천상이나 지옥이 모두 없어지고 죄인들도 모두 구원을 받아 성현들이 되는 세상이다.

그 시대에는 예수 팔아 먹은 '가롯 유다'도 부처로 변신하여 있고 악명 높았던 스탈린이나 히틀러도 성인이 되어 있을 것이다.

이러한 이상세계가 지금부터 서서히 열리기 시작하는 것이니 먼저 천지부모를 잘 믿어 마음을 바르게 한 사람들이며 다음은 모든 사람들이다.

그러므로 누구나 어서 빨리 우주의 주인이신 천지부모를 찾아야 하며 그분으로부터 은혜를 받고 살아야 인생은 동하나 정하나 복락을 누리며 살게 되는 것이다.

그러므로 나는 누구인가?

나는 이상세계의 광대무량한 은혜를 받기 위하여 마음을 자로 잰듯이 바르게 가져야 할 나인 것이다.

(2) 창조성이 있는 인간

어떤 사람은 인간을 '도구를 만드는 동물'이라고 보았다.

제4장 천성(天性)   119

　즉 다른 동물과는 달리 도구를 만들어서 사용하므로 이와 같은 용어가 생긴 것이지만 이것은 인간 본래의 가치를 모르고 다만 타락한 상태만을 보았기 때문이다.
　인간은 천지부모의 자녀로 지음받았기 때문에 천지부모를 닮아서 심정을 소유한 인간이며 또한 윤리도덕을 지킬 줄 아는 인간이며 다른 동물들과는 달리 창조성이라는 고귀한 것을 하늘로부터 부여받은 인간이다.
　그러므로 인간은 본래부터 창조성을 지닌 신성하고 고귀한 인간인 것이다. 도구를 만들어 발전시키는 능력은 동물에게는 없다.
　오직 인간만이 창조성이 있는 것이므로 인간을 동물과 비교할 수 없는 것이며 거룩한 하늘과 비교해야 할 만물의 영장인 것이다.
　인간에게만 창조성을 부여해 주신 것은 천지부모가 인간을 자녀로 창조하였기 때문이며 '도구를 만드는 동물'이라는 말은 인간의 본래적 가치와 존재목적을 모르는 데서 생긴 말이다.
　또한 인간이 타락으로 말미암아 그 인격이나 생각이 짐승과 같이 천(賤)하게 떨어진 모습에서 인간의 가치를 찾으려다 보니 이러한 말들이 나오게 된 것이다.
　그러나 인간이 열심히 수도정진하여 죄악자녀의 자리를 벗어나 천지자녀의 자리를 회복하게 되면 '도구를 만드는 동물'이라는 오명(汚名)을 벗어 버리고 '창조성이 있는 천지자녀'라고 하는 거룩하고 신성한 모습을 가지게 되는 것이다.
　그럼 인간의 지능이 최고로 발달하게 되면 그 한계는 어디쯤일까?
　여기에 대한 해답은 지금의 우리 지능으로는 도저히 상상도 할 수 없는 과학의 발전인 것이다.

  이 우주를 대충 관찰하여 보아도 천체의 운행이 한치의 오차도 없이 질서정연하게 운행하고 있는 것을 볼 때 천지부모는 대과학자임을 알 수 있다.

  넓은 바다와 푸른 초장이나 높은 산이나 이 모든 것을 만드신 분이 곧 창조자이신 천지부모이니 그 능력이란 실로 상상도 할 수 없는 것이다.

  또한 지구가 자전하면서 공전하는 그 속도나 각도가 하루도 단 1초도 틀리지 않는다. 억만년 전이나 억만년 후에도 그 운행은 틀리지 않고 돌고 있다.

  우주의 공간을 볼 때 무한히 넓고도 넓다. 지구에서 한 방향으로 아무리 멀리 간다 해도 끝이 없다. 억만년을 가도 끝이 없다.

  이러한 천지부모의 무한한 창조 능력 앞에 인간은 저절로 고개를 숙이지 않을 수 없다.

  그러나 인간은 창조의 능력이 있긴 하지만 유한한 것이다. 즉 어느 정도 한계가 있다는 것이다.

  인간이 창조할 수 있는 것은 이미 창조되어 있는 것을 개발하는 창조일 뿐이다. 즉 천지부모의 창조는 무(無)에서 유(有)를 창조한 원인자(原因者)이지만 인간은 무에서 유를 창조할 수는 없다. 인간은 유(有)에서 유를 창조할 뿐이다.

  어떤 의미에서 보면 창조가 아니라 개발이라고도 할 수 있다. 그러므로 인간의 지능이 아무리 발달한다고 해도 이미 창조되어 있는 것을 발견해 내거나 발명해 내는 것뿐이다.

  그러므로 인간이 아무리 뛰어나다 해도 천지부모를 넘어설 수는 없는 것이다. 즉 천지부모는 인간을 만드는 능력이 있지만 인간은 천지부모를 만들 수 없는 것이며 그 창조 또한 개발의 창조에 불과할 뿐이다.
 천지부모는 창조자이시고 인간은 어디까지나 피조물이므로 그 창조의 능력도 피조물 안에서의 창조인 것이다.
 또한 인간이 창조할 때의 목적은 어디까지나 천지부모를 기쁘게 하기 위한 창조가 목적이 되어야 한다.
 천지부모를 기쁘게 할 수 없는 창조는 그 창조의 가치를 부여받지 못하기 때문이다.
 그러므로 나는 누구인가?
 나는 '도구를 만드는 동물'이 아니라 천지부모께 기쁨을 돌려드리기 위하여 창조해야 하는 창조성이 있는 거룩한 천지자녀인 것이다.

(3) 부 처

 대부분의 종교에서는 인간을 죄인(罪人)으로 보고 있다.
 또한 모든 종교에서 주장하기를 인간의 본성은 선(善)한 것이지만 죄 때문에 선의 모습이 감추어진 것으로 보고 있다.
 인간을 죄인으로 보는 이유는 타락되어 있는 현실을 보았기 때문이며 인간의 본성이 선하다고 보는 이유는 인간이 타락되기 이전의 본래 모습에다 인간의 가치를 두었기 때문이다.
 본래 인간이 지음받을 때는 선하게 창조되었으나 타락으로 말미암아 죄가 인간에게 들어오게 되어 악한 인간이 되어 버린 것이다.
 그러나 사람이 수도정진을 통하여 죄악의 두루마기를 벗어버리면 인간은 본래의 모습인 죄없는 천지자녀가 될 수 있는 것이다.
 이러한 천지자녀의 자리를 회복한 사람을 가리켜 불교에서는 성불(成佛)한 사람, 즉 부처라고 부르고 있다.

　죄악의 두루마기를 입고 있던 중생이 깨달음을 얻어 죄악의 두루마기를 벗어 버리고 성불하여 본래의 인간 참모습을 회복하였다는 뜻이다.

　그럼 타락하기 이전의 인간의 모습은 어떠한 모습일까?

　인간은 천지부모를 닮아 태어났으므로 천지부모처럼 죄와는 아무 관계가 없는 깨끗한 모습이며 신성(神聖)을 가진 인간이며 거룩하고 고귀한 인간이다.

　죄가 없는 인간이므로 기도나 수도생활이 필요 없는 인간이며 생활 그 자체가 도(道)에 합당한 생활인 것이다.

　남자는 모두 천자(天子)이며, 여자는 모두 천녀(天女)인 것이다.

　천지부모의 지극히 밝은 도를 상속받아 천만 사리를 보는 눈이 지극히 밝은 천지자녀이다.

　또한 천지부모의 지극히 공정한 도를 상속받아 만사를 작용할 때 오직 중도를 잡아 생활하는 천지자녀이며, 천지부모의 도를 상속받아 만사를 작용할 때 비로소 순리로만 살아가는 천지자녀이다.

　그러므로 천지부모의 광대무량한 도를 상속받아 인간생활에서 편착심 없이 광대무량한 도를 행하는 천지자녀인 것이다. 또한 천지부모의 영원불변하며 절대적인 도를 상속받아 어떠한 것도 오직 영원한 계획을 세우며 변하지 않는 일을 하며 절대적 자리를 지키는 천지자녀이다.

　이와 같이 인간의 본래 모습은 거룩하고 영광스러운 모습이었다.

　그러나 타락으로 말미암아 죄인의 자리에 떨어짐으로써 그 거룩하고 귀중한 인간의 본래 가치는 모두 땅에 떨어지고 죄악자녀가 되었으며, 중생이 되고 범부가 되고 만 것이다.
 그러나 이제 인간을 보는 관(觀)을 달리해야 할 시대가 오고 있다.
 수도정진(修道精進)을 통하여 죄악의 두루마기를 벗어 버리면 본래의 인간이 차지해야 할 천지자녀의 자리를 회복할 수가 있는 것이다.
 인간이 만일 죄악의 두루마기를 벗어 버리기만 한다면 모두 부처가 되는 것이며, 하늘의 아들과 딸이 되는 것이며 성현군자(聖賢君子)가 되는 것이다.
 수도생활이 여기에서 필요하다는 것을 절실히 느낄 수 있다. 수도생활을 통하지 않고는 죄악의 두루마기를 벗어 버릴 수가 없기 때문이다.
 그러므로 이제 사람을 귀중하게 보는 눈을 가져야 할 때이다. 모든 사람을 부처로 대하면 부처의 복을 받을 것이며, 모든 사람을 하늘의 아들과 딸이라는 눈으로 존경하게 될 때 하늘의 아들과 딸이 받아야 할 복을 받게 되는 것이다.
 그리고 모든 사람을 대할 때 성현군자로 생각하고 존경하면 무량한 복을 받아 행복하게 살 수 있는 것이다.
 그러므로 나는 누구인가?
 나는 수도정진을 통하여 어서 빨리 죄악의 두루마기를 벗어 버리고 천지자녀의 자리를 회복해야 할 의무와 사명이 있는 나인 것이다.

제 5 장
인간의 가치

1. 인간이란 무엇인가?

 천지부모로부터 지음받은 인간은 영혼과 육신을 가진 고귀한 존재이며 인간은 지상에서 살다가 육신이 노쇠하면 육신을 벗어 버리고 영혼만이 영계에 가서 영원히 살게 되는 것이다.
 다른 식물이나 동물들은 영혼이 없고 오직 육신뿐이므로 지상에 사는 생활 그것만이 동물의 일생인 것이다.
 소〔牛〕는 소로서 태어났다가 도살장에 끌려가 죽으면 그것으로 소의 일생은 끝나는 것이다. 죽은 다음에 소의 영혼이 다른 곳으로 가거나 하는 것은 아니다.
 소에게는 영혼이 없다.
 천지간에 피조만물 중에 오직 사람에게만 영혼이 있는 것이다.
 그러나 소나 돼지나 닭 등의 짐승에게도 영적(靈的)인 작용을 하기도 한다. 그러나 영적인 작용은 그 짐승의 영혼이 아니고 영계에 있는 악한 영혼들이 지상의 육신을 그리워하다가 인간의 육신이 없으므로 인간 대신으로 짐승의 몸을 빌려 쓰고 나타나는 현상이다. 이 문제에 대해서는 다음 장에서 상세히 논하기로 하겠다.
 피조만물 중에 오직 인간에게만 영혼이 있으므로 인간을 놓고 만물의 영장이라고 하게 된 것이다.
 또한 인간은 우주의 주인이신 천지부모와의 관계를 맺고 살도록 지음받았으므로 인간은 단독으로는 살 수가 없으며 항상 하늘의 생기(生氣)를 받아야 온전히 살 수 있는 관계의 존재이다.
 인간이 생을 영위하려면 영혼과 육신 양면으로 영양소를 섭취해야 하는 것이다. 육신이 살아가려면 밥을 먹어야 하고 물을 마셔야 하고 반찬을 먹어야 하고 공기를 마셔야 하고 태양의 기운을 받아야 살아갈 수 있는 것이다.
 그리고 영혼이 살아가려면 영혼의 양식인 진리의 기운을 먹어야 하며 선행의 기운을 먹어야 하며 아름다움의 기운을 먹고 사랑의 기운을 먹어야 한다. 그리고 제일 중요한 것은 천지부모가 직접 주시는 생소(生素)라는 양식을 반드시 먹어야 영혼이 살 수 있는 것이다.
 사실 이 생소(生素)를 먹지 못하는 영혼은 잠든 영혼과도 같고 죽은 영혼과도 같은 것이다.
 이 생소를 받으려면 천지부모를 지극히 사모하고 믿어야 천지부모가 주는 고귀한 영혼의 양식이 되는 것이다.
 사람이 아무리 선행을 많이 하고 공덕을 많이 쌓았다 해도 천지부모가 주는 생소를 받지 못하면 아무 소용이 없는 것이다.
 선행이나 공덕을 쌓아도 생소를 못 받으면 소용없다는 뜻은 사람이 아무리 선하게 산다 해도 천지부모를 알지 못하는 상태에서는 지극한 선행이나 공덕이 아니기 때문이다. 다만 악인이나 죄인보다는 조금 낫다는 것뿐이지 다를 것이 별로 없기 때문이다.
 그러므로 공덕을 쌓아도 천지부모와 손을 잡고 공덕을 쌓아야 그 공덕이 영원한 공덕이 되며 선행을 쌓아도 천지부모와 손목을 굳게 잡고 선행을 쌓아야 그 선행이 영원한 선행이 되는 것이다.
 또한 천지부모를 알지 못하는 상태에서는 절대적으로 선한 사람은 없는 것이다. 다만 악인보다는 조금 덜 악인일 뿐이며 죄인보다는 조금 덜 죄인일 뿐인 것이다.

그러므로 진실로 선한 사람이 되고자 한다면 우선 천지부모를 마음속에 모시고 지극히 사모해야 천지부모의 생소(生素)를 받을 수가 있으며 이 생소를 받아야 어떤 어려움도 극복할 수 있는 힘이 일어나는 것이며 심지어는 순교도 가능한 것이다.

또한 인간은 궁극적으로 천지부모를 닮아야 하는 것이다. 천지부모를 닮아서 일체(一體)가 되어야 인간의 본래적 가치인 거룩하고 존귀한 대접을 받을 수가 있는 것이다.

우리가 성현들을 우러러보는 이유는 그 성현들은 천지부모와 일체가 되어 천지의 도(道)를 실천하고 있기 때문에 천지부모만큼 거룩해 보이는 것이다.

성현들은 사실 천지자녀의 자리를 회복한 분들이다.

성현들의 공통점을 보면 모두가 천지부모의 거룩함을 닮아서 거룩한 인간이 되어 있다. 천지부모의 지극히 밝은 도를 인간 세상에 전파하고 믿고 따르는 것이다.

그러므로 천지부모의 지극히 공정한 도를 인간세상에 전파하므로 모든 사람들이 성현을 흠모하며 배우고자 하는 것이다.

또한 성현들은 천지부모의 지극한 순리만을 배워 인간세상에 가르쳐 불행을 피하고 행복하게 살도록 인도함으로써 믿고 따르는 것이다.

타락인간들은 모두 장님과 같아 성현을 중보자(仲保者)로 하여 믿고 따르므로 천지부모를 만날 수가 있는 것이다. 중보자가 없다면 타락인간 스스로의 노력이나 힘만으로는 천지부모 앞으로 나아갈 수가 없는 것이다.

그러므로 예수님이나 부처님이나 공자님 같은 성현들은 타락인간들에게는 구세주가 되는 것이며 이분들이 아니라면 우리는 영생의 길을 찾을 수가 없는 불쌍한 인간이 되고 말았을 것이다.

예수님의 사랑은 온 천지를 다 품고도 남는다. 그분이 흘리신 보혈(寶血)은 모든 죄인의 죄를 씻어주는 귀한 보혈인 것이다.

부처님의 자비는 온 천지 끝까지 퍼져 있다. 누구라도 부처님에게 가서 믿음만 돌려드리고 배우기만 한다면 성불할 수 있도록 도문(道門)을 활짝 열어 놓았다.

공자님은 효도의 성인이시다. 공자님 이상으로 효도에 대하여 가르친 사람은 없다. 사실 공자님은 중원땅의 하늘이시다. 하늘이나 하늘 대신자나 오십보 백보 차이이기 때문이다.

예수님을 놓고 하늘 자신이라고 믿는 사람도 있고 하늘의 아들이라고 믿는 성도들도 있는데 엄격히 따진다면 하늘의 아들이지만 예수님 자신을 하늘로 믿는 신앙도 틀린 것은 아니다.

왜냐하면 인간이 완성되면 누구나 하늘의 자녀, 즉 천지자녀가 되기 때문이며 천지자녀는 천지부모와 동등하게 거룩하며 고귀한 인격체이기 때문이다.

그러므로 나는 누구인가?

나는 영혼을 가진 인간으로서 천지부모와 거룩함을 닮아야 할 의무가 있는 나인 것이다.

2. 고통(苦痛)

　인간이 살아가자면 여러 가지로 고통스러운 일을 많이 당하게 된다.
　병고(病苦)에 시달리는 고통도 있고 불행한 사고(事故)를 당하여 고통을 받는 수도 있다.
　먹을 것이 없어 굶주리는 고통도 무서운 것이다. 굶어 죽어가는 사람 앞에는 그 어떤 이야기도 필요 없고 오직 밥 한술을 보시(布施)하는 것이 제일 큰 공덕이다.
　또 전쟁이 일어나면 무수한 사람이 목숨을 잃게 된다. 다행히 죽지는 않았다 해도 불구자가 되는 사람도 수없이 많다.
　불구자의 고통 또한 무시할 수 없다.
　포탄의 파편으로 두 다리를 잃어버린 사람의 심정은 얼마나 고통스러울 것인가? 단 몇 발자국을 기어가거나 공처럼 굴러가야 하는 처지가 되고 보면 그 고통은 본인 외에는 아무도 모른다.
　또 무서운 중병(重病)에 시달리는 사람의 입장은 중병을 앓아 보지 않은 사람은 그 사람의 심정을 이해하지 못하는 것이다.
　자기 하나만을 바라보며 사는 가족들의 처지를 생각하면 애간장이 다 녹아 내리는 심정이리라. 눈물만 흘리면서 옆에서 간호하는 아내의 모습이 불쌍하기만 하다.
　철모르고 돈만 달라고 보채는 어린 아들과 딸의 모습을 바라보면 억장이 무너지는 듯한 심정일 것이다.

왜 인간에게는 이런 고통이 따르는가?
또한 홍수가 나서 하루아침에 전답이 유실되고 집은 허물어져서 졸지에 거지가 되는 경우도 허다하다. 그렇게 든든한 사업이 하루아침에 부도(不渡)를 만나 졸지에 사업이 망해 거지가 되어 길거리로 쫓겨나는 모습을 우리는 주위에서 많이 본다.
그리고 아내가 춤바람이 나서 다른 남자와 도망가는 일도 우리는 종종 볼 수 있다.
필자의 사무실에는 이런 일로 인하여 운세를 보러 오는 사람이 유난히 많다. 이와 반대로 남편에게 새로운 여자가 생겼는데 어떻게 하면 그 여자를 떼어 낼 수 있는지를 문의하러 오는 사람들도 많다.
아무튼 잠시 왔다 가는 인생인데 왜 이처럼 말도 많고 탈도 많고 고통도 많은지?
이 문제를 한번 생각해 보자.
인간은 본래 천지부모의 사랑을 받는 천지자녀의 입장으로 창조되었다. 그러므로 천지자녀인 인간에게는 병이나 사고나 빈천이나 그 어떤 불행도 당하지 않도록 창조되었다.
오직 천지부모의 무량한 은혜를 받아 일생 동안 건강하며 아무런 사고를 당하지 않도록 늘 지켜주시며 하는 사업도 잘 되며 기쁨과 행복을 충만히 누릴 수 있는 것이 본래 부여받은 인간의 특권이다.
그런데 인간이 타락하여 스스로 천지부모를 외면하고 뛰쳐 나오고 만 것이다.
비유하자면 부잣집 외동아들이 부모의 사랑을 무시하고 스스로 집을 뛰쳐나와 산적들의 소굴에 들어가 그들에게 종살이 하는 것과 같다.

인간은 본래 천지부모의 품안에서 살아야 할 팔자였는데 길을 한번 잘못 택하여 마귀의 품속으로 들어가 마귀의 노예가 된 것이 오늘날 인류의 실상이다. 그러므로 모든 사람들이 죄의 노예로 살고 있는 것이다.

마귀의 노예로 살다 보니 병이 들거나 사고를 당하거나 굶어 죽거나 벼락을 맞아 죽거나 하는 것은 당연할 수밖에 없다.

인간을 낳은 생부모(生父母)는 천지부모이고 인간을 강제로 유괴하여 기른 양부모(養父母)는 마귀 파순(波旬)인 것이다.

그러므로 천지부모는 자녀인 인간을 찾기 위하여 백방(百方)으로 손을 쓰고 계셨으니 곧 이 땅에 예수님을 보내고 부처님을 보내고 공자님을 보내는 등 구원의 손길을 편 것이다. 그리고 선지자(先知者)나 의인(義人)들이나 각종 종교를 세워 인간을 찾는 길을 모색하여 오신 것이다.

이러한 것을 알고 있는 마왕 파순은 인간을 빼앗기지 않으려고 훈련을 시키고 있다. 제일 먼저는 간음을 많이 하라고 시키며 다음에는 살인(殺人)을 많이 하라고 시키며 도적질을 많이 하라고 시키고 있다. 또한 하늘을 원망하라고 훈련을 시키며 영계는 없는 것이니 속지 말라고 가르치고 있다.

이렇게 인간의 배후에는 천지부모와 마귀 파순의 두 세력이 인간을 놓고 서로 빼앗으려는 치열한 공방전이 벌어지고 있는 것이다.

여기에서 제일 중요한 것은 인간 자신의 결정에 달려 있다. 마음을 선하게 가지고 천지부모를 찾아가거나 마음을 악하게 가져 마귀의 품으로 들어가거나 최종적인 결정은 인간 스스로 하는 것이다.

그러므로 인간 자신이 어느 방향으로 길을 정하느냐에 따라서 행복과 불행이 좌우되는 것이다.

즉 천지부모를 선택하여 건강과 축복과 은혜와 사랑과 기쁨을 맞이할 수도 있고, 반대로 마귀를 선택하여 병에 걸리거나 저주를 받거나 벼락을 맞거나 간음죄에 빠지거나 슬픔을 맞이하는 것은 인간 스스로 선택하는 것이다.

그러므로 병이 들거나 빈천을 당하거나 재앙을 당하는 원인은 인간 스스로 불러들인 것이라고 할 수 있다.

자업자득(自業自得)이며 자승자박(自繩自縛)인 것처럼 스스로 업을 지어 받는 것이며 스스로 만들어 묶는 것이 인간의 현실인 것이다.

그러나 인간의 본심 속에는 천지부모의 사랑의 줄이 연결되어 있으므로 언젠가는 반드시 천지자녀 자리를 회복할 수가 있는 것이다.

다만 그 사람의 지은 바 업보에 따라 선후(先後)가 있을 뿐이다. 인간은 타락하여 죄인이 되었다.

죄인 된 인간이 또 자식을 낳으니 그 자식 또한 죄있는 자식이다. 이렇게 하여 불어난 것이 온 인류가 되었고 지상 지옥을 이루고 만 것이다.

온 천하가 죄악으로 가득차게 되었으니 여기에는 폭력이 난무하고 온갖 병마가 가득하며 불행한 사고를 당하는 사람이 비일비재하며 벼락을 맞아 죽는 사람도 수없이 많다. 특히 밤낮을 가리지 않고 음욕(淫慾)을 채우려고 온갖 짓을 다하는 죄 많은 인생이 되고 만 것이다.

모두가 죄인이고 모두가 악인이므로 불신과 원망이 가득한 세상이며 저주와 교만이 가득한 세상이며 사기꾼들이 득실거리는 세상이니 곧 지상 지옥이 된 것이다.

천지부모는 인간을 죄악의 바다 가운데서 구원하기 위하여 눈물을 흘리며 찾아오셨다.

즉 성현들을 세우시어 사람들이 성현들의 말씀을 믿고 따르므로 죄악의 두루마기를 벗도록 하셨다.

그러나 죄악으로 눈이 먼 인간들은 이처럼 하늘이 보낸 성현들을 알아 보지 못하고 악마의 노예가 되어 생명을 구하러 온 성현들을 박해하고 천대하며 멸시하였던 것이다.

이렇게 하여 하늘의 복음을 전하러 온 선지자도 박해를 당함으로써 고통을 당하게 되었고 또한 박해를 하거나 따르지 않는 사람들에게는 하늘이 저주를 내려 병이 들거나 사고를 당하거나 부도가 나거나 하게 되는 것이다.

그럼 죄악인간에게 이러한 병이나 사고나 벼락이 떨어지는 것은 언제쯤이면 멈추어질까?

그것은 그 사람이 마음을 돌려 천지부모의 품안으로 들어올 때까지 사정없이 고통을 주는 것이다.

그러므로 인간의 입장에서는 병이 발생했거나 사고를 당했다는 것은 이제 마음을 돌려 천지부모를 찾아오라는 사랑의 매질인 것이다.

사랑의 매를 맞고도 깨닫지 못하고 죄악의 구렁텅이에 깊이 빠져 있다면 다음에는 저주의 매를 때리는 것이니 저주의 매를 맞게 되면 그 사람은 영원히 지옥으로 떨어지게 되는 것이다.

한편 천지부모로부터 소명을 받은 성현이나 선지자나 의인들은 죄악의 무리들로부터 박해와 멸시와 조소를 받게 되므로 많은 고난이 따르는 것이다.

그러므로 성현의 도를 배워 하늘길을 찾아가고자 하는 수도인들은 한결같이 고난의 길을 가지 않을 수 없는 처지가 되고 말았다.
 죄악의 세계에서 그냥 머물러 있는 것도 고통이지만 죄악의 세계에서 탈출하여 천지부모를 찾아가는 길에는 늘 악마가 길을 방해하므로 몇 갑절이나 고통이 따르는 것이다.
 그 대표적으로 고통을 당한 분들이 하늘과 가까운 성현들이다.
 중원천지의 구세주이신 공자도 인의대도(仁義大道)를 바로 세우기 위하여 천하를 주유할 때 그 당한 수난과 고통은 이루 말할 수 없이 많았다.
 가는 곳마다 뜻을 알아주는 자는 없고 오히려 비난과 박해만 하여 무척 어려움을 많이 당했다.
 심지어는 '사랑방의 개'라는 오명을 들어가면서까지 인륜도덕을 세우기 위한 의지는 식지가 않았다.
 환퇴(桓魋)로부터 당한 수난은 이러하다.
 공자가 말년에 송(宋)나라에 이르러 큰 나무 밑에서 수행하는 제자들과 함께 휴식을 취하고 있었는데 송나라의 사마환퇴(司馬桓魋)가 공자를 죽이려고 병사들을 시켜 나무를 넘어지게 하여 압사(壓死)시키려 했다.
 그때 제자가 빨리 그곳을 피하기를 권(勸)하였다.
 그러자 공자께서 말씀하시기를,
 "하늘이 나에게 덕(德)을 내리셨는데 감히 환퇴(桓魋) 따위가 나를 어찌하리요."라고 하였다.
 공자는 간신히 죽음을 모면하게 되었다.
 그뿐만이 아니라 몇 번의 죽음의 고비를 아슬아슬하게 넘겨야 하는 공자는 오직 하늘만 붙들고 하소연하며 안타까워해야만 했다.
 얼마나 뜻이 이루어지지 않았으면,

"뗏목을 타고 멀리 바다 끝으로 나가고 싶다."라고 탄식하였으며,

"나를 알아 주는 자는 오직 하늘밖에 없다."라고 하시며 탄식하기도 했을까.

부처님 또한 말할 수 없이 고난을 많이 당하셨다.

처음에는 너무 박해가 심하여 심지어는 전도 나갔다가 제자가 피살되는 수난과 박해를 받기도 했다.

부처님이 중생을 제도하기 위해 나선 길에서는 음으로 양으로 어둠의 권세가 몰려들어 교단 운영의 어려움을 당해야 했으며 교화의 어려움 또한 말로 표현할 수 없을 만큼 큰 고통을 겪기도 했다.

그러나 그 모든 어려움도 오직 믿음 하나로 이겨 내고는 불법대도(佛法大道)를 온 천하에 펼친 것이다.

예수님 또한 얼마나 많은 고통을 당하셨는지는 신약성경에 잘 나타나 있다.

태어나면서부터 헤롯 왕의 손에서 죽음을 당할 위기를 넘겨야 했으며 30년 사생애(私生涯) 노정은 땀흘리며 준비하는 기간이었고 3년. 공생애(公生涯) 노정은 피흘리는 기간이었다.

예수님은 하늘의 독생자로 인류에게 복을 주려고 왔지만 무지몽매한 제사장과 교법사와 덩달아서 이스라엘 백성들까지 합세하여 예수님을 고난의 길로 몰아넣었다.

가는 곳마다 돌로 치려는 원수들로 가득 차 있었고 암탉이 병아리를 품듯이 이스라엘을 품으려고 수없이 노력하였지만 무지몽매한 인간들은 조소와 멸시와 박해를 가하여 왔던 것이다.

그토록 믿었던 제자 '가룟 유다'에게 배신을 당해야 했던

예수님의 원통함은 그 무엇으로도 표현할 수가 없는 것이다.

골고다 산정에서의 기도는 피흘리는 기도인 것이다.

"아버지시여, 만일 할 만하시거든 이 잔을 내게서 지나가게 하옵소서. 그러나 나의 원대로 마옵시고 아버지의 원대로 하옵소서."

몸부림치며 하늘을 붙들고 애원하는 이 기도는 한(恨)이 맺힌 기도인 것이다.

오늘날 많은 기독교인들이 있지만 이 기도의 참뜻을 제대로 모르는 듯하다.

도저히 뜻을 이룰 수 없는 것을 아는 예수님은 마지막에는 자신의 몸을 던져 포탄삼아 악마의 소굴을 폭파시켰던 것인데, 곧 십자가의 죽음인 것이다.

하늘의 아들(天子)로 오신 예수님은 죄인의 허울을 쓰고 십자가의 길을 가야 했던 것을 볼 때 성현들을 세우신 천지부모께서도 지금까지 많은 고통을 겪고 있는 것을 우리는 짐작할 수 있다.

죄악생활에 젖어 살던 인간이 천지자녀의 자리를 회복한다는 것은 쉬운 일이 아니다.

한 가지 예를 들어 보자.

어떤 사람이 산길을 가다가 낭떠러지에 떨어지고 말았다. 팔과 다리는 부러지고 눈은 빠져 장님이 되었다. 다행히 죽지는 않았으므로 다시 원래의 자리로 올라가야 할 처지가 되었다.

그 아래에는 뱀들이 득실거리고 독충들이 우글거리므로 다시 위로 올라가야만 했다. 올라가는 데는 많은 장애물이 따르고 있었다.

가시덤불이 가로막혀 있고 위험한 바위가 있으며 미끄럽기도 하고 어느 한 곳도 안전한 곳이라곤 없는 죽음의 사각지대와도 같았다.

올라가다가 도중에서 다시 떨어지기라도 하는 날에는 그 몸은 산산조각이 날 입장이다. 단 촌분도 마음을 놓을 수 없는 아슬아슬한 순간의 연속이었다.

이렇게 떨어져 있는 상태를 중생이나 죄인에 비유할 수가 있고, 벼랑을 타고 위험을 무릅쓰고 다시 올라가는 사람을 수도인에 비유할 수가 있다.

이와 같이 수도인은 완전히 목적지까지 올라가기 전까지는 잠시도 방심하거나 편히 쉴 수가 없는 처지인 것이다.

그러므로 떨어져 있는 상태도 고통이지만 기어 오르는 과정은 더 심한 고통인 것이다.

그러나 고통의 종류가 다르다.

즉 떨어져 있는 사람은 뱀이나 독충에 물려 죽을까봐 염려가 되어 고통스럽지만 기어 오르는 사람은 가시덤불과 다시 떨어질까봐 염려되는 고통이다.

즉 이 세상을 보면 천지부모를 믿지 않고 사는 사람들은 대부분 병이나 사고를 당하여 고통을 당하지만 수도인들은 악마의 방해공작 때문에 고통을 당하는 것이다. 다시 말해 고통의 질이 다른 것이다.

불신자는 죽기 위한 고통이므로 아무 가치가 없는 고통이며 신자(信者)는 살기 위한 고통으로, 참으로 가치있고 보람있는 고통인 것이다.

천지자녀의 자리를 회복하려면 먼저 죄악의 두루마기를 벗어야 한다.

그러나 수천년 동안 입고 살아온 그 죄악의 두루마기를 용기내어 벗는다는 것은 쉽지가 않다.

잠시만 한눈을 팔면 악마가 공격해 온다. 그러므로 수도인은 마음을 편히 놓을 수가 없다.

장자는

"하루라도 착한 일을 생각하지 않으면 모든 악한 것이 저절로 일어나느니라."고 하였다.

이 말은 악마는 밤낮을 가리지 않고 공격해 오니 그 침범을 막기 위해서는 늘 선한 생각으로 무장하고 있으라는 뜻이 되겠다.

우리가 한눈을 팔다 보면 언제 악마가 침범한 줄도 모르게 침범해 들어와 있는 것이다.

성경에 "쉬지 말고 기도하라."고 하지 않았는가.

다시 말해 잠시만 쉬게 되면 그 틈을 이용하여 사탄 마귀가 침범해 오기 때문이다.

죄악세계에서 탈출하려면 먼저 지금까지 친하게 지내오던 죄악친구들과 잠시 인연을 끊어야 한다.

그렇게 되면 친구나 친척이나 부모형제로부터 소외당하게 된다.

오해를 받게 되고 비소를 듣게 되고 멸시를 당하며 천대를 받게 된다.

고독 속에서 살아야 하며 빈곤이 몰려오게 된다. 이처럼 여러 가지 삼재팔난(三災八難)이 서서히 몰려온다.

이것이 곧 유혹이며 시험이다. 그러나 수도인은 오직 믿음 하나로 모든 장애물을 극복하지 않고는 천지자녀의 자리를 회복할 수가 없는 것이다.

부모와 조상들이 하늘 앞에 범죄하였으므로 그 범죄의 값까지 후손이 갚아야 하는 연대책임이 있게 된 것이다. 그러므로 후손들은 아무 영문도 모르고 태어나면서부터 모진 고난을 당하게 되는 것이다.
 사주팔자를 뽑아 보면 그 사람의 조상들이 살다 간 행적을 알 수 있다. 즉 조상들이 생전에 살면서 지은 선악간 업보가 후손의 사주에 나타나게 되는 것이다.
 인간이 이처럼 고통을 당하는 원인은 하늘에 있지 않고 인간 자신에게 있는 것이다.
 인간 자신이 스스로 천지자녀의 자리를 상실하고 죄악자녀가 되었기 때문에 본래의 자리를 회복하는 데도 인간 스스로의 노력으로 회복해야 하는 것이다. 죄악역사가 이처럼 길게 연장되어 나온 이유가 바로 여기에 있는 것이다.
 천지부모는 다만 구원의 줄만 내려주실 뿐이다. 인간 스스로의 노력으로 잡고 올라가서 살거나 노력하지 않아 올라가지 못해 죽거나 하는 것은 인간의 자유이다.
 인간이 책임분담을 못하면 천지부모는 인간을 구원하고자 하나 안되는 것이다. 이렇게 볼 때 인간 스스로 최선을 다하여 노력하지 않으면 결코 천지부모도 어쩔 도리가 없는 것이다.
 그러므로 나는 누구인가?
 천지자녀의 본래 자리를 회복할 때까지 어떤 오해나 비소나 멸시나 천대나 고독이나 빈천이 몰려와도 오직 믿음 하나로 밀고 나가 승리해야 할 숙명적인 나인 것이다.

3. 신앙생활(信仰生活)

　천지부모의 자녀로 지음받은 인간이 타락함으로써 하늘과의 관계는 끊어지고 반대로 악마와 관계를 맺음으로써 지옥에 빠지고 말았다.
　신앙생활이란 악마와의 관계를 끊고 천지부모의 품으로 돌아가기 위한 방편인 것이다.
　인간은 누구나 천지자녀의 자리를 회복하기 위해서는 신앙생활을 해야 하는 것은 당연한 의무인 것이다. 수도생활을 통하지 않으면 안되는 이유가 여기에 있다.
　간혹 몰지각한 사람들 중에는 이러한 천적(天的)인 이유를 모르고 함부로 입을 놀리고 있다.
　"하늘을 믿지 말고 내 주먹만 믿어."
　"부처를 믿으면 밥이 생기나 떡이 생기나."
　"십일조 헌금할 돈이 있으면 하룻밤 진하게 재미나 보고 나오겠다."
하면서 코웃음치는 소리를 들을 때면 참으로 안타까운 마음 금할 길이 없다.
　천지부모를 찾아가고자 하면 그때마다 악마의 방해공작이 늘 따른다.
　그 악마는 가장 가까운 사람들을 통해서 시험을 한다. 그러므로 가장 가까운 부모나 아내나 형제나 친구를 통해서 방해를 하는 것이다.
　그러므로 처음 도의 길을 가고자 하면 부모가 반대한다, 아내가 말린다, 형제들이 붙들고 늘어진다, 친구들이 극구 만류한다.

이렇게 볼 때 부모나 아내나 형제나 친구들이 모두 제정신이 아닌 것이다. 자신들도 모르는 사이에 악마의 교묘한 유혹에 넘어가서 자식을 위하는 척하면서 수도의 길을 방해하는 것이다.

아내 또한 마찬가지다.

악마는 그 아내의 마음속에 들어가서 남편이 가는 길은 위험하니 그만두는 게 좋다는 식으로 염려하는 척하면서 참뜻은 수도의 길을 방해하는 것이다.

형제나 친구들도 마찬가지다.

불교에서 보아도 속세를 떠나 출가(出家)를 하려 하면 그 가는 길이 쉽지가 않다. 대부분의 부모가 말린다. 아내가 반대한다. 형제나 친구들이 붙들고 늘어진다.

이러한 반대나 만류를 이기지 못하고는 출가를 할 수가 없는 것이다.

부모나 부부나 형제보다도 부처님을 더 사모해야 죄악이 씻겨지는 것이다.

예수께서는

"너희들의 부모나 아내나 형제를 나보다 더 사랑하는 자는 내게 합당치 않고 자기 십자가를 스스로 지고 따라오라."
고 하셨다.

여기에서 신앙자는 혼자 가는 길임을 알 수 있다.

출가수행자도 혼자서 가는 고독한 길이다. 그러나 영원히 혼자 가는 길이 아니며 영원히 부모나 처자를 버리라는 것이 아니다.

내가 먼저 죄악의 두루마기를 벗어 버리고 천지자녀의 자리를 회복한 다음 다시 본 고향으로 돌아가서 부모와 아내와 형제들을 인도하여 나와 같은 천지자녀의 모습으로 회복시켜야 하는 것이다.

그러나 인간의 죄악은 너무나 깊이 뿌리를 내리고 있어 개인 일대(一代)에 완전히 청산하기는 힘이 들고 자녀와 후손들에게 연결시켜 가면서 조금씩 조금씩 죄악을 소멸시켜 나가야 하는 것이다.

신앙생활의 최종목적은 마음을 바르게 하는 것이다.

천지부모도 인간이 천지자녀의 자리를 회복하는 데는 무엇보다도 바른 마음을 원하며 감사하는 마음을 원하고 있는 것이다. 또 오래 참는 공덕을 쌓아야 하는 것이 필수조건이다.

육신이 무덤 속에 들어가는 그날까지 천지부모에 대한 믿음이 변치 말아야 하는 것이다.

잠시만 마음을 놓아도 마왕 '파순'이가 공격해 오므로 쉬지 말고 기도해야 하며 쉬지 말고 염불해야 하며 쉬지 말고 천문(天文)을 암송해야 한다.

신앙생활은 언제나 봄기운과 같은 생활이다. 만물은 봄기운으로 소생한다. 봄은 희망의 계절이다. 겨우내 꽁꽁 얼어붙어 있던 그 마음과 몸이 봄기운을 만남으로써 활기차게 소생하는 것처럼 신앙도 마찬가지다. 날마다 만물이 소생하는 것처럼 신앙도 소생해야 한다.

잠을 자거나 공부를 하거나 어디를 가거나 무엇을 하거나 그 모든 동정간의 내용을 천지부모와 함께 거리낌없이 평화스런 마음으로 해야 하는 것이다.

천지부모는 곧 나의 진짜 아버지며 나의 진짜 어머니라는 생각이 마음속 깊이 와 닿아야 하는 것이다.

수도인(修道人)으로서 제일 안전한 생활방법은 일선에서

모든 십자가를 지고 넘어가는 길이다. 이것이 수도인이 가야 할 정도(正道)인 것이다.

이 노정(路程)에서 효자·충신·열녀가 결정되는 것이다.

수도인이 스스로 살펴야 할 것은 자기의 위치이다. 또한 전후관계도 살펴보아야 한다.

현재 처해 있는 곳에서 나는 상위자(上位者)인가, 하위자(下位者)인가를 구분해 놓고 자기의 할 바 도리를 다해야 하는 것이다. 상위자의 입장에 처하게 되면 자신은 물론 하위자의 걱정까지 책임져야 하는 자리인 것이다.

또한 하위자의 입장에 처하게 되면 자기의 일도 해야 하지만 시간을 내어 상위자의 일까지 도와주어야 할 의무가 있는 것이다.

참된 수도인이 되려면 첫째로 천지부모의 사랑과 은혜를 받아야 되고 천지부모와 하나가 되어야 한다.

이것을 위하여 천지부모의 절대적인 사상을 가져야 하고 세상에 나가서는 그 사상을 실천해야 한다.

천지부모로부터 받은 사랑과 은혜를 가지고 중생을 제도해야 한다. 누가 더 많이 천지부모를 사모하느냐에 따라서 그 사람의 영급이 달라지는 것이다.

즉 영계에 가서 누가 더 높은 자리를 차지하는가도 지상에서 육신을 쓰고 있을 때 천지부모를 얼마나 더 사모하느냐에 좌우되는 것이다.

죄악의 자녀로 있는 사람이 천지자녀로 돌아가려면 죄악의 무리들로부터 세 가지 시련을 당하게 되고 또 세 가지 핍박을 받게 되는데 여기에서 승리해야 혈선(血線)을 넘어갈 수 있는 것이다.

'나'라는 사람에게는 영계에 있는 많은 조상들의 길흉과

행·불행의 문제가 걸려 있다. 내가 공덕을 쌓음으로써 그 공덕의 기운으로 조상들의 살 길이 열리고 내가 죄업을 지음으로써 그 악한 기운이 조상들을 더 깊은 지옥으로 빠뜨리는 결과가 된다는 것을 알아야 큰일을 할 수 있는 것이다.

믿음보다 더 큰 힘은 없다.

진실된 믿음에는 거짓을 참됨으로 만드는 힘이 있기 때문이다. 그리고 절대적인 믿음은 운명을 바꾸어 놓기도 한다.

죄악의 두루마기를 벗는 비결은 모든 사람을 부처로 생각하고 받들고 모시면 빨리 벗을 수 있다.

큰 소망을 가진 사람들은 오래 참는 데 공(功)을 많이 드린다. 위인이나 달사치고 오래 참지 않고 성공한 사람은 없었다. 죄는 역사를 점령해 오고 있지만 죄의 거점은 인간의 육신이다.

그러므로 육신의 욕망을 억제해야 악마를 물리칠 수가 있다.

수행자(修行者)가 가는 길은 뱃길과 같다. 노(櫓)를 젓는 것을 도 닦는 것에 비유할 수가 있다. 잠시만 노 젓기를 멈추게 되면 곧 후퇴하게 된다.

죄악이 가득한 속세에서는 그 어느 조건도 신앙 그 자체에는 직접적으로 협조될 수 없는 역경뿐이다. 그러므로 항상 기도하는 마음이 중요하다.

염불을 하거나 독경을 하거나 천문을 암송하는 것도 모두 마음속의 죄를 씻어내기 위한 방편이다.

〈천문(天文)〉
천지부모내조아(天地父母來助我)
수호신령내조아(守護神靈來助我)

옴~급급여율령(唵~急急如聿令)

그러므로 나는 누구인가?
나는 죄악의 두루마기를 벗어 버리고 천지자녀의 자리를 회복할 때까지 천문(天文)을 수천 번이나 수만 번이나 무량 번을 암송해야 할 나인 것이다.

제6장
살아계신 하늘

1. 마왕은 어떤 존재인가?

이 세상의 모든 존재물은 모두 천지부모께서 창조한 피조물이다.
마왕 '파순'도 창세 전부터 존재하였던 것이 아니라 창조된 피조물인 것이다.
파순(波旬)은 본래 천지부모의 심부름하던 종(僕)이었다.
하늘의 심부름하던 종의 입장에서는 많은 사랑을 독점하였다.
그러나 천지부모의 가정에 자녀가 태어나자 천지부모는 종인 파순보다는 친자녀인 남천(男天)과 여지(女地)를 더 많이 사랑하셨다. 그러자 파순은 사랑의 감소감을 느끼게 된 것이다.
천지부모는 종인 '파순'에게는 처음부터 50퍼센트의 사랑을 내리셨다. 이 사랑은 천지자녀가 탄생되기 전이나 후나 다름없이 그 사랑은 50퍼센트로 변동이 없었다. 지금까지는 '파순'이도 그 사랑에 만족을 했던 것이다. 물론 지금까지만 해도 50퍼센트 이상으로 사랑을 받아본 자가 없었으니 '파순'으로서는 더 이상 바랄 것이 없었다.
그러나 천지부모의 자녀가 태어나자 그 친자녀에게 백 퍼센트의 사랑을 내리시는 것을 보고는 파순은 사랑의 감소감을 느끼게 되고 여기에서 불만이 싹트게 된 것이다.
한 예를 들어 보겠다.
주인이 종들을 불러모아 놓고 농장에서 일을 시켰다. 종들은 아침부터 하루종일 열심히 일을 했다.

이윽고 해가 질 무렵에 주인 아들도 나와서 잠깐 동안 일을 했다.

일을 끝내고는 품삯을 나누어 주었다. 모두에게 밀가루 한 말씩을 품삯으로 주었다.

그리고는 해가 질 무렵 잠깐 동안 일을 한 아들에게도 똑같이 밀가루 한 말을 주는 것을 보고는 입빠른 종 하나가 불쑥 나서면서 주인에게 항의했다.

"주인님, 저희 종들은 하루종일 일을 했고 도련님(아들)은 잠깐 동안만 일을 했는데 어찌하여 품삯을 차별하지 않고 똑같이 줍니까, 불공평합니다."
하고 주인에게 항의했다.

주인은 점잖게 타일렀다.

"너희 종들이 받아갈 품삯은 밀가루 한 말이 공정가격이 아니더냐? 이미 정해진 대로 주었는데 무슨 말이 많으냐? 그러나 내 아들에게는 내것을 주는데 너희들이 상관할 일이 아니지 않느냐. 내가 내 아들에게 밀가루 한 말을 주든 한 섬을 주든 너희들이 상관할 일이 아니니 그리 알고 모두들 입 다물고 돌아가거라." 하였다.

이와 같이 파순이도 인간이 태어나기 전에는 50퍼센트의 사랑으로 만족했는데 인간이 태어나 백 퍼센트의 사랑을 받아가는 걸 보고는 사랑의 감소감이 생겨 사고를 내고 만 것이다.

여기에서 파순은 친자녀인 남천(男天)과 여지(女地)를 유혹하여 죄를 짓게 하였고 아직 미완성한 자녀들은 파순의 유혹에 넘어가서 죄를 짓고 타락하고 말았다.

그리하여 파순은 악마가 되고 말았으며 인간도 그만 천지자녀의 자리에서 떨어져 악마의 자녀가 되고 말았다.
 이때부터 인간에게는 죄가 들어오게 되었고 영물인 마왕 '파순'은 인간을 점점 더 깊은 죄악의 구렁텅이로 끌고 들어감으로써 인간이 완전히 악마의 모습을 닮게 한 것이다.
 이렇게 되므로 말미암아 본래 인간을 낳은 부모는 천지부모인데 종으로 있던 파순이가 악마로 돌변하여 인간을 유괴하여 악마의 자식으로 삼았으니 인간을 길러 온 부모는 가짜 부모인 악마 파순이가 되고 만 것이다.
 이렇게 되자 인간은 진짜 부모인 천지부모도 대할 수 있고 가짜 부모인 악마도 상대할 수 있는 중간 위치에 머물게 된 것이다.
 그러므로 인간 스스로 노력을 하여 진짜 부모인 천지부모를 찾아 올라가서 행복을 누릴 수도 있고 반대로 가짜 부모인 악마의 노예가 되어 불행과 고통을 당할 수도 있는 중간에 놓인 것이다.
 이렇게 하여 인간의 몸과 마음속에는 선한 기운과 악한 기운이 다 함께 들어 있으며 또한 선한 마음과 악한 마음이 늘 싸우고 있는 것이다.
 어떤 사람이 길을 가다가 돈이 많이 든 지갑을 주웠다. 그러자 사심(邪心)이 말을 한다.
 "아무도 본 사람이 없으니 어서 빨리 주머니에 집어 넣어라. 그리고 공짜로 생긴 돈이니 창녀촌에 들어가서 며칠간 기분이나 실컷 풀어라. 가장 현명한 생각이야."
하면서 유혹을 한다.
 한편 양심과 본심은 만류를 한다.
 "그 돈은 주인을 찾아 주어라. 그 돈을 잃어버린 사람은 어렵게 번 돈이며 아들의 대학 등록금을 내려고 가던 중에 잃은 거야. 그 사람은 지금 매우 괴로워하고 있단 말이야. 빨리 돌려줘야 해."

이렇게 돌려주라고 한다.

여기에서 인간의 자유선택에 따라서 행복과 불행이 정해지는 것이다.

만일 악마가 조종하는 사심의 말을 듣고 그 돈으로 자기의 음욕(淫慾)을 충족시키는 데 사용하였다면 죄가 되는 것이다.

즉 다음에 병이 들거나 사고를 당하게 되면 돌려주지 않았던 그 돈의 액수만큼 병고에 시달리거나 사고를 당하여 재물 손실을 입게 되는 것이다.

이것은 천리법칙으로 정해져 있기 때문에 누구도 피할 수 없는 천법(天法)인 것이다.

또 범죄한 금액이 너무 많아서 자신이 당대에 다 못 갚을 입장이면 자식에게로 채무가 넘어가게 된다. 물론 자식도 다 못 갚을 경우에는 손자에게로 넘어가서 고통을 주게 된다.

보통 한 사람이 범죄하면 그 죄업의 기운이 7대까지 내려간다. 물론 더 큰 범죄는 14대까지 내려가는 수도 있다.

아무튼 혈통을 타고 내려오는 조상들의 죄업은 자녀나 후손을 통해서 반드시 다 갚을 때까지 병고(病苦)나 사고나 파산이나 횡액을 당하는 것이다.

이렇게 볼 때 오늘날 나는 부모와 조상 7대까지의 죄업을 상속받은 사람임을 깊이 깨달아야 한다. 그리고 죄업소멸을 위해 공(功)을 쌓지 않으면 안되는 것이다.

그럼 부모나 조상이 어떤 죄를 얼마나 지었을까?

여기에 대해서는 자신의 사주를 뽑아보면 상세하게 나온다.

예를 들어 본다.

年 月 日 時
丙 壬 丙 戊   癸甲乙丙丁戊己
午 子 子 子   丑寅卯辰巳午未

이 사주는 丙火日主가 子月에 출생하여 신약사주(身弱四柱)인데 용신은 비겁인 火가 된다.

용신(用神)이 火이므로 木은 희신(喜神)이 된다. 金과 水는 기신(忌神)이므로 흉하다.

재성과 관성이 흉신(凶神)이므로 관성(官星)은 조부모를 나타낸다.

그러므로 조부모의 죄업이 많이 있으니 소멸시켜 달라는 내용이 후손의 사주에 나타나 있다.

子水관성이 기신(忌神)이므로 조부 살아 생전에 여자사냥을 즐겨하여 음란죄를 너무 많이 범했다는 내용이 나타나 있다.

그러므로 이 업보를 손자가 갚지 않으면 안될 필연적인 운명을 타고난 것이다. 그럼 어떻게 하여야 조부의 업보를 소멸시킬 수 있는가?

그것은 조부가 지은 죄와 반대의 공을 쌓아야 한다.

즉 간음을 절대로 하지 말아야 하며 더 나아가서는 열남열녀(烈男烈女)의 길을 걸어가야만 그 업보는 소멸되는 것이다. 그 기간은 일생 동안 가야 한다.

사주팔자(四柱八字)를 반드시 보아야 할 이유는 여기에 있는 것이다. 필자는 이 말을 강력하게 주장한다.

다시 본래 이야기로 돌아가자.

인간은 진짜 부모인 천지부모와 가짜 부모인 악마의 중간 입장에서 자유선택을 할 기로에 서 있다고 했다.

그러나 실상 중간 입장이라고는 하지만 악마와 가까이 가는 길은 넓고 쉬우며 천지부모를 찾아가는 길은 좁고 어려운 것이다.

비록 천지부모가 전지전능한 즉시 인간을 구원하지 못하는 이유는 어디까지나 인간에게 자유를 허락한 천지법도의 기준이 있기 때문이다.

그러므로 인간 자신이 스스로의 노력으로 천지부모를 찾아 올라와서 복락을 누리거나 악마를 찾아가거나 하는 것은 어디까지나 인간 자신의 자유이며 인간 자신의 책임분담인 것이다.

악마 '파순'은 밤과 낮을 가리지 않고 인간을 유혹하며, 계속하여 범죄를 저지르도록 인도하고 있다.

그러나 악마도 아무런 조건 없이 인간을 상대할 수는 없는 것이다.

그럼 어떤 조건이 악마의 상대기준이 조성되는지를 알아보기로 하자.

거기에는 여러 가지가 있다.

천지부모를 지극히 사모하지 않으면 악마를 따르겠다는 조건이 성립되므로 지옥으로 끌려가게 된다.

육신을 낳아 준 부모에게 효도하지 않으면 악마를 따르겠다는 조건이 성립되므로 지옥으로 끌려가게 된다.

마음을 바르게 하지 않으면 악마와 친구가 되겠다는 조건이 성립되므로 지옥으로 끌려가게 된다.

자신의 능력과 분수를 모르고 날뛰면 악마의 시험을 당하게 된다.

제6장 살아계신 하늘 157

　남을 헐뜯거나 모함하면 악마의 노예가 되겠다고 맹세한 것이 된다.
　사람을 사랑하지 않거나 화합하지 못하면 악마가 침범하게 되어 있다.
　하늘이나 부모나 어른이나 상급자나 상사나 높은 벼슬을 한 사람을 공경하지 못하면 악마가 잡고 늘어진다.
　미신을 따르면 악마를 믿겠다는 조건이 성립된다.
　선(善)한 말을 전파하지 않으면 마귀가 노예로 생각한다.
　탐욕을 많이 가지면 악마가 기뻐한다.
　사기심을 많이 가지면 악마가 칭찬을 한다.
　이기심을 많이 가지면 악마가 많은 상을 준다. 즉 악마가 주는 상이란 병(病)을 말한다.
　증오심을 많이 가지면 악마가 친구처럼 가까이 온다. 즉 재앙이 가까이 온 것이다.
　교만한 마음을 많이 가지면 악마가 자기하고 많이 닮았다고 칭찬한다. 즉 악마가 하는 칭찬이란 저주를 말한다.
　원망하는 마음을 많이 가지면 악마가 표창장을 준다. 악마가 주는 표창장이란 불치의 병을 말한다.
　분노심을 많이 가지면 악마가 감사장을 준다. 악마가 주는 감사장이란 난치병을 말한다.
　시기질투심을 많이 가지면 악마가 공로상을 준다. 악마가 주는 공로상이란 주로 폐병을 말한다.
　사람을 죽이고자 하는 마음을 많이 가지면 악마가 승진을 시켜 준다.
　악마가 승진을 시켜 준다함은 결국은 살인죄를 저지르고 마는 것이다.
　간음이나 강간이나 간통 등 음란한 짓을 많이 하면 악마가 일등공신상과 개국공신상을 함께 준다.

악마가 주는 일등공신상은 저주를 말하며 개국공신상이란 성기(性器)를 불구로 만드는 것을 말한다.

악마란 본래 음란한 마귀이므로 인간이 음란한 죄를 범할 때 가장 기뻐하는 것이다.

이와 같이 마귀에게 상을 받거나 칭찬을 받으면 그 인간은 그만큼 깊은 지옥으로 떨어지게 되는 것이다.

많은 죄 중에서 간음죄 짓는 것을 악마는 가장 좋아한다.

그리고 인간에게 유혹하기를 간음을 많이 범하도록 유혹하고 있다.

그러므로 인간이 이러한 죄를 지으면 지을수록 점점 더 하늘과는 거리가 멀어지게 되고 악마와는 가까워지므로 병이 들지 않으면 사고를 당하거나 벼락을 맞게 되는 것이다.

악마는 천지부모의 원수이며 온 인류의 원수이다.

그러므로 인간은 누구나 어서 빨리 악마의 품에서 탈출하여 진짜 부모인 천지부모를 찾아가야 한다.

오늘도 밤잠을 못 주무시고 기다리는 천지어머니의 그 애달픈 사정을 알아야 한다.

행여나 돌아올까 하는 마음으로 대문을 열어 놓고 기다리는 천지아버지의 그 한(恨) 맺힌 사연을 깨달아야 군자가 될 수 있다.

어서 돌아가야 한다.

그러므로 나는 누구인가?

나는 가짜 부모인 악마의 품에서 용감하게 탈출하여 진짜부모인 천지부모를 찾아가야 할 숙명적인 나인 것이다.

2. 천지부모는 어떤 분인가?

   천지부모는 창세 전부터 스스로 계시는 분이다.
   영(靈)으로 계시므로 육안으로는 볼 수가 없고 오직 마음의 눈이 열린 사람만이 직접 볼 수가 있다.
   그럼 마음의 눈이 열린 입장에서 천지부모를 보았다면 어떤 모습일까?
   천지부모는 두 분이다.
   천지아버지가 한 분이며 천지어머니가 또 한 분이며 이 두 하늘을 합하여 천지부모라 부르고 있다.
   이 두 하늘은 이위일체(二位一體)이며 이체일심(二體一心)으로 계시는 것이다.
   또 천지부모의 능력을 신성(神性)이라 한다.
   다음은 천지부모의 신성(神性)에 대하여 살펴본다.
   천지부모는 이위일체일심(二位一體一心)이며 천지를 창조한 유일신(唯一神)이다. 모든 것이 천지부모 손길에 의해서 창조된 피조물인 것이다.
   그리고 언제 어디서나 살아 계시며 인간을 보살피는 무소부재(無所不在)한 분이다.
   또한 천지부모는 모든 것을 알며 모든 것에 능통하므로 무엇이나 만들 수 있는 능력이 있는 전지전능(全知全能)하신 분이다.
   그리고 우리 인간을 제일 먼저 낳아주신 인류의 진짜 부모이다. 인간의 그 행실을 살펴보아 복도 주고 화(禍)도 주는 일을 하는데 곧 인간의 생사화복(生死禍福)을 주관하는 분이다.

그리고 인간의 마음을 늘 살피면서 그 마음이 올바르면 장수하게 해주고 그 마음이 올바르지 못하면 빨리 죽도록 하시니 곧 인간의 명지장단(命之長短)을 다스리는 분이다.

인간은 윤리도덕을 지켜야 하므로 천지부모는 윤리도덕의 본체이다.

그리고 모든 피조만물은 모두 은혜를 받아야 살 수 있으므로 천지부모는 모든 은혜의 원천이다.

천지를 창조할 때 법도와 사랑으로 창조하셨으므로 천지부모는 참사랑의 근원이며, 그리고 피조물은 모두 창조된 것이므로 모든 생명은 천지부모로부터 나오는 것이므로 생명의 원인자이다.

또한 대우주를 운행하는 모습을 보면 한치의 오차도 없이 질서정연하게 운행되므로 천지부모는 천리법도의 하늘이다. 성경에 보면 천지부모를 가리켜 '여호와 하나님'이라고 부르고 있다.

또한 불교에서는 청정법신불(淸淨法身佛)이라고 표현하고 있다.

공자는 천지부모를 가리켜 하늘(天)이라고 불렀다.

또한 주역에서는 천지부모를 가리켜 태극(太極)이라고 부르고 있다.

그리고 선가(仙家)에서는 천지부모를 가리켜 대자연(大自然)이나 무위(無爲)라고 표현하기도 했다.

그리고 어느 종교에서는 천지부모를 가리켜 '하늘님', '상제님', '일원상(一圓相)' 등으로 부르기도 한다.

또는 사람에 따라서는 부르는 명칭이 다른데 '우주의 주인'

이라고 부르는 사람도 있고 '절대 정신'이라고 보는 철학자들도 있다.

예수는 '하나님 아버지'라고 불렀으니 곧 천지아버지를 나타낸 표현이다.

또 어떤 시인은 '우주의 어머니'라고 부르기도 하는데 이것은 천지어머니를 보았기 때문이다.

어떤 사람들은 천지부모를 가리켜 사랑이 많은 분이라고 하기도 하고 또는 자비가 많은 분이라고도 하는데 이것은 천지어머니의 모습만 보았기 때문이다.

또 어떤 사람은 천지부모를 가리켜 엄격하며 천리원칙밖에 모르는 무서운 신(神)으로 말하는데 이것은 곧 천지아버지의 모습을 본 것이다.

그리고 천지아버지와 천지어머니는 항상 함께 다니며 천지의 큰 부부이며 인류의 큰 부모이며 모든 피조물이 경배드려야 할 참생명의 주인이다.

천지아버지와 천지어머니는 나누어 보면 이위(二位)이나 합하여 보면 일체일심(一體一心)이다.

이상에서 본 바처럼 천지부모에 대하여 여러 가지 각도에서 살펴보았다.

궁극에는 한 분의 천지부모를 놓고 종교가 다름에 따라 각양각색으로 그 이름이 다르게 되어 있다.

온 인류는 한부모 밑에서 한형제의 기운을 받고 살아가는데 종교가 다르다는 이유 하나 때문에 서로가 적대시하는 것을 볼 때 참으로 서글픈 일이다.

심지어는 같은 종교를 믿으면서도 교파가 다르다는 이유 하나만으로 이단(異端)이라면서 배척하는 것을 볼 때 실로 탄식과 한숨밖에 나올 것이 없다.

온 천지는 오직 천지부모로 말미암아 창조된 것이므로 어느 것 하나도 천지부모를 닮지 않은 것이 없다.

그러므로 온 인류는 한형제이므로 진실로 사랑을 해야 하는 것이 천리원칙(天理原則)이다. 사실 천지부모를 생각하면 온 인류는 나의 친형제이며 원수는 있을 수 없다.

이렇게 볼 때 사람을 진정으로 사랑해야 한다는 결론이 나오는 것이다.

또한 천지부모는 모든 것을 다 아시는 우주의 유일한 신(神)이기 때문에 누가 착한 사람이며 누가 나쁜 사람이며 또는 누가 복을 받을 사람인지 또는 누가 벼락을 맞을 사람인지를 잘 알고 계신다.

그러므로 사람이 사람을 함부로 심판한다는 것은 옳지 않으며 모든 것은 천지부모께서 하실 일이다.

또한 천지부모는 천지간에 어디에나 아니 계신 곳이 없으므로 인간은 언제 어디서나 올바른 마음으로 살아야 한다. 아무도 모르는 혼자만의 비밀스런 일이라도 천지부모는 다 알고 계신다는 것을 확실히 깨달아야 진실로 참사람이 되는 것이다.

어느 회사의 교훈에 이런 말이 있다.

'보지 않는 곳에서 진실하자'

참으로 의미 있는 말이다.

또한 천지부모는 인간의 마음의 주인이다. 그러므로 마음을 올바르게 가져야 상대하여 주는 것이다.

또한 천지부모는 우리 인간의 영원한 부모이다. 영원 전에도 계셨고 지금도 살아서 우리를 보살펴 주시며 영원 후에도 살아서 역사하는 분이다.

지금까지 인간은 타락으로 말미암아 영안이 어두워서 가짜 부모인 악마를 섬겨 오다 보니 죄를 짓게 되었다.

간음을 하며 살인을 하며 시기질투를 하며 원망을 하게 되었다. 이런 범죄를 지은 것은 악마의 노예가 되어 자신도 모르는 사이에 범죄하게 되는 것이다.

그러므로 늘 깨어 있어야 악마의 침범을 막을 수 있는 것이다. 이처럼 인간이 천지부모를 알지 못하고는 결코 인생문제나 역사문제나 남녀간의 문제, 청소년의 문제 또는 인종차별문제, 환경문제 등 모든 문제를 풀 수 없는 것이다.

천지부모를 모르면 인간이 무엇 때문에 태어났는지도 모르게 되며 왜 죽는지도 모르게 된다.

또한 천지부모를 알게 되면 사람이 어떻게 살아야 행복하게 살 수 있다는 것도 알게 된다.

또한 수명이 길어 장수하거나 수명이 짧아 요절하는 것도 모두 천지부모가 관장하지만 그 사람의 마음 자세에 따라 명지장단을 정하는 것이다.

세상은 은혜로 구성된 은혜의 동산이다. 하늘의 무량한 은혜와 부모님의 가없는 은혜 그리고 사람들의 은혜, 만물의 은혜 등 많은 은혜 속에서 살아간다. 그러나 은혜 중에서도 가장 근본된 것은 천지부모의 무량한 은혜이다. 이 은혜를 악인이나 선인에게 골고루 내려주지만 다만 인간들이 마음문을 꼭 닫고 있는 탓으로 못 받을 뿐이다.

그리고 천지부모는 사랑의 원천이다. 사람은 사랑을 느끼며 살아간다.

부모가 자식을 낳고 키우는 것도 사랑 때문이며 부부가 서로 화합(化合)할 수 있는 것도 사랑 때문이다.

자식을 사랑하기 때문에 자식을 위해 온갖 수고와 노력을 다하는 것이며 심지어 자식을 위해 목숨까지도 대신할 수 있는 것이 바로 사랑이다.
　이와 마찬가지로 천지부모는 사랑의 원천이므로 인간이 만일 천지부모의 사랑을 한번 맛보는 날에는 세상 모든 근심 걱정을 다 잊어버릴 수도 있으며 또한 희망이 생겨나기도 하는 것이다.
　세상의 인심을 보더라도 부모는 자식을 위해서 사는 것과 마찬가지로 천지부모는 자식인 인간을 위해 살아서 역사하시는 것이다.
　그리고 이 천지간에 존재하는 모든 생명들은 천지부모로부터 부여받았다. 그러므로 나의 목숨은 내 것이 아니다. 생명의 주인은 천지부모이므로 오직 하늘을 위해 살아야 하는 것이다. 그러므로 자살(自殺)을 하고 싶어도 못하는 것이다. 왜냐하면 내 목숨이 아닌데 내가 마음대로 죽일 수 없기 때문이다. 영계에 가서 보면 자살한 영혼에게는 죄가 몇 배로 가중되는데 그 이유는 천지부모의 목숨을 자기 마음대로 죽였기 때문이다.
　필자는 명리학(命理學)의 감정사이다. 직업이 감정사이다 보니, 자연히 천체의 운행에 대하여 남다른 관심을 가지게 되었다. 이 우주가 생성된 이후로 한치의 오차도 없이 질서정연하게 운행되고 있는 것을 볼 때 이 모든 만물과 우주를 창조하신 천지부모의 그 무한하고 정확한 능력에 나도 모르게 감탄하지 않을 수 없었다.
　끝도 없이 넓고도 넓은 우주 속에서 유일하게 인간을 가장 귀한 존재로 만들고 사랑하는 것을 볼 때 그 무량한 사랑 앞에 감사하지 않을 수 없다.
　궁극에는 우주의 주인 한 분을 놓고 그 보는 각도나 신앙 상태에 따라서 부르는 이름이 조금씩 다를 뿐이지 결국은 천지부모를 말하는 것이다.
 하나님이나 청정법신불이나 하늘이나 태극이나 대자연이나 일원상이나 절대적 자리는 모두 천지부모를 표현한 이름일 따름이다.
 이러한 것을 알지 못하고 종교인들간에는 자기가 믿고 있는 그 신앙의 대상만이 제일이라고 하다 보니 남의 종교나 신앙은 무조건 미신이라고 몰아붙이는 것은 아직도 속이 좁은 소인배에 불과할 따름이다.
 하나님을 믿는다는 사람이 청정법신불을 믿는 불교인을 놓고 미신을 숭배한다고 비난하는 것을 볼 때 이것은 결국 자기가 믿고 있는 하나님에게 침을 뱉는 것과 다름이 없다.
 또한 하나님을 믿으며 같은 성경을 공부하는 사람들끼리 교파가 다르다는 이유 하나만으로 적대시한다는 것은 자기가 쌓은 공덕을 까먹는 꼴이 된다.
 부처님을 믿는다는 사람이 하나님을 믿는 사람을 놓고 우상이라고 비난한다면 그 사람은 참으로 어리석은 사람이다. 신흥종교는 다 이단이며 사이비라고 비난하는 것도 종교의 참뜻을 모르는 사람이며 하늘을 대적하는 꼴이 되므로 조심할 일이다. 오래된 종교라야 무조건 정통종교라고 생각하는 것도 한번 깊이 각성할 일이다.

기 도

천지부모이신 하늘이시여
 온 세상이 죄악의 물결로 가득하나이다.
 이때를 당하여 하늘께서 각종 종교를 세우시어 고해(苦海)에 빠져 허덕이는 인간들을 구원하시기 위하여 성현들을 보내주심을 감사하나이다.

부처님을 이 땅에 보내주심을 감사하나이다. 부처님은 위대한 성인이시므로 태어나 열반에 들기까지 인간으로서는 부족함이 없는 복락을 스스로 사양하고 유성 출가하시어 스스로 대도정각을 이루시어 불생불멸과 인과보응의 진리를 깨달으시고 중생제도 사업을 49년 동안 하셨나이다.

수행하는 도중에 마왕 '파순(波旬)'의 무수한 시험도 다 극복하시고 그 어떤 역경도 오직 구도 일념으로 정진하사 드디어 대각 여래가 되셨나이다.

부처님은 원만한 불도(佛道)로 많은 제자를 만나셨고 세수(世壽)도 원만한 수도열반에 드신 복과 혜(慧)가 쌍족하신 위대한 성인이심을 믿나이다. 또한 공자님을 보내주심을 감사하나이다. 효도에 대한 말씀을 많이 하신 공자께서는 자신을 몰라 주어도 끝까지 뜻을 펴기 위하여 주유천하 하실 때 당하신 그 고난도 아랑곳않으시고 오직 인의대도(人義大道)를 세워야 한다는 일념으로 일생을 사신 것을 저희들은 아옵나이다.

인(仁)은 곧 사람을 사랑하는 것이라고 가르쳐 주셨고 효는 백행(百行)의 근본이라고 가르쳐 주셨나이다.

공자님의 그 보배로운 말씀이 담겨져 있는 〈논어(論語)〉는 대성경(大聖經)임을 믿고 있나이다.

또한 예수님을 보내주심을 감사하나이다. 하늘과 인간의 관계를 부자(父子)의 인연으로 맺어 주시고 모든 인류의 죄를 대속하기 위하여 죽음을 자청하신 큰 뜻을 알고 있나이다.

오신 목적은 하늘의 큰 뜻을 이루려 하셨지만 '세례 요한'의 실수와 제사장·교법사들의 무지로 말미암아 1차의 목적은 비록 못 이루셨다지만 십자가의 길을 가심으로써 2

차 목적이나마 이루신 것을 알고 있나이다. 그러므로 예수께서 다시 재림을 해야 하는 이유는 1차 목적을 이루어야 할 천적인 뜻이 있기 때문이나이다.

천지의 대주제이신 하늘이시여

이처럼 성현들이 오신 목적은 모두 인간을 구제하기 위함인데 오늘날 종교인들간에는 왜 이렇게 화목하지 못하고 충돌하나이까. 이것은 세 분 성현들의 참뜻을 몰라서 그러한 줄로 알고 있나이다. 어서 빨리 모든 중생들도 깨어나서 온 인류는 한형제라는 것을 바로 깨닫게 도와주시옵소서.

종교전쟁이 일어난다는 것은 하늘에다 못을 박는 것과 같나이다. 어서 빨리 모든 사람들이 좀더 마음을 넓게 가져서 하늘의 큰뜻을 바로 깨닫게 도와주시옵소서.

또한 신흥종교는 무조건 이단이며 사이비라고 하는 것도 회개하게 해주시옵소서.

모든 인류가 사랑으로 화합되고 창세 전의 그 이상세계가 어서 빨리 전개되도록 하늘이시여

은혜 베풀어 주시옵소서.

일심으로 비옵나이다.
일심으로 비옵나이다.
일심으로 비옵나이다.

그러므로 나는 누구인가?
나는 모든 종교를 초월하여 모든 사람을 참사랑으로 품을 수 있는 하늘의 아들로 거듭 나야 할 나인 것이다.

3. 역사(歷史)란 무엇인가?

인류 역사는 무엇인가.
이 말속에는 상당히 범위가 넓게 나타난다.
흔히 역사라고 하면 어떤 개인이나 국가가 흘러온 기록이라고 한다. 그러나 역사의 참뜻을 알고자 한다면 역사의 배후에 큰 힘이 있어서 역사를 이끌어 나왔다는 것을 알 수 있다.
쉽게 말하자면 인간의 배후에는 선신(善神)이신 천지부모와 악신(惡神)인 마왕과의 투쟁으로 엮어진 역사이다.
그러므로 인류 역사는 선과 악의 투쟁 역사인 것이다.
본래는 선한 역사로만 엮어져야 하는 것이 당연하지만 인간이 타락하여 죄인이 됨으로써 하늘도 상대할 수 있고 악마도 상대할 수 있는 중간 입장에 처하게 되었다.
그리하여 사람 하나를 놓고 하늘과 악마가 서로 빼앗기 위한 투쟁 속에서 엮어져 내려왔으니 하늘이 승리할 때는 선한 역사가 엮어져 내려오고 때로는 악마가 승리하면 악한 역사가 엮어져 내려오게 되는 것이다.
즉 하늘과 악마가 중간에 인간을 놓고 서로 치열하게 싸울 때 인간이 과연 어느 쪽으로 마음의 방향을 돌리느냐에 따라서 선한 역사 또는 악한 역사가 전개되는 것이다.
예를 들면 성군(聖君)이 통치할 때는 선한 역사가 전개되고 악한 왕(王)이 통치할 때는 악한 역사가 전개되는 것이다.
인간이 늘 두 마음의 갈등 속에서 살게 되는 이유도 이처럼 인간의 배후에는 선한 하늘이 있는가 하면 반대로 악한 마왕이 함께 역사하고 있기 때문이기도 하다.
 그러나 선과 악의 역사가 영원히 계속되는 것은 아니다.
 멀지 않아 마왕을 무저갱에 잡아 가두기만 하면 인류 역사의 악한 역사는 종말을 고하고 선한 역사만 엮어지게 되는 것이다.
 그러므로 인간의 마음자세와 노력이 필요하다.
 인간에게 조그마한 허점이나 악마가 상대할 수 있는 죄의 모습만 보이면 인간을 자기편으로 이끌고 가서 역사를 망치려 하고 있기 때문이다.
 그러므로 인간들은 모두 열심히 마음을 닦고 선업을 쌓아 악마를 물리치고 죄악의 두루마기를 벗어 버리고 천지자녀의 자리를 회복하면 그때부터는 악한 역사는 영원히 없어지고 선한 인류 역사만 기록되는 것이다.
 악마도 역사를 점령하여 내려오고 있지만 최종적인 거점은 인간의 악한 마음인 것이다.
 그러므로 마음 공부를 잘해야 하며 모든 성현들이 마음을 바르게 가지라고 가르쳐 왔던 것이다.
 인간의 마음이 바르지 않고서는 결코 선한 역사를 엮어 낼 수가 없는 것이다.
 인류 역사와 마찬가지로 개인의 역사를 보더라도 이미 사주(四柱)의 운세가 70퍼센트는 그 사람의 운명으로 정해져 있지만 그 사람의 노력 여하에 따라 30퍼센트는 항상 변동이 있는 것이다.
 또한 인류 역사도 이미 배후에서 선신과 악신과의 싸움으로 결정되는 것이 70퍼센트이고 인간의 노력, 즉 선업을 쌓느냐 악업을 쌓느냐에 따라서 30퍼센트의 변동이 일어날 수 있는 것이다.

개인의 역사를 사주를 통하여 알아본다.

年　月　日　時
丙　乙　壬　壬　　　丙丁戊己庚辛壬
子　卯　寅　寅　　　辰巳午未申酉戌

이 사주를 보면 壬水일주가 印月에 출생하여 신약사주다.
사주에 식상(食傷) 木은 왕성하고 일주는 설기(洩氣)를 많이 당하며 심히 미약하다.
金과 水는 길하고 木과 火는 흉하다. 土운도 흉하다.
태어나면서부터 己未 대운까지 약 40세까지는 고난의 길을 걸어가야 할 운명이며 그 이후는 양호하며 즐겁고 편안히 살 팔자이다.
이렇게 그 사람의 개인 역사는 정해져 있다.
그러나 여기에서도 상당한 변동은 있을 수 있다.
사람이나 인류 역사가 이미 변동할 수 없는 고정된 부분이 70퍼센트이고 인간의 노력으로 변동시킬 수 있는 부분이 30퍼센트이기 때문이다.
그러므로 이 사주의 주인공 같은 경우를 보면 태어나서 40세가 될 때까지는 고난의 길을 갈 수 있는 가능성이 70퍼센트이고 열심히 노력하면 평안의 길을 갈 수 있는 가능성은 30퍼센트인 것이다.
그러나 만일 그 사람이 노력도 하지 않고 자행자지하면서 살게 되면 백 퍼센트 고난의 연속이다.
그러나 마음을 바르게 가지고 적선과 음덕을 쌓으며 신심(信心)을 굳게 가지면 고난 속에서도 30퍼센트 평안을 회복할 수 있다.

이 사주는 식상木이 기신(忌神)이므로 고조부 때 권력을 남용하여 백성들의 피를 빨아먹고 살았으므로 그 죄업이 후손의 사주에 기신으로 나타나 있는 것이다.

기신으로 나타난다는 것은 그 죄업을 후손인 사주의 주인공이 갚아야 할 빚인 것이다.

조상과 후손은 공동운명이므로 설사 조상이 지은 죄이긴 하나 혈통의 인연 때문에 후손이 반드시 갚도록 천법에 정해져 있는 것이다.

이와 같이 사주를 보면 자신이 태어난 목적과 어떻게 살아야 하며 왜 이러한 고난을 당해야 하는가에 대하여 상세하게 알 수 있으며, 더 나아가서는 조상들의 선악간 업보를 알 수 있는 것이다.

그러므로 개인의 역사는 자기의 부모와 조상들의 업보를 소멸시켜야 할 책임과 의무가 있는 것이며 인류 역사는 인간 조상과 지금까지 왔다 간 사람들의 죄업까지 모두 청산해야 할 책임이 지상에서 육신을 쓰고 있는 사람들에게 있다는 것을 알아야 한다.

또한 인간의 배후에는 자신이 알지 못하는 가운데 하늘과 악마가 서로 차지하려고 치열한 싸움을 하고 있다는 사실을 깨달아서 빨리 악마와의 관계를 깨끗이 청산하고 나의 진짜 부모이신 하늘 품으로 돌아가야만 개인의 역사도 선하게 엮어지며 인류 역사도 선하게 될 수 있는 것이다.

그러므로 나는 누구인가?

나는 죄악의 역사에 종말을 고하고 선한 인류 역사를 만들어 가야 할 책임이 있는 나인 것이다.

제 7 장
회복(回復)의 길

1. 당연(當然)한 고통

 사람이 살아가다 보면 원하지도 않았는데 불행하게 태산 같은 질병에 걸려 고통을 당하며 무서운 공포에 빠지기도 한다. 그것은 죽는다는 것이 두렵기 때문이다.
 그러므로 생각지도 않았는데 불행한 사고를 당하여 걸어다닐 수 없게 되었을 때 그 충격은 얼마나 크겠는가.
 그리고 하던 사업이 부도를 당하여 하루아침에 알거지가 되기도 하고 욕심을 부리다가 범죄를 저질러 감옥에 들어가기도 하고 때로는 재수가 없어 벼락을 맞아 죽기도 한다.
 이러한 불행을 당하면서 살아가는 것이 인생이다.
 태어났으니 안 살 수도 없고 살자니 너무나 고통이 심하고 죽어 버릴까 하는 생각도 수없이 많이 하게 된다.
 그 당하는 경중(輕重)의 차이는 있을지언정 누구나 비슷비슷하게 고통을 당하며 살아가고 있는 것이다.
 그럼 왜 인간에게 이렇게 원치 않는 불행이 찾아오는 것일까? 그 이유는 인간이 본래적인 길을 가지 않고 있기 때문이다.
 인간은 본래 천지부모의 사랑을 받으며 은혜 속에서 행복하게 살도록 되어 있었다.
 그런데 천지부모의 품안에서 뛰쳐나와 악마와 짝이 되어 죄악자녀로 살아가다 보니 그 인생살이가 고통을 당하게 된 것이다.
 부모의 품안에서 살면 심하게 노동도 시키지 않을 것이며 갈비뼈가 부러지도록 심한 매질도 하지 않을 것이며 밥을 굶기지도 않을 것이다.

도리어 자식이 힘들까봐 건강을 지키는 정도의 운동을 시키며 영양가 풍부한 식단을 준비하여 주기도 하며 바른길로 가도록 늘 훈계도 하며 좋은 의복을 입히며 사랑과 은혜로 키워 줄 것이다.

그러므로 부모의 품안에서 살면 더 이상 행복이 없을 것이다. 설사 조그마한 잘못이 있다 해도 부모가 책임을 지며 보살펴 주시는 것이다.

다만 효자효녀만 되면 그것으로 만족하는 부모인 것이다.

그런데 그 부모의 품을 떠나 악마의 소굴에 들어가서 살아보니 고달프기가 한이 없는 것이다.

음식이 부족하여 늘 배고픔을 당해야 하며 옷도 제대로 없으므로 누더기를 입고 살아야 하며 거처할 곳도 마땅치 않아 다리 밑이나 바위 밑에서 잠을 자야 하니 그 생활이 오죽이나 고통스럽겠는가.

그리고 힘에 겨운 심한 노동을 하다 보니 지쳐 쓰러져 죽을 지경이다.

너무나 힘이 들어 지치게 되면 악마는 더 많이 일을 하지 않는다고 몽둥이로 사정없이 두들겨 패니 갈비뼈는 이미 절반 이상이 부러졌고 다리며 사지 백체 어느 한 곳도 멀쩡한 곳이 없는 병신이 된 몸으로 살아가는 것이 오늘날 인류의 실상이다.

또한 악마는 원래가 음란한 마귀이기 때문에 인간에게 음란한 짓을 하려고 밤낮 성충동을 일으키도록 기운을 불어 넣고 있다.

그리고는 밤낮을 가리지 않고 음란한 생각만 하도록 늘 음란한 기운을 발동시키는 것이다.
  본래 인간에게 가장 귀중한 것이 사랑이며 성기(性器)였는데 악마는 이 귀중한 것을 가장 나쁘고 더럽게 짓밟아 버리고 말았던 것이다.
  사람들이 욕설을 하는 것을 보면 모두 성기를 저주하는 욕을 하게 되는데 이것도 악마가 가장 귀중한 것을 가장 천하게 만들어 버렸기 때문이다.
  인간에게 본래 가장 귀중하게 만들어 준 것이 남녀의 성기(性器)였다. 천지부모도 인간을 만드시고는 제일 먼저 성기를 축복하셨다.
  "사랑의 본궁(本宮)이 되고 생명의 본궁이 되며 혈통의 본궁이 되라."
고 축복을 하셨으니 실로 인간에게는 가장 귀중한 곳이 남녀간의 성기였다.
  그런데 악마가 이 귀한 인간의 성기를 타락시키고 말았다. 즉 가장 나쁘게 사용하도록 인간을 유혹하였던 것이다. 악마의 유혹에 넘어간 인간은 음란으로 죄를 범하고는 천지부모를 대할 면목이 없다 보니 악마와 짝을 이루게 되었으며 악마와 친구가 되어 살다 보니 고통을 당할 수밖에 없는 처지가 된 것이다.
  인간이 이러한 고통의 세계에서 머물러 있는 이상 영원히 고통으로 살아갈 수밖에 없는 것이다.
  이러한 고통을 면하려면 어서 빨리 악마의 품에서 용감하게 뛰쳐나와야 한다.
  그리고 열심히 수도정진(修道精進)을 통하여 지금까지 지은 모든 죄를 소멸시키고 깨끗한 두루마기로 갈아입고 본래 영원한 내 자리인 천지자녀의 자리를 회복해야만 모든 고통이 사라지는 것이다.

　천지부모를 찾아가는 길이 비록 고통스럽고 험난하며 괴로움이 파도처럼 밀려온다 해도 모든 난관을 오직 믿음〔信〕하나로 해결하고 나아가야 천지부모의 손을 잡을 수 있는 것이다.

　일단 천지부모의 손을 잡기만 한다면 그다음은 쉽게 올라갈 수 있는 것이다.

　천지부모는 위에서 손을 내밀고 있다. 그런데 그 손이 내려온 곳이 위에서부터 아래로 70퍼센트 정도까지만 내려와 있는 것이다.

　그러므로 인간이 땅에서 열심히 노력하여 올라가야 할 부분이 30퍼센트 높이까지이다.

　30퍼센트의 높이까지는 누구도 도와줄 수가 없다. 오직 자신의 지혜와 능력을 동원하여 올라가야 인간 책임분담을 완수하게 되는 것이다.

　인간 책임분담으로 30퍼센트까지는 올라가야만 천지부모와 손을 잡을 수 있는 것이다.

　그러므로 타락한 중생이나 범부나 죄인들은 어떻게 하든지 최선을 다하여 30퍼센트까지는 자신의 노력으로 올라가야 천지부모와 손을 맞잡을 수 있는 것이다.

　그 올라가는 수단과 방법이 절대적인 믿음이며 정성어린 기도이며 정신 맑히는 좌선이며 깨어나는 철야기도이며 염불하는 것이며 금식정성을 드리는 것이며 선행을 하는 것이며 열심히 전도하는 것이며 십일조 헌금을 하는 것이며 불공을 드리는 것이며 보시를 하는 것이다.

　이처럼 인간이 천지자녀의 자리를 회복하기 위해서는 이와 같은 고통을 당연한 것으로 생각하여 받아들여야 하는 것이다.
 이처럼 당연한 고통을 당하게 되어 있다는 각오를 하고 열심히 마음을 닦아 올라가야 한다.
 쉬지 말고 기도해야 하며 모든 일에 감사해야 하며 용기백배한 기분으로 전진해야 한다.
 악마의 고통과 시련을 인간 자신의 능력으로는 감당하기가 매우 어렵다. 그래서 천지부모는 악마를 이길 수 있는 무기를 주셨는데 이것이 곧 천문(天文)이다.
 이 천문을 많이 소리내어 암송하면 그 기운으로 천지부모의 도움을 받아 악마를 이길 수 있는 것이다.

〈천문(天文)〉
천지부모내조아(天地父母來助我)
수호신령내조아(守護神靈內助我)
옴~급급여율령(唵~急急如律令)

 그러므로 나는 누구인가?
 나는 천지자녀의 본래 자리를 회복할 때까지 어떤 고통도 감수하며 쉬지 말고 천문(天文)을 천만 번 암송해야 할 나인 것이다.

2. 천지부모는 구하면 주신다

年　月　日　時
戊　丁　戊　壬　　　戊己庚辛壬癸甲
戌　未　申　子　　　申酉戌亥子丑寅

이 사주의 주인공 이름은 이만석(李萬石)이라 한다.

이 사람이 태어나자 그 부친이 역술가(易術家) 친구를 초청하여 사주와 관상을 보게 했다.

그 역술가는 사주를 뽀보고는 매우 기뻐했다.

쌀 만 섬의 부자사주를 타고났으므로 그 이름을 '만석'이라고 짓게 했다.

그 부모는 만석이를 안고 다니면서 늘 말하기를,

"너는 장차 만석꾼이 될 부자이니 아무 걱정 하지 말아라."

고 했다.

어려서부터 늘 들어온 소리이므로 기분이 매우 좋았다. 그래서 매일 놀기만 했다. 물론 공부도 하지 않았다.

농사일은 손끝 하나 움직이지 않았다.

어차피 때가 되면 큰부자 될 팔자인데 귀찮게 일을 해선 뭘 하느냐는 식이었다.

이윽고 부모님이 돌아가셨다. 만석이는 아무 일도 하지 않았으므로 농사일을 할 줄 몰랐다.

그래도 걱정이 되지 않았다.

어차피 때가 되면 부자가 될 것은 뻔한데 걱정할 필요가 있느냐는 식이었다.

얼마 되지 않는 전답과 집을 팔았다.

그리고는 전답 판 돈으로 양식도 사고 옷도 사입고 가끔 기생집에도 심심찮게 드나들다 보니 돈은 이느새 바닥이 나고 말았다. 이제 가진 것이라곤 아무것도 없다. 완전히 거지가 된 것이다. 그래도 만석이는 걱정하지 않았다.

조금만 더 지나면 큰부자가 된다는 믿음을 갖고 있었다. 비록 깡통을 들고 동냥을 할지언정 걱정은 하지 않았다.

그러다가 병이 들었다.

다리 밑에서 새우잠을 자면서 병마와 싸워야 했다. 배는 고프지만 어느 누가 밥 한술 갖다 주는 사람이 없었다.

병이 들었으니 움직일 수가 없으므로 동냥질도 못하고 그냥 굶고만 있었다.

드디어 만석꾼 팔자를 타고난 만석은 굶어 죽고 말았다.

사주를 보면 戊土일주가 未月生이고 신강사주에다 壬子水 재성이 왕성하고 식신金이 생조하므로 큰부자 사주임에 틀림없다.

이렇게 좋은 사주를 타고난 사람인데 어찌하여 굶어 죽어야 했을까?

한번 생각해 볼 문제이다. 이 문제에 대해 필자는 자신있게, 논리정연하게 설명할 수 있다.

인간에게 운명이 정해지는 것도 천지부모에 의해서이다. 즉 인간에게 점지하는 사주의 기운이 70퍼센트이다. 그러므로 이 70퍼센트는 선천적인 운명이므로 인간의 노력으로 어떻게 할 수 없는 요지부동의 기운이다.

그리고 인간에게는 후천적으로 인간 책임분담이라는 부분으로 30퍼센트가 허락되어 있다.

그러므로 사람의 운명은 선천적인 70퍼센트와 후천적인 30퍼센트의 노력이 합해야만 완전한 백 퍼센트의 운명이 엮어지는 것이다.

즉 30퍼센트의 노력이 들어가야만 70퍼센트의 선천적인 운세도 받을 수 있는 것이다. 다시 말해서 사람이 아무리 좋은 사주팔자를 타고났다 해도 인간의 노력 부분인 30퍼센트의 책임을 못하면 결국은 원래 타고난 70퍼센트의 좋은 운세도 못 받는다는 결론이다.

그러므로 노력이 얼마나 중요한가를 다시 한번 강조하고 싶다. 이것은 곧 천지부모가 만든 천리 원칙이며 이치인 것이다. 이러한 법칙을 이해한다면 인간의 입장에서는 최선(백 퍼센트)의 노력을 다해야 선천적으로 타고난 좋은 운세를 받을 수 있다는 것을 알 수 있다.

앞에서 본 이만석(李萬石)의 경우를 보면 사주팔자는 비록 부자가 될 가능성을 70퍼센트 타고났으나 개인의 책임분담인 노력 부분의 30퍼센트를 전연 하지 않았으므로 결국은 부자될 70퍼센트의 가능성마저도 못받고 거지로 살다가 굶어 죽게 된 것이다.

이와 마찬가지로 사람이 열심히 노력으로 구하지 않으면 천지부모도 본래의 가능성으로 허락한 길운(吉運) 70퍼센트마저도 거두어 간다는 것을 알아야 한다.

그래서 예수께서는 마태복음 제7장 7절에서 이렇게 말씀하셨다. (공동번역, 개정판 참조)

구하라 받을 것이다
찾으라 얻을 것이다

문을 두드리라 열릴 것이다
누구든지 구하면 받고
찾으면 얻고
문을 두드리면 열릴 것이다
너희 중에 아들이 빵을 달라는데
돌을 줄 사람이 어디 있으며
생선을 달라는데 뱀을 줄 사람이
어디 있겠느냐
너희는 악하면서도 자기 자녀에게
좋은 것을 줄줄 알거든
하물며 하늘에 계신 너희
아버지께서야 구하는 사람에게
더 좋은 것을 주시지 않겠느냐.

이처럼 인간이 구할 때만이 천지부모도 줄 수밖에 없는 것이 천리법칙인 것이다.
인간이 본래의 천지자녀 자리를 회복하는데도 천지부모의 구원의 손길과 인간이 최선을 다해야 하는 노력이 합해질 때 그 목적이 이루어진다는 것을 명심해야 한다.
즉 노력하지 않고는 아무것도 할 수 없고 모든 것에 실패하게 된 것이다. 사주팔자의 운세란 다만 그렇게 될 수 있는 가능성으로 미리 알려줄 뿐이며 궁극에는 인간의 노력에 따라 성패가 좌우되는 것이다.
그러므로 나는 누구인가?
나는 천지자녀의 자리를 회복할 때까지 인간 책임분담인 노력에 최선을 다해야 할 나인 것이다.

3. 진리의 배달부(配達夫)

　많은 사람들 중에서 극소수의 수도인(修道人)들만이 하늘과 일문일답(一問一答)을 하고 있는 것이다.
　그러므로 하늘과 통하는 사람은 즐거워하며 고통을 잊어버리고 하늘을 따라가지만 그 외에 하늘과 관계가 완전히 끊어져 통하지 않는 사람들은 은사를 받을 수 없다.
　그러므로 먼저 깨달음을 얻고 하늘과 통한 사람이 선지자(先知者)의 길을 가야 하는 것이다.
　즉 먼저 깨달은 사람은 하늘로부터 받은 진리나 은혜를 모든 사람들에게 전달해야 할 사명이 따르게 되는 것이다.
　하늘이 성현을 택한 목적은 성현 한 사람만 복되게 잘 살도록 하기 위한 것이 아니고 그 성현을 통하여 모든 인류를 구하고자 하는 데 그 뜻이 있는 것이다.
　예수님의 경우를 보아도 알 수 있다.
　예수님은 하늘의 사랑하는 독생자이다.
　하늘이 독생자를 이 땅에 보내주신 참뜻은 누구든지 예수님을 믿어 구원을 받기를 원하는 것이 하늘의 뜻이다.
　즉 예수보다도 인류에게 더 큰 뜻이 있었던 것이다.
　물론 예수님과 인류 모두를 구하고 싶은 것이 하늘의 마음이지만 모두 다 구할 수 없는 처지에 놓이게 되자 하늘은 무한한 자비를 베푸신 것이다. 차라리 독생자 예수님을 십자가의 재물로 내주는 한이 있더라도 온 인류를 구하려 한 것이다.
　반역무도한 인간들을 버리지 아니하고 품으려는 하늘의 그 무량한 사랑은 무엇으로도 표현할 수 없는 높고 큰 사랑이다.
공자를 세우신 하늘의 뜻은 어떠한가.
중원천지를 구원하기 위한 하늘의 손길이 공자를 통하여 나타난 것이다. 공자를 세워 모든 창생으로 하여금 인(仁)으로 돌아가게 한 것이다. 인생이 마땅히 행할 바의 길은 충·효·열임을 주장하셨다. 삼강(三綱) 오륜(五倫)을 지켜 천국 백성만들기 위한 훈련을 한 것이다.
충(忠)은 신하로서 임금을 섬기는 도(道)이며 더 깊은 뜻은 하늘 임금인 천지부모께 충성을 다해야 한다는 것을 교육한 것이다. 그리고 효(孝)는 부모에게 효성을 다하며 남의 부모까지도 정성으로 받들어 모시라는 것은 천지부모께 효자효녀가 되라는 것을 훈련시켜 온 것이다. 그리고 열(烈)이란 것은 여인은 남편을 위해 지조를 지키라는 뜻이나 더 깊은 뜻은 하늘의 아들인 천자 앞에 열녀로서 나서라는 뜻이다. 남자 또한 하늘의 딸 앞에 열남(烈男)으로 나서야 하는 것도 암시되어 있다.
이렇게 공자께서는 진리의 배달부로서 열심히 하늘의 뜻을 전하며 중원천지를 돌아다녔지만 아무도 받아들이는 자가 없었다. 그래도 결단코 지치지 않으며 도를 전하는 데 최선을 다했다. 몇 번의 죽음의 고비를 넘겨야 했으며 굶주림과 언어의 장애와 전쟁으로 길이 막히기도 하였고 가는 곳마다 조소하는 것뿐이었으나 기어코 하시는 것은 하늘의 사정을 잘 알았기 때문이다.
사도 '바울'을 보아도 자신이 만일 복음을 전파하지 않으면 하늘로부터 화(禍)를 받을까 두려워서 전한다고 솔직히 신앙고백을 했다.
이러한 내용을 보더라도 먼저 하늘과 관계를 맺은 사람은 아직 하늘을 모르는 사람에게 진리를 전해 주어야 할 사명이 있다는 것을 알 수가 있다.

그러므로 명리학(命理學)을 공부하는 역학인(易學人)들은 세상 사람들의 미래에 닥칠 길흉화복(吉凶禍福)을 알려줄 의무가 있는 것이다. 또한 국가의 운명을 알려주어 국난을 미리 피하도록 해야 할 책임이 바로 역학인들에게 있음을 명심해야 한다.

역학인들이 좀더 애국하는 마음으로 나라의 운명을 걱정했다면 임진왜란이나 6·25 같은 전쟁도 미리 막을 수가 있었을 것이다. 6·25를 미리 막지 못한 책임은 우리 역학인들에게 있음을 다시 한번 반성해야 한다.

오늘날 세상에 온갖 대형사고가 일어나는 것도 미리 알려주어 환난을 피하도록 해야 할 의무가 모든 역학인에게는 있는 것이다. 우리 역학인들은 이 나라 백성이 행복하게 잘살 수 있도록 온상의 역할을 해야 하며 그 사명을 다해야 한다. 역학인의 책임이 무겁다.

직접 정치에 참여는 하지 않지만 늘 나라를 염려해야 하며 항상 국가의 안녕을 위해 기도해야 한다.

만백성들이 평안하기를 기도해 주어야 할 책임이 곧 우리 역학인에게는 있는 것이다.

그러므로 나는 누구인가?

나는 역학인으로서 나라와 사회와 모든 사람들의 길흉화복을 미리 전해 주어 흉난을 피하도록 해야 하며 이 나라 백성들이 모두 행복하게 살 수 있도록 온상의 사명을 다해야 할 나인 것이다.

제 8 장
죽 음

1. 죽음이란 무엇인가?

 많은 철인(哲人)들이나 학자들이 죽음에 대하여 법문(法門)을 열어 놓았지만 그 어느 것 하나도 완전하거나 확실한 것은 없고 마치 장님이 코끼리 다리 만지는 식의 표현이 되고 말았다.
 그럼 죽음이란 무엇인가?
 이 문제를 풀기 위해서는 인간과 우주의 존재 양상을 알지 않으면 안된다.
 천지부모는 인간을 자녀이면서 우주의 중심으로 창조하셨기 때문에 모든 것은 인간을 기본으로 하여 만든 것이다.
 인간에게는 마음과 몸의 이중구조로 이루어진 것과 같이 이 우주도 보이는 자연계와 보이지는 않지만 엄연히 존재하는 영계가 있다.
 자연계를 다른 말로 표현하기도 하는데 곧 지상세계・현실세계・이승・금생(今生)・사바세계・유형세계 등으로 부르고 있다.
 그리고 영계(靈界)를 다른 말로 표현하기도 하는데 곧 천상세계・저승・내생(來生)・황천(黃天)・무형세계・구천세계(九天世界) 등으로 부르고 있다.
 그리고 영계는 육신의 눈으로는 볼 수가 없고 영적인 눈을 떠야 볼 수 있는 세계이다.
 즉 영안이 열리거나 육신을 벗으면 보이는 세계인 것이다.
 사람들은 모두 죄악이 눈을 가려 영적으로는 모두 장님이 되어 있는 것으로 비유할 수 있다.

　인간은 본래 지상에서 살다가 육신이 노쇠하면 육신을 벗어버리고 영혼만이 영계에 들어가서 영원히 살도록 만들어진 것이다.

　영혼의 모습은 육신의 기본형의 모습이며 육신과 똑같은 것이다. 그러므로 인간은 본래적 자기는 육신이 아니라 영혼인 것이다.

　영혼은 영원히 사는 것이다.

　인간 속에는 이처럼 영원히 사는 영혼이 들어 있으므로 사람은 누구나 영원히 살고 싶어하는 생각이 나는 것이다.

　만일 인간의 육신 속에 영혼이 없다면 영원히 살고 싶어하는 생각은 처음부터 없는 것이다.

　소나 돼지나 말이나 여러 동물들은 영혼이 없기 때문에 영원히 살고 싶다거나 죽음에 대하여 고뇌하거나 또는 죽음의 문제를 해결해 보려고 노력하지 않는다.

　아니 노력할 필요가 없는 것이다. 동물이나 식물들은 지상 세계만이 그 일생의 전부인 것이다. 그러므로 동물이나 식물의 마음속에는 영원히 살고자 하는 생각 자체가 없는 것이다.

　오직 인간만이 영원히 살고자 하는데 그 이유는 영원히 살 수 있는 영혼이란 것이 인간의 육신 속에 있기 때문이다.

　마음의 형체가 곧 영혼이다. 그러므로 마음과 영혼은 같은 것으로 설명하고 있다.

　인간은 본래 지상에서 살다가 육신이 노쇠하면 육신을 벗어버리고 영혼만이 영계에 들어가서 영원히 살도록 원리(原理)가 그렇게 되어 있는 것이다.

　이것은 천지의 법칙으로 되어 있는 것이다.

　그러므로 인간이 태어나는 것이 천지부모의 뜻이므로 죽는 것도 천지부모의 뜻이며 대자연의 순리인 것이다.
 인간은 누구나 태어나고 싶어서 태어난 사람은 아무도 없다. 자기 자신의 의지나 희망과는 아무 관계도 없이 태어나는 것이다. 그러므로 인간에게 있어 출생은 인간 자신의 문제가 아니라 배후에서 역사하는 천지부모의 뜻으로 내보낸 것이다.
 그러면 그 뜻이란 무엇인가? 그 뜻은 천지부모의 이상을 이루어야 할 목적이 있는 것이다.
 이상세계를 이루자면 세상의 모든 죄악을 몰아내고 선한 세계·의로운 세계를 만들어야 하는 것이다.
 그러므로 사람들은 누구나 태어남과 동시에 큰 사명과 의무를 부여받고 살아가는 것이다. 그 사명과 의무를 다 이룬 사람은 천지자녀의 자리를 회복할 수 있다.
 태어나는 것이 하늘의 뜻인 것처럼 죽는 것도 하늘의 뜻이다. 사람의 목숨은 하늘에 달려 있는 것이라 했다. (人命在天)
 그러므로 목숨은 내 것이 아니고 천지부모의 것이다.
 그러므로 목숨을 거두어 가는 것도 천지부모의 특권에 속하는 것이므로 인간의 노력이나 능력으로는 관여할 일이 아니다.
 다만 스스로의 건강관리나 섭생 등을 다하며 그 이상은 하늘 앞에 맡겨야 하는 것이다.
 죽음이 천지부모의 뜻이라면 우리 인간은 아무런 불만이나 저항할 필요 없이 순순히 따라야 하는 것이다.
 본래 인간이 타락되지 않고 죄악이 눈을 가리지 않았다면 육신을 쓰고 있으면서도 영안으로는 영계를 내다보며 살기 때문에 죽는다는 것이 두렵거나 무서운 공포의 대상이 아니었다.

영혼이 들어 있으므로 마음으로는 영원히 살고 싶은데 육신은 종말을 고하다 보니 불안하고 두렵고 무서운 것이 되고 말았다.

생전에 영계에 대한 내용을 좀더 확실하게 알고 죽음의 보따리를 잘 챙겨두었다면 바쁜걸음을 치지 않고 평안히 갈 수 있으련만 대부분의 사람들이 영계에 대한 존재 여부와 사후세계에 대해 잘 모르고 죽음을 맞이하게 되므로 두려운 것이 되었던 것이다.

본래 인간이 타락하지 않았다면 육신을 쓰고 있으면서도 영안이 열려 있기 때문에 영계를 내다보면서 살게 되어 있었다. 그러므로 영계를 내다보면서 살기 때문에 죽는다는 것이 결코 두렵거나 무서운 것이 아니었다.

죽음이란 옷을 갈아입는 것과 흡사하다.

사람이 살아가면서 옷을 입고 살다가 옷이 더러워지거나 옷이 떨어지면 벗어 버리고 새옷으로 갈아입는다.

마찬가지로 사람은 육신이라는 옷을 입고 살다가 육신이 노쇠하거나 병이 들면 벗어 버리고 영혼만으로 영계에 들어가는 것이다.

이상세계에서의 죽음이란 아주 평안하고 은혜로우며 기쁨이 가득한 것이었다. 그러나 타락하여 죄악이 인간의 영안을 가림으로써 인간은 죽음을 두렵게 생각하게 되었던 것이다. 사실 죽음은 두려운 것이 아니다. 다만 죄지은 것이 있다면 두려울 뿐이다.

천지부모를 알지 못한 것이 두려울 뿐이다. 죄를 지은 업보가 있는 사람은 육신을 쓰고 있는 동안 청산하지 못하면 그 영혼은 영계에 가서 무서운 지옥으로 들어가기 때문에 두려운 것이다.

한번 지옥에 들어가면 자신의 힘으로는 나오지 못하는 것이다. 지상에서는 감옥과 비슷한 곳을 영계의 지옥이라고 비유할 수가 있다.

그러나 지상의 감옥은 기한이 되면 나오거나 육신을 벗음과 동시에 구금생활이 끝나지만 영계의 감옥인 지옥은 영원히 나올 수가 없는 것이다.

즉 지옥은 영혼의 힘이나 노력으로 도저히 나올 수가 없는 것이다.

그러므로 죄지은 사람은 죽음을 무의식중에도 두려워하는 것이다. 두려움을 없애고자 한다면 육신을 쓰고 있는 동안 속죄(贖罪)함을 얻어야 한다.

영혼에 기록되어 있는 죄악의 기록들을 깨끗이 지워야 한다. 그 지우는 과정이 곧 신앙생활이며 수도생활인 것이다.

여기에서 신앙생활이 반드시 필요하다는 것을 알 수가 있다. 육신을 쓰고 있을 때 죄악의 기록을 지우지 못하면 그 고통은 영원히 계속되는 것이다. 육신을 터로 하지 않고는 영혼에 기록된 죄악을 지울 수가 없는 것을 알게 될 때 여기에서 육신이 얼마나 귀중한가를 다시 한번 느끼게 된다.

그러므로 영혼은 육신의 주인이나 육신을 터로 하지 않고는 더 이상 성장하거나 복을 짓거나 덕을 쌓거나 죄를 씻거나 하는 것이 불가능한 것이다.

그러므로 육신을 쓰고 지상에 살 때 복도 지어야 하고 죄도 씻어야 하는 것이다.

지상에서는 한 단계를 쉽게 올라갈 수 있지만 영계에 가서는 천년을 노력하여도 육신이 없으므로 힘든 것이다.

삼일(三日) 동안의 마음 공부는

천년(千年)의 보배요
　　　백년(百年)의 탐낸 재물은
　　　하루아침 티끌이라.

　이 말은 영혼의 귀중함과 마음 공부의 중요성을 잘 표현해 주고 있다.
　짧은 시간의 마음 공부는 영원한 보배가 되는 것이다.
　그리고 일생을 탐낸 재물은 선용(善用)을 하지 않는 이상 아무 소용이 없는 것이다.
　영계에서의 날수를 비교하면 지상세계의 백년내의 인생은 3일에 불과한 것이다.
　즉 영계의 구역마다 다르긴 하나 영계의 하루는 지상의 30년과 같은 것이다.
　그러므로 나는 누구인가?
　나는 죽음을 기쁘게 맞이할 수 있도록 마음속에 죄악을 모두 소멸시켜야 하며 죽음의 보따리를 빨리 챙겨 놓아야 할 나인 것이다.

2. 없는 죽음

  인간은 원래 천지부모의 지극한 사랑을 받으며 살아가는 천지자녀의 입장으로 지음을 받았다.
  그러므로 천지부모가 영원히 살아있는 것처럼 천지자녀로 지음받은 인간도 영원히 살지 않으면 안되는 것이다.
  만일 인간이 영원히 살 수 없는 존재였다면 천지부모가 영원히 함께 살지 못할 자식을 보면서 기뻐할 수가 없는 것이다. 그러므로 천지부모의 기쁨의 대상으로 창조된 자녀인 인간도 천지부모처럼 영원히 끝없이 함께 살아야 할 운명인 것이다.
  물질은 무엇이나 영원한 것은 없다.
  인간의 육신도 물질로 구성되어 있으므로 육신을 가지고서는 영원히 살 수가 없지만 육신을 벗어 버리고 영혼으로는 영원히 살 수 있도록 만들어진 것이 인간의 본래 모습인 것이다.
  그러므로 죽음이란 처음부터 없는 것이었다. 타락하여 죄악이 영안을 가리므로 어두워져서 다만 없는 죽음을 있는 죽음으로 착각하며 살고 있을 뿐이다.
  즉 죽음이란 처음부터 없는 것이었건만 영안이 어두워진 탓으로 없는 죽음을 있는 죽음으로 잘못 인식하며 살아온 것이다. 본래부터 죽음이란 인간에게는 없었던 것이다. 다만 옷을 한번 갈아입을 뿐이다. 즉 옷이 낡음으로써 벗어 버리고 신령(神靈)한 옷으로 갈아입는 것을 세상 사람들은 통곡을 하며 야단법석을 떨고 있는 것이다.
 이러한 죽음에 대한 참 내용을 모르는 세상 사람들을 보면 참으로 불쌍하고 가엾은 생각이 든다.
 죽음은 처음부터 천지부모가 만들지는 않았다. 죽음이 없는데 무엇을 두려워하고 무엇을 괴로워할 것인가.
 다만 두려워해야 할 것은 영혼에 어떻게 기록되어 있는가 하는 것을 살펴보아 혹시나 죄의 업보라도 기록되어 있지나 않나 하는 것을 염려할 일이다.
 죄악의 기록이 영혼에 있다면 육신을 벗기 전에 어서 빨리 지워 버리는 것이 가장 현명한 방법이다.
 지우는 방법은 여러 가지가 있지만 가장 많이 사용하는 방법이 회개하는 것이다.
 진심으로 회개하면 영혼에 기록된 죄의 허물이 조금씩 지워지는 것이다. 그러나 주위 환경의 영향으로 좀처럼 선하게 살고자 해도 잘되지 않을 때는 천지부모를 찾아서 도움을 청해야 하는 것이다.
 나의 힘으로는 불가능하므로 천지부모의 도움을 청해야 하는 것이니 도움을 청하는 내용이 천문(天文)을 암송하는 것이다. 천문(天文)을 암송하는 것은 곧 천지부모를 찾는 소리이며 도움을 청하는 소리이므로 천지부모가 듣고 구원의 손길을 펴는 것이다.
 그러므로 아무 준비가 필요없으며 시간의 제약이나 공간의 간섭을 받을 필요가 없으며 돈이 든다거나 힘이 드는 것도 아니다.
 다만 천지부모를 지극히 사모하는 마음으로 계속 반복하여 외우면 되는 것이다. 소리를 내어 암송하는 것이 효과가 크나 묵송을 해도 상관이 없다. 모든 생각이나 모든 정성을 천문일념(天文一念)으로 묶어 나갈 때 그 정성 여하에 따라서 서서히 모든 악업은 소멸이 되고 병고 또한 서서히 회복되는 것이다.

괴로우나 즐거우나 천문암송일념(天文暗誦一念)으로 살아갈 때 모든 일에 복을 받으며 형통해지는 것이다.

한 가지 주의할 점은 마음을 바르게 가지고 천문을 암송해야 한다는 것이다. 만일 나쁜 일을 계획해 놓고 이루어지기를 비는 마음으로 천문을 암송하면 도리어 재앙의 벌을 받게 되므로 조심할 일이다.

바른 마음으로 암송해야 하며 진실한 마음으로 암송해야 하며 회개하는 마음으로 암송해야 하며 감사하는 마음으로 암송해야 하며 은혜로운 마음으로 암송해야 하는 것이다.

다른 어떤 방법보다도 간편하면서 쉬운 방법이 곧 천문암송인 것이다. 수행에는 여러 가지 어려운 방법도 많이 있지만 실제 세상을 살면서 수행한다는 것은 어려운 일이므로 천문암송 수행법이 가장 편리하고 많은 효과를 볼 수가 있는 것이다. 시간과 공간, 사업에 구애받음이 없이 하는 수행 방법이므로 누구나 쉽게 할 수가 있다.

그런데 이러한 내용을 모르는 일부 독선적인 사람들은 이렇게 말들을 한다. 처자(妻子)가 있어도 못할 것이며 세상이 시끄러워도 못할 것이므로 깊은 산에 들어가서 수행을 하는 것으로 잘못 알고 있는 것이다.

또는 직업을 가져도 수행을 못한다고 하여 세상을 피하려고 한다.

이러한 생각이나 수행은 모두 편벽된 것이므로 결코 세상이나 자신에게 아무 이익이 되지 못하는 것이다.

수행을 하고자 한다면 오로지 많은 세상 사람들 속에서 함께 동고동락하면서 천문을 암송하고 마음을 바르게 가지는 공부를 열심히 하는 것이 가장 현명한 방법이며 처세인 것이다. 혼자 산속에 들어가서 어떻게 대도정법(大道正法)인 사람을 사랑할 수 있겠는가. 모든 도의 완성은 사람을 사랑하는 것인데 혼자 산속에서 도를 닦는다는 것은 도깨비 장난에 불과한 것이다.

혼자 산속에 들어가서 어떻게 효도할 수 있으며, 어떻게 나라에 충성할 수 있겠는가?

모두 망상이며 헛수고인 것이다.

인간은 오로지 사람들과 어울려 살면서 인도상요법(人道上要法)을 잘 지켜 나가는 것이 중요하다.

정당한 직업을 가지고 직업에 충실하면서 시간에 구애됨이 없이 천문을 열심히 암송하여 영혼을 깨끗이 하며 깨끗한 영혼에다 다시 새로운 선업(善業)을 기록해 나가야 한다.

죽음에 대한 문제도 내용을 알고 나면 두려움이 없어지는 것이다.

지금까지 긴 역사를 통해 많은 사람들이 이 세상을 거쳐 갔지만 모두들 이러한 원리(原理)를 잘 몰랐으므로 없는 죽음을 있는 죽음으로 착각하여 공포와 두려움을 피하지 못했다.

그러나 이제부터는 우주의 원리를 바로 알고 인간에게는 영혼과 육신의 이중구조로 되어 있다는 것을 이해함으로써 죽음에 대한 새로운 관(觀)을 가져야 할 때이다.

또한 영계가 본 고향이며 지상은 타향과도 같은 것이다. 다시 말해 인간이 영원히 살 수 있는 진짜 고향은 영계이다.

지상의 생활은 시간과 공간의 제약을 받아야 하기 때문에 영계에 비해서 불편한 점이 상당히 많은 곳이다.

그러나 영계의 생활은 시간과 공간의 제약을 받지 않고 초월하는 세계이므로 그 생활이 매우 편리한 것이다.
 이것은 마치 굼벵이와 나비와의 관계라고 할 수 있다. 굼벵이가 허물을 벗으면 죽는 줄 알고 벗기를 싫어하나 막상 벗어버림으로써 새로운 세계를 알게 되니 말할 수 없이 즐거운 것이다.
 굼벵이 시절에는 기어 다니다 보니 그 생활 범위가 매우 좁았지만 허물을 벗어 버리고 나비가 되어 하늘을 마음껏 날아 다니게 됨으로써 그 생활의 범위가 무한히 넓어진 것이다.
 이와 마찬가지로 인간도 육신을 중심한 생활은 시간과 공간의 제약을 받기 때문에 그 생활의 범위가 어느 정도까지는 한정되어 있지만 육신을 벗어 버리고 난 영혼은 시간과 공간을 초월하여 살기 때문에 그 생활의 영역이 지상생활에 비해 수만 배나 넓은 것이다.
 이렇게 볼 때 이제 우리는 없는 죽음을 있는 죽음으로 착각하지 말고 어서 빨리 수도정진을 통하여 영혼에 기록된 죄업을 씻어 버리는 데 최선을 다해야 할 것이다.
 또한 선행과 음덕 적선을 많이 쌓아 영혼에다 선업의 기록을 많이 해야 이것이 영원한 보물이 되는 것이다.
 그러므로 나는 누구인가?
 나는 없는 죽음을 있는 죽음으로 착각하지 말고 어서 빨리 영혼에 죄업의 기록을 지워 버리는 데 최선의 노력을 해야 할 것이며, 선업을 기록해야 할 나인 것이다.

3. 저승세계

사람이 이 세상을 살다가 육신이 노쇠하면 그 육신을 벗어 버리고 영혼만 영계에 들어간다.
이것은 천리의 공도(公道)이다. 하늘을 믿었던 사람이나 마귀를 섬겼던 사람이나 구별하지 않고 누구나 가야 하는 길이다. 선하게 산 사람도 가야 하고 악하게 산 사람도 가야 할 인생의 공도인 것이다. 성인도 가야 하며 죄인도 가야 하는 길이다.
부처나 중생이나 군자나 소인이나 부자나 가난뱅이나 남녀노소 할 것 없이 때가 되면 누구나 가야 하는 죽음의 길이다.
이 죽음은 타락 때문에 온 것도 아니며 죄를 지었기 때문에 생긴 것도 아니다.
원래가 하늘이 인간을 만들 때 지상에 살다가 그 육신이 노쇠하면 벗어 버리고 그 영혼만으로 영계에 가서 영원히 살도록 만든 것이다.
그러므로 죽음이란 대자연의 순리이며 천리의 법도를 준행하는 것뿐이다. 누구나 당연히 가야 할 길이며 인간의 본래 고향이다.
영계를 가리켜 저승이라고도 하고 천상세계라고도 한다.
우리는 지상에서 일생을 살다가 육신이 노쇠하면 그 육신을 벗어 버리고 영계에 들어가게 되는데 제일 먼저 통과하는 곳이 저승문이다.
이 저승문을 통과하면서 천국으로 가느냐, 지옥으로 가느냐 하는 것이 결정되는 것이다.
 이 저승문은 그 사람의 지상생활을 심사하는 것과 같은 곳이다.
 어떻게 살았느냐? 무엇을 위해 살았느냐? 수양을 얼마나 많이 했느냐? 적선은 얼마나 많이 했느냐? 진리(眞理)를 얼마나 알고 있느냐? 천지부모를 아느냐? 성현들을 아느냐 등등 수백 가지가 넘는다. 저승문은 열두 대문으로 되어 있는데 이 문을 모두 통과해야 천국으로 들어가게 된다.
 만일 여섯째 문밖에 통과하지 못했다면 여섯째 문에 해당되는 영계에 들어가게 된다.
 저승문을 하나도 통과하지 못할 정도로 죄를 많이 지은 영혼은 곧바로 지옥으로 들어가는 것이다. 이처럼 같은 천국 안에서도 영급(英級)의 차이가 많다.
 즉 같은 천국에서도 수천만층의 등급이 있고 또한 같은 지옥 안에서도 여러 수만층의 등급이 있는 것이다.
 천국에 들어간 사람들은 모두 선업을 많이 쌓은 사람인데 더 많이 쌓은 사람도 있고 적게 쌓은 사람도 있기 때문에 천태만상이다.
 또한 지옥에 들어간 영혼도 그 지은 죄의 경중이 사람마다 다르다. 사람은 누구나 자기가 육신을 벗어 버리고 영계에 들어가면 과연 어느 영급의 자리에 머물게 될까 궁금해하지만 그것은 어느 누구보다도 자기 자신이 제일 잘 알고 있다.
 얼마나 공덕을 쌓으며 살았느냐? 얼마나 마음을 바르게 가지고 살았느냐에 따라서 천국에서도 자리가 결정되는 것이다. 또한 반대로 얼마나 악업을 많이 지었으며, 얼마나 죄를 많이 지었느냐에 따라서 지옥에서의 영원한 자리가 결정되기 때문이다.

저승문을 하나씩 통과해야 비로소 다음 문에 응시할 수가 있는 것이다.

첫째문에 들어서면 지상에 살 동안 가장 크게 원수 맺었던 사람이 나타난다.

그 원수 맺은 사람이 참소하며 물고늘어지면 이 문을 통과하지 못한다. 살인을 하였다면 죽음을 당한 그 사람이 한(恨)을 품고 앞에 나타난다. 그 사람이 원한을 품고 있으므로 이 첫째문에서 걸리게 되어 통과할 수가 없게 된다.

그러므로 지상에 살 때 남들과 원수를 맺고 살면 안된다. 어떠한 일로 원수가 되었다면 육신을 벗기 전에 만나 화해(和解)해야 한다.

지상에서 화해하지 않으면 그 원수의 기운이 영계에 가서는 영원히 풀리지 않으므로 무서운 것이다. 그리고 도적질을 했다면 물건을 잃어버린 사람과 상극(相剋)의 인연이 되므로 영계에서는 모두 나타나게 되어 있다.

그러므로 남의 물건을 훔쳐 원한을 만들지 말아야 하며 이미 훔쳐온 것은 도로 돌려주고 용서를 비는 것이 가장 현명한 방법이다.

그리고 간음을 하였거나 간통으로 남의 가정을 파괴하는 죄를 지었다면 이승에서도 처벌을 받게 되지만 영계에 가서는 이승의 처벌보다 수십 배 무거운 벌을 받게 된다.

이 첫째문을 통과하지 못한 영혼은 곧바로 지옥으로 직행하게 되는 것이다. 그러므로 저승문의 첫째문을 통과하려면 살인을 하지 말아야 한다, 도적질을 하지 말아야 한다, 간음을 하지 말아야 한다, 남과 원수를 맺지 말아야 한다.

첫째문을 무사히 통과한 사람은 둘째문에 들어가서 시험을 보게 된다.

둘째문에서도 여러 가지로 나누어 보는데 살인을 했다 해도 고의적으로 죽인 것이 아니라 우발적으로 범했거나 죄를 범하고는 바로 경찰서에 들어가 자수를 하였거나 본의 아니게 살인하게 된 경우에 이 둘째문에서 다루게 된다.

마음을 보는 시험으로 얼마나 그 마음속에 악기(惡氣)가 많이 있는가 하는 것을 관찰한다. 직장에서나 관직에 있을 때 공금을 횡령하였거나 자기의 이익을 위해 남을 해롭게 하였다면 이 문에서 대부분 걸리게 된다.

지상에서는 죄를 범해도 그 증거가 없다면 무사할 수가 있지만 영계는 다르다. 증거는 이미 자신의 영혼에 기록으로 남겨져 있으므로 심경대(心鏡台)는 다 들추어내므로 변명이 소용없다. 그리고 사기극을 벌여 남의 재물을 취한 것이거나 또는 남의 돈을 빌려 쓰고는 갚지 않고 육신을 벗으면 모두 이곳 둘째문에서 걸리게 되어 통과하지 못하는 것이다.

남의 돈을 빌려 쓰고는 갚지 않는 것도 영계에서는 도적질과 같이 취급하므로 이 점을 명심해야 한다.

셋째문에서는 지상에 살 때 공덕을 베풀었는가 하는 것을 놓고 주로 시험하는 곳이다.

헐벗은 사람에게 옷을 한 벌 준 공덕이 있느냐?

배가 고파 애태우는 사람에게 밥 한 술을 준 일이 있느냐?

길 가는 나그네에게 하룻밤이라도 자고 가도록 방을 빌려준 공덕이 있느냐? 목말라하는 사람에게 냉수 한 그릇이라도 떠다 준 공덕이 있느냐 하는 시험인 것이다.

셋째문을 통과해야 넷째문에 들어갈 수가 있다.

넷째문에서는 공덕의 차원이 좀더 높은 시험을 하는 곳이다.

국가를 위해서 방위성금을 낸 공덕이 있느냐?

불우이웃 돕기를 위해서 성금을 낸 공덕이 있느냐?
헌혈(獻血)을 한 공덕이 있느냐?
공익사업에 헌신을 하거나 선금을 낸 공덕이 있느냐?
또는 세상과 이웃을 위해 봉사활동을 한 공덕이 있느냐 하는 시험을 하는 것이다.
그리고 다섯째문에서는 지상에서 살 동안 얼마나 바른 양심으로 살았느냐 하는 것을 조사하는 시험이다.
바른 양심이 적고 바르지 못한 양심이 더 많았다면 이 문을 통과하지 못한다. 이 문을 통과하지 못한 영혼은 지옥보다는 덜 고통스러운 중옥(中獄)이라는 곳으로 가게 되는데 이 중옥(中獄)은 지옥도 아니고 천국도 아닌 중간 영계에 해당하는 곳이다.
이 중옥도 여러 수십 단계로 구분되어 있는데 얼마나 양심적인 생활을 하였는가에 따라서 자리가 달라지게 되는 것이다.
이와 같이 저승문을 많이 통과할수록 공덕이나 영급이 높은 영혼이 되는 것이다. 그리고 여섯째문을 통과한 영혼들은 비교적 지상에서 공덕이 많은 영혼들이다.
주로 종교를 통하여 믿음 생활을 돈독히 하였거나 세상에서 빛과 소금의 사명을 많이 한 의로운 사람들이다.
영계에서는 지상에서 살 동안 어느 종교를 믿고 살았느냐 하는 것은 별로 문제가 되지 않는다. 즉 기독교를 믿었거나 불교를 믿었거나 유교를 믿었거나 상관이 없다.
다만 어느 종교를 믿고 살았건 간에 얼마나 마음 공부를 잘 하여 자기의 영혼을 맑고 밝게 닦았느냐 하는 것이 중요하다.
그런데 종교인들 중에서는 내가 믿는 종교가 제일이라는 주장을 하며 남의 종교를 비난하고 심지어는 핍박하는 것을 볼 때 참으로 크게 잘못되었다고 생각한다.

　종교를 세우신 분은 온 인류의 주인이신 천지부모인 하늘인데 자기가 믿는 종교 외는 모두 이단이며 우상숭배라고 몰아붙이는 것은 자기가 믿는 하늘의 얼굴에다 침을 뱉는 것과 똑같은 것이다.

　이러한 처사는 곧 자기가 지은 복을 스스로 까먹는 것밖에는 다른 것이 없다.

　남의 종교를 비난하거나 박해하는 것은 자기가 믿고 있는 신앙의 주체를 향하여 반역하는 행위와 같으므로 많은 죄를 범하는 결과가 되는 것이다. 수도인들이나 종교인들이 이런 내용 때문에 지옥에 가거나 금사망보를 받거나 하는 이유가 여기에 있다.

　지금도 많은 종교인들이 열심히 신앙생활을 하고 있다.

　그런데 불행하게도 남의 종교는 마치 원수 대하듯이 독기어린 눈으로 보는 것을 볼 때 참으로 애석한 일이 아닐 수가 없다. 열심히 신앙생활을 하면서도 천벌을 받는 수도인은 왜 그런가 하는 것을 돌아볼 필요가 있다.

　아홉째문에서부터 열두 대문까지는 진리를 심판하는 곳이므로 시험의 내용이 아주 고차원적이다.

　진리를 얼마나 알고 있는가? 또 얼마나 진리의 화신체(化身體)가 되었는가? 하늘은 어떤 분인가? 등등 상당히 높은 수준의 시험이지만 마음을 바르게 가지고 생활한 사람은 쉽게 올라갈 수 있는 것이다.

　그러나 열두 대문까지 통과한다는 것은 어려운 일이며 극소수에 불과할 뿐이다. 지금까지 이 열두 대문을 통과하여 천지자녀라는 허락을 받은 사람은 공자님과 예수님과 부처님 정도에 불과하며, 그 밖의 종교 지도자나 몇몇 도주(道主)들에 한정된다.

불교의 용어로 말하면 성불(成佛)한 사람이라야 통과할 수 있으며 기독교로 말하면 하늘의 아들 자격을 얻은 사람이라야 하는 것이다.

즉 천지자녀의 자리를 회복하여 본래 완성한 인간의 모습이 되었을 때 통과할 수 있는 문이다.

실제 인류 역사상 많은 사람들이 이 저승문을 들어갔지만 열두 대문을 통과한 영혼은 불과 몇몇 성현들 정도이며 손가락으로 세어 보아도 알 수 있을 정도로 극소수에 불과한 것이다.

아홉째문 이상만 통과한 영혼의 영급도 대단히 높다. 즉 보살이나 덕망 높은 군자(君子)나 신앙이 독실했던 사도들이나 도력(道力) 높은 스님이나 충신이나 열사나 효자효녀·정남정녀 등이다.

신부(神父)나 수녀, 목사나 신앙이 아주 깊은 장로, 독실한 믿음의 소유자인 도력이 높은 법사(法師)나 수도인이나 기도자 등이다.

이처럼 지상에 살 때 미리 저승문에 대하여 자세히 알고 산다면 지상생활을 함부로 살 수가 없으며 마음 자세를 바르게 하지 않을 수 없는 것이다.

그럼 과연 나 자신은 어느 문까지 통과할 수 있을 것인가 하는 것은 누구보다도 자기 자신이 제일 잘 안다. 이러한 저승의 사실을 이해한다면 이제 지상에서 육신을 가지고 있을 때 열심히 마음 공부를 잘하여 공덕을 많이 쌓아 저승문을 지나갈 때 자신있게 통과할 수 있는 준비를 해야 하는 것이다.

한 번 가면 다시 올 수 없는 이 마지막 저승길을 갈 때 과연 우리는 무엇을 선물로 가지고 갈 것인가를 생각해 보면 우리는 촌분도 허송세월을 할 수가 없는 것이다.

밤낮으로 마음공부에 공을 많이 쌓아야 할 것이다. 이 한때의 공덕이 영생을 좌우한다는 사실을 알아야 한다.

마음공부란 참사랑 공부라고도 할 수가 있다. 참사랑 공부란 가정을 기준으로 하는 것이다.

가정에는 부모가 있으므로 효성을 다하여 공경해야 할 것이며, 형님이 있으므로 부모의 다음으로 섬겨야 할 것이며, 처(妻)가 있으므로 사랑으로 품어야 할 것이며, 동생이 있으므로 부모의 마음으로 보살펴야 할 것이며, 자식이 있으므로 사랑과 정성을 다하여 보살펴야 하는 것이다.

이것이 참가정의 윤리도덕이며 참사랑이다. 또한 이것을 확대시켜 사회에다 적용시켜야 하는 것이다.

즉 나의 가정을 중심으로 비교하여 나의 부모님과 비슷한 어른을 대할 때는 친부모처럼 공경해야 하는 것이다. 이것이 참사랑인 것이다.

또한 나보다 나이가 많은 사람을 대할 때는 나의 친형이나 친누나처럼 진심으로 공경해야 참사랑이 되는 것이다. 나이가 나보다 아래인 사람에게는 진심으로 나의 친동생처럼 사랑으로 인도해 주는 것이 참사랑이 된다.

그리고 어린아이들을 보면 나의 아들딸들처럼 사랑하고 보살피는 심정이 곧 참사랑이며 참마음 공부인 것이다.

흔히들 도(道)라고 하면 신기한 것처럼 잘못 알고 있는 사람들이 많은데 사실 도란 가정 안에 있으며 자신의 주위에 있는 것이다.

내 부모를 공경할 줄 모르는 사람이 아무리 혼자 산속에 들어가서 수도를 한다고 해도 이것은 잘못된 것이며 악마의 제자가 되기 쉬운 것이다.
 도(道)라고 하는 것은 부모의 마음으로 모든 사람을 사랑하는 것이다.
 조용히 이웃과 사회를 위하여 음덕을 쌓는 것이 참 도인(道人)의 생활인 것이다. 이처럼 부모의 마음으로 참사랑을 베푸는 것이 마음공부의 첩경이 되며 올바른 수양의 길이다.
 이제 이러한 영계의 내용을 이해하였다면 지상에 살 때 저승의 내용을 생각해서 저승갈 보따리를 미리 차근차근 챙겨두는 것이 복된 사람이 되며 죽을 때도 바쁜걸음을 치지 않을 것이다.
 또한 먼저 간 부모나 조상들은 후손들에게 간절히 바라는 바는 부디 마음공부를 잘하여 공덕을 많이 쌓아 영급이 높은 자리에 올라가 주기를 간절히 바라고 있다.
 영계에서도 후손이나 친척 중에서 누구 한 사람이 높은 영계에 자리를 잡게 되면 낮은 영계에 머물러 있는 많은 조상들이나 친척들이 혜택을 많이 보기 때문이다.
 그러므로 나는 누구인가?
 나는 저승세계에 대한 비밀을 미리 알아서 마음공부를 잘하고 죽음의 보따리를 미리 잘 챙겨 죽을 때 바쁜걸음을 치지 않는 내가 되어야 할 것이다.

4. 저승생활

지금까지 약 5백 억 이상이 넘는 사람들이 지상에 살다가 육신을 벗고 영계에 들어갔다.

대부분의 영혼들은 지상에 살 때 선업(善業) 보다는 죄업(罪業)을 많이 지었으므로 지옥에 들어가서 고통을 많이 당하고 있다. 그러므로 영계에서도 선한 영혼보다는 악한 영혼들이 더 많다.

먼저 많은 죄악을 범한 영혼들이 들어가서 고통을 당하는 지옥을 살펴보자. 지옥에 떨어진 영혼들은 대부분 저승문의 첫째문도 통과하지 못한 영혼들이다.

지옥은 한마디도 말해 무서운 곳이다. 무서운 심판과 끝없는 고통이 따르는 곳이다.

지옥 중에서도 지은 죄와 죄의 경중(輕重)에 따라 들어가는 지옥도 다르다. 지옥의 종류는 수없이 많지만 몇 가지만 살펴보겠다.

칼산지옥이란 곳이 있다. 칼날이 빈틈없이 솟아 있는데 마치 산에 잔디가 빽빽이 솟은 것과 같이 칼날이 빽빽하게 솟아 있는 지옥이다. 흉악한 살인범이나 무도한 폭력범들이 주로 들어가는 지옥이다.

서 있어도 칼날이 발바닥을 찌르고 앉아 있어도 다리와 엉덩이를 찌른다.

지쳐서 쓰러지면 바닥에 닿는 부분, 즉 칼날이 온몸에 상처를 내고 있다. 이러한 비참한 고통을 영원히 당해야 하는 곳이 칼산지옥이다.

뼈에 사무치는 고통을 어느 누구 한 사람도 도와줄 자가 없다. 죽고 싶어도 죽지 않는 영혼이므로 그 고통은 말로 다할 수 없이 심한 지옥이다.

이 칼산지옥을 면하려면 살인죄를 짓지 말아야 한다. 그리고 폭력을 휘둘러 남을 크게 다치게 하는 일이 없도록 해야 면할 수 있는 지옥이다.

다음에는 화탕지옥이란 곳이 있다. 지상에 살 동안 도적질을 많이 했거나 남의 돈을 빌려 쓰고 갚지 않았거나 직장에 다니면서 남몰래 공금을 횡령했거나 권력을 남용하여 남의 재물을 빼앗은 영혼들이 들어가는 지옥이다.

뜨거운 불길이 끝도 없이 이글거리는 곳에 들어가게 되면 너무나 고통이 심하여 비명을 지르거나 구원을 요청할 여유도 없는 것이다.

마치 큰 가마솥에 깨나 콩을 볶는 것처럼 죄인들을 한 번에 120명씩 집어 넣고는 콩볶듯이 볶는다.

이곳 화탕지옥에 들어간 죄인들이 살려 달라고 아무리 소리쳐 봐도 저승의 나찰들은 들은 체도 하지 않고 불길만 더 높이며 골고루 볶이도록 큰 주걱으로 젓고 있는 것이다.

그러므로 이 화탕지옥을 면하려면 도적질을 하지 말아야 한다.

남의 돈을 빌려 쓰면 반드시 갚아야 화탕지옥을 면할 수 있다. 그리고 직장이나 관청에서 공금을 훔치지 말아야 화탕지옥을 면할 수 있다. 또 권력을 남용하지 말아야 화탕지옥을 면할 수 있는 것이다.

다음은 한빙지옥이란 곳이 있다.

이곳에는 간음을 많이 한 자들이 들어가는 지옥이다. 여자 사냥을 유일한 즐거움으로 삼은 사람이나 몸을 파는 창녀들이나 유부녀를 강간한 죄인이나 남편 몰래 바람 피운 유부녀들이나 첩을 많이 둔 음탕꾼들이 들어가는 지옥이다.
 이 한빙지옥은 엄청나게 추운 곳이다. 온몸이 얼어붙어 꼼짝도 할 수 없는 곳에서 영원히 살아가야 하는 무서운 고통인 것이다.
 예를 들어 추운 겨울철에 빙판 위에다 발가벗겨 묶어 놓는다면 그 고통이 얼마나 심하겠는가?
 한빙지옥이 바로 그런 곳이다. 그러므로 한빙지옥에 들어가지 않으려면 간음죄를 범하지 말아야 한다.
 가정에서 건전한 참사랑으로 살아야 한빙지옥을 면할 수 있다. 정남정녀(正男正女)의 몸가짐으로 살아야 한빙지옥을 면할 수 있다. 열남열녀(烈男烈女)가 되어야 한빙지옥을 면할 수 있다.
 다음은 검수지옥이란 곳이 있다. 친한 사이를 이간질시켜 원수를 맺게 하거나 나쁜 소문을 퍼뜨리고 다니는 사람은 검수지옥에 들어가게 된다.
 이곳 검수지옥은 숲이 모두 칼날로 이루어져 있으므로 항상 바람이 세차게 부는데 바람에 칼날이 흔들리면서 죄인들의 몸에다 사정없이 상처를 내는 것이다.
 어디 한 곳도 안전한 자리는 없다. 앉으나 서나 칼날은 미친 듯이 날아다니면서 죄인들을 무참하게 찌르고 다닌다. 그 고통은 말로 다할 수 없다.
 이 검수지옥을 면하려면 친한 사이를 이간질하지 말아야 한다. 그리고 나쁜 소문을 퍼뜨리지 말아야 검수지옥을 면할 수가 있는 것이다.

그리고 발설지옥이란 곳이 있다. 사람을 속여 재물을 많이 빼앗은 죄인이 들어가는 지옥이다.

지상에 살 때 사기(詐欺)를 많이 하였거나 또는 문서를 위조하여 재물을 취하였거나 노력 없이 남의 재물을 불법적으로 빼앗은 자들이 들어가는 지옥인 것이다.

발설지옥이란 하루에도 열두 번씩 혀(舌)를 뽑는 지옥이므로 그 고통 또한 말로 표현하기 어려운 만큼 무서운 곳이다.

한 번 혀를 뽑힐 때마다 그 고통은 무척 심하다. 그리고 조금 지나면 새로운 혀가 돋아난다.

그러면 나찰들은 또 혀를 뽑는다. 큰 집게를 입 안에 집어 넣으면 혀는 집게에 잡히게 된다. 사정없이 뽑아 버리는데 그 고통은 말로 표현할 수 없을 만큼 심하다. 그런데 이러한 고통을 매일 열두 번씩 실시하는데 하루도 빠지지 않고 영원히 계속하는 것이다.

그러므로 발설지옥에 들어가지 않으려면 남을 속여 재물을 빼앗지 말아야 하는 것이다.

또 사기꾼 노릇을 하지 않아야 발설지옥을 면할 수 있다. 노력 없이 남의 재물을 취하지 않아야 발설지옥을 면할 수 있는 것이다.

다음에는 독사지옥이란 곳이 있다. 이 독사지옥에는 거짓말을 많이 한 사람이나 나쁜 유언비어를 퍼뜨리고 다닌 죄인이나 중상모략을 많이 한 죄인들이 들어가는 지옥이다.

무서운 독사들이 우글거리는 곳에다 집어 넣어 버린다.

한 사람씩 높이 들어서 독사지옥에 던지면 순식간에 독사들이 달려들어 살을 뜯어먹는다.

귀를 뜯어먹는 독사도 있고, 팔다리를 칭칭 감고 살을 뜯어먹는 독사도 있고, 목을 감고 숨통을 죄는 독사도 있다.

얼마가 지나면 온몸의 살은 다 뜯어먹히고 뼈만 앙상하게 남는다. 나찰이 들어와서 뼈를 끄집어내 생명수에 한 번 담그면 금방 살이 다시 원래대로 돌아온다.

그러면 다시 높이 들어 독사지옥으로 던져 버린다. 그러면 다시 독사들이 달려들어 살을 뜯어먹는다.

이러한 고통을 하루에도 열두 번씩 매일 되풀이하고 있는 지옥이다. 그러므로 독사지옥을 면하고 싶다면 거짓말을 하지 말아야 한다. 유언비어를 퍼뜨리지 말아야 독사지옥을 면할 수 있다.

그리고 남을 모함하지 말아야 독사지옥을 면할 수가 있다. 중상모략을 하지 않아야 독사지옥을 면할 수 있다.

다음에는 좌마지옥이란 곳이 있다.

이 좌마지옥은 세상에 살면서 욕설을 많이 하는 죄인들이 들어가는 지옥이다. 그리고 불평불만을 많이 하는 죄인들이 들어가는 지옥인 것이다.

원망을 많이 하거나 저주를 많이 하는 사람은 좌마지옥에 들어가게 된다.

좌마지옥이란 집체보다 더 큰 멧돌이 있는데 그 멧돌을 돌리면서 죄인을 집어 넣고는 돌린다. 한두 바퀴만 돌리면 완전히 가루가 되다시피 하여 산산조각이 되어 나온다. 흘러내리는 시체 조각을 빗자루로 쓸어모아 생명수통에 한 번 담그면 다시 원형대로 사람의 모습으로 되돌아온다. 그러면 다시 멧돌에다 집어 넣고는 두 바퀴를 돌린다.

이렇게 하기를 하루에도 열두 번씩 매일 실시한다. 실로 어마어마한 고통이다.

그러므로 좌마지옥을 면하려면 욕설을 하지 말아야 한다. 불평불만을 하지 않아야 좌마지옥을 면할 수 있다.

원망심을 가지지 말아야 좌마지옥을 면할 수 있다. 남을 저주하는 일이 없어야 좌마지옥을 면할 수 있다.

그리고 추해지옥이란 곳이 있다.

이 지옥에는 탐욕심을 많이 내거나 시기질투심을 많이 내는 죄인들이 들어가는 지옥이다.

이 추해지옥에서는 죄인을 발가벗겨서 큰 도마 위에 올려놓는다.

그리고는 나찰들이 둘러서서 잘 드는 칼로 온몸을 마구 난자하는 지옥을 말한다.

비명지를 틈도 주지 않고 마구 찔러대는 칼날에 죄인은 엄청난 고통을 당하며 괴로워한다.

미친 듯이 휘두르는 칼날 앞에 죄인의 몸은 순식간에 뼈만 남고 살은 모두 나찰들이 나누어서 먹어치운다. 뼈만 남아 있는 죄인에게 생명수를 한 바가지 뿌리면 다시 원상대로 몸이 회복되어 버린다.

그러면 다시 나찰들은 미친 듯이 칼을 휘두르며 온몸을 난자하여 살을 도려내어 소금에다 찍어 먹는다.

이러한 고통을 하루도 쉬지 않고 되풀이하는 무서운 지옥이다. 그러므로 추해지옥에 들어가지 않으려면 탐욕심을 내지 말아야 한다. 시기 질투심을 내지 말고 수희공덕을 쌓아야 추해지옥을 면할 수 있다. 자기의 분수도 모르고 탐욕을 부리면 결국 패가망신을 당하며 죽어서는 추해지옥에 떨어지는 비극을 당하게 된다. 또 남이 잘되거나 성공하는 것을 놓고 시기 질투하지 말고 대신 그 사람과 함께 기뻐해 주어야 그 사람이 받는 공덕을 함께 받을 수 있다. 이것이 추해지옥을 면하는 길이다.

그리고 철창지옥이란 곳이 있다.

이 지옥에는 혈기를 많이 부렸거나 폭언을 많이 하거나 분노심을 많이 가지는 죄인이 들어가는 지옥이다.

이곳 철창지옥에서는 철창으로 온몸을 사정없이 찌르면서 고통을 주는 지옥인데 철창으로 배를 찌르면 창끝이 등 뒤쪽으로 나오는 것이다.

그리고 왼쪽에서 찌르면 창끝이 오른쪽으로 나오고, 오른쪽에서 찌르면 창끝이 왼쪽으로 나오는 것이다.

얼마나 고통이 심하겠는가.

그러므로 철창지옥을 면하고 싶으면 혈기를 부리지 말아야 하는 것이다. 그리고 분노심을 내지 말아야 철창지옥을 면할 수 있는 것이다.

또한 폭언도 삼가야 철창지옥을 면하게 된다.

그리고 흑암지옥이란 곳이 있다.

이 지옥에는 어리석은 생각을 버리지 못하거나 교만한 마음이 가득하거나 이기심(利己心)이 가득한 죄인들이 들어가는 지옥이다.

이곳 흑암지옥은 캄캄한 어둠만 계속 있는 곳이다. 한치 앞에 누가 있는지도 모를 정도로 캄캄한 지옥이다.

캄캄한 가운데서 무서운 공포의 소리가 들려오고 있다.

흑암이 영원히 계속되는 지옥이므로 너무나 답답하고 너무나 괴로운 곳이다. 이 세상에서도 중죄인에게 캄캄한 지하실 독방에 3일만 가두면 기겁을 한다고 한다. 그런데 캄캄한 흑암이 영원히 계속되는 곳이라면 얼마나 고통이 심하겠는가.

그러므로 이곳 흑암지옥을 면하고 싶으면 어리석은 생각을 가지지 말아야 하는 것이다.

그리고 교만한 마음도 가지지 말아야 흑암지옥을 면할 수 있다. 또 이기심을 버려야 흑암지옥을 면할 수 있다.

지금까지 지옥에 들어간 영혼들의 모습을 대충 살펴보았다. 그밖에도 지옥의 종류는 수없이 많다. 지옥이란 곳은 정말 무서운 곳이다. 지옥의 고통을 아무리 설명해도 알 수가 없으며, 실감이 나지 않는다.

다음은 낙원에 들어가 있는 영혼들의 생활모습을 잠깐 살펴보겠다.

영계는 시간과 공간을 초월하는 세계이므로 자유가 보장된 선한 영혼들은 매우 자유롭게 관광여행도 다니며 천사들이 보여주는 무도회에도 들어가서 구경할 수 있다.

지옥은 영계에 있는 감옥을 말하는 곳이다. 그러나 지옥 이외에는 비교적 자유가 많이 보장되어 있고 영급이 높은 영혼이 권세를 잡고 있다.

영급이란 마음의 상태나 도력(道力)이나 공덕이나 심정상태 등이 보다 하늘 앞에 가까운 영혼이 누리는 혜택이며 권세인 것이다.

영급이 높은 영혼들은 지상에 살고 있는 후손들에게도 꿈으로 나타나거나 계시를 통해 재앙이나 환난당할 것을 미리 알려주기도 하며 후손을 늘 지켜주고 있다.

후손이 기도를 하면 그 정성의 기운을 받아 하늘에 바치기도 하고 하늘의 뜻을 위해 후손의 갈 길을 인도하기도 한다.

지상에서 사는 사람들이 흔히 말하기를
"잘되면 자기 탓이요, 못되면 조상 탓이라."
고 한다.

그러나 잘되는 일은 영계에 있는 선한 조상들이 보살펴 주어서 잘된 것이고 못되는 것은 영계에 있는 죄가 많은 조상들의 업보 때문에 그 빚을 갚아야 하기 때문에 못되는 것이다.

영계에서도 지옥에 들어가 있는 조상은 후손에게 아무 도움

이 되지 못한다. 도리어 죄업소멸을 후손이 해야 하는 짐만
되는 것이라고 할 수 있다. 그러나 선한 조상은 후손을 위험
에서 구원해 주며 건강도 지켜 주며 가정의 액난도 막아 주는
것이다.

그러나 지상에 있는 후손들은 선한 조상의 업보보다 죄많은
조상의 업보를 더 많이 받아 책임을 져야 하는 운명인 것이
다. 자신의 사주를 보면 조상들의 선악간 업보를 모두 알 수
있다.

지상에 있는 후손들은 조상들의 업보를 책임져야 할 운명을
타고난 것이다. 그러므로 혈통의 인연 때문에 피할래야 피할
수 없는 것이 조상들의 업보인 것이다.

조상들의 업보를 소멸시키지 않고는 결코 일이 잘 풀리지
않으며 건강이 좋아질 수가 없다.

그러므로 나는 누구인가?

나는 지옥에서 고통당하는 조상들의 업보를 소멸시켜 지옥
에서 고통당하는 조상들을 구원해야 할 사명이 있는 나인 것
이다.

5. 조상들의 소원

　우리의 조상들 중에는 선하게 산 조상도 있고 악하게 산 조상도 있다. 그러므로 낙원에 들어간 조상도 있고 지옥에 떨어진 조상도 있다.
　그러나 대부분 지옥에 떨어진 조상이 낙원에 들어간 조상보다 압도적으로 많다.
　영계에 들어간 많은 영혼들 중에서 약 70퍼센트 이상이 지옥에 빠져 있거나 지옥 가까운 곳에서 고통을 당하고 있다. 그리고 나머지 30퍼센트는 낙원에 들어가 있고 천국에 들어간 영혼은 불과 몇 사람 되지 않는다.
　흔히들 낙원과 천국을 혼동하고 있는데 낙원과 천국은 완전히 다른 곳이다. 천국은 완성된 천지자녀들만이 들어가는 곳이고 낙원은 아직 부족한 부분이 많은 영혼들이 들어가는 고급 영계인 것이다.
　낙원에 머물러 있는 영혼들은 아직도 수도정진을 더 많이 해야만 천국에 들어갈 수 있는 것이다.
　그리고 지상에서 살 동안 바른 마음을 가지지 못한 사람이 가는 곳이 지옥이다. 지상에서 살 때는 죄악이 눈을 가려 영계에 대한 내용을 전연 모른다. 오직 지상생활만이 인생의 전부라고 주장하며 영생길에 대한 준비는 조금도 하지 않는다.
　살아 생전에 쾌락과 음란한 범죄를 많이 짓는다. 재물이 넉넉해지자 생각하는 것이라곤 밤낮으로 여자 사냥만 하러 다니면서 마음껏 음욕을 탐한다. 이러한 것들이 얼마나 큰 범죄인지를 모르고 사는 것이 대부분이다.

　그런데 막상 영계에 와서 보니 지상에서의 사고방식이 모두 틀리고 말았다.

　영원히 살 수 있는 새로운 세계가 있다는 것을 비로소 깨달았으니 문제가 생길 수밖에. 그것은 영계에 와서 살 준비를 하나도 하지 않았기 때문이다.

　공덕 지은 것도 없고 선한 인연을 맺은 것도 없고 더구나 하늘과의 심정을 맺은 것도 없다. 가지고 온 것이라고는 죄지은 업보뿐이다.

　수많은 여자들의 정조를 유린했고 많은 가정을 파탄나게 했으며 또 도적질도 드러나지 않게 많이 했다. 회사에 다닐 때 공금도 많이 빼내어 훔쳐먹었다. 아내 몰래 감추어 둔 여자가 몇 명이나 있었다.

　자기 스스로를 돌이켜 보아도 이력서엔 너무나 죄많은 내용들뿐이다. 저승문에 들어설 때 첫째문에서 실격하여 지옥으로 떨어지고 말았다. 지옥에 떨어져서 후회를 해본다. 내가 왜 지상에서 생활할 때 영계에 대한 사실을 몰랐을까? 왜 그토록 죄를 많이 지었을까? 아무리 후회를 하고 탄식을 한들 소용이 없다.

　영혼은 육신을 떠나서는 더 이상 발전할 수도 지은 죄를 속죄할 수도 없으므로 영원히 고통을 당하며 살아갈 수밖에 없다.

　덕을 쌓을래야 쌓을 수도 없다. 육신이 없기 때문이다.

　영혼과 육신과의 관계는 나무와 과일에 비유할 수 있다. 과일이 나무에서 떨어지면 더 이상 자라지 못하는 것과 같다.

　시집을 못가고 죽은 처녀는 몽달귀신이 된다. 그 이유는 결혼의 즐거움을 육신을 터로 하여 느끼지 못하면 그 영혼은 영원히 느끼지 못하기 때문이다. 또 지상에서 자녀를 낳고 키워 보지 못한 사람은 자녀를 생육하는 기쁨을 못 느끼고 육신을 벗게 된다. 그러면 그 영혼은 영원히 자녀에 대한 기쁨을 모르는 영혼이 되고 만다. 지상에서 사는 동안 세 가지 사랑을 느껴 보아야 천국에 들어간다.

첫째는 부모의 사랑이다.

부모에게 사랑을 듬뿍 받아야 그 사람은 선한 사람이 될 수 있다. 부모가 없는 고아(孤兒)가 불쌍한 이유는 이 때문이다.

둘째는 부부(夫婦)의 사랑이다.

어릴 때는 부모의 사랑을 먹고 그 영혼이 자라지만 이제 장성하면 부부의 사랑을 먹고 그 영혼이 산다. 그런데 혼자 사는 사람은 아무리 도를 닦아도 부부의 사랑을 못 느끼므로 불행하다.

결혼하지 못하고 죽은 처녀와 총각이 불쌍하다는 이유는 여기에 있다.

또 결혼은 했으나 남편이 젊은 나이에 황천객이 되고 과부가 되면 이것도 불쌍한 것이다.

그리고 마지막에는 자녀의 사랑이다. 사람이 어려서는 부모의 사랑으로 그 영혼이 살아가고 성장해서는 부부의 사랑을 먹고 그 영혼이 살아간다.

이제 나이가 들어서는 자녀의 사랑을 먹고 그 영혼이 살아가는 것이다.

이러한 삼대상(三對象) 사랑을 잘 받은 사람이라야 그 영혼이 건강하며 온전한 영혼이 되는 것이다.

지상에서 살 동안 지은 죄가 무거운 영혼은 지옥에 떨어져서 고통을 당하며 몸부림치고 있다.

그러나 아무리 고통이 심해도 어쩔 도리가 없다. 육신이 없으므로 속죄할 수가 없기 때문이다.
 단 한 가지 희망은 지상에서 육신을 쓰고 살고 있는 자녀나 후손의 힘을 빌리는 길밖에 없다. 즉 지상에서 살고 있는 후손이 조상의 죄업을 소멸시켜 준다면 그 조상은 지옥의 고통에서 해방을 맛보게 되는 것이다.
 그러나 아무리 불러도 지상의 후손들은 영의 귀(耳)가 막혀 있으므로 조상들의 애원을 들을 수가 없다.
 그래서 자행자지하며 살아가므로 깨닫게 하기 위해서 매를 들고 벌을 내리는 것이다. 그 벌을 신벌이라고 하는데 병에 걸리게 되거나 또는 갑자기 불행한 사고를 당하기도 하는 것이다.
 지상에 사는 사람들에게 이처럼 병이 발생하거나 불의의 사고를 당하는 것은 모두가 조상들이 깨닫게 하기 위해서 내린 신벌(神罰)인 것이다.
 즉 조상들의 죄업을 소멸시켜 달라는 신호인 것이다.
 지상에 사는 사람이 자기 조상들의 죄업을 소멸시키는 비결은 공덕을 쌓아 그 정성의 기운을 올려보내 주는 것이다. 정성의 기운에 따라서 조상들의 죄업은 조금씩 조금씩 소멸되어 가는 것이다.
 이것이 곧 조상해원식이다. 그러나 이러한 정성은 한두 번으로 끝나는 것이 아니라 수십 번이나 수백 번 정성을 바쳐야 완전히 업보가 소멸되는 것이다.
 조상들은 부모를 위시해서 조부모·증조부모·고조부모·현소부모·6대조상·7대조상 등 수없이 많다.
 어느 조상이 무슨 죄를 얼마나 지었는가를 알아야 하는데 어떻게 알 수 있는가? 그것은 사주(四柱)를 보면 쉽게 알 수 있다.

예를 들어 사주에 식상(食傷)이 기신(忌神)이고 식상의 기운이 강하면 고조부모의 지은 죄를 소멸시켜야 하는 운명인 것이다.

예를 들어 본다.

年 月 日 時　　丁戊己庚辛壬癸
丙 丙 甲 丙
午 午 子 寅　　未申酉戌亥子丑

이 사주를 보면 甲木일주가 午月에 출생하여 설기(泄氣)가 너무 심하다.

子水인수(印綬)가 용신(用神)인데 丙午火 식상(食傷)은 기신이며 태왕하다.

그러므로 고조부모 때 남에게 폭력을 많이 휘둘러 큰 죄를 지었다. 그러므로 이 사주의 주인공은 고조부의 죄업을 소멸시키는 조건으로 사람들을 사랑하고 용서해야 하며 형편이 허락하는 한도에서 공익사업이나 국가나 도문(道門)에 고조부의 이름으로 헌금이나 성금을 많이 바쳐야 한다. 이러한 공덕을 많이 바치면 고조부는 업보가 점점 가벼워져서 지옥의 고통에서 점차 해방되어 나오는 것이다. 이것이 후손으로서의 최대한의 효성(孝誠)인 것이다.

이러한 효성을 많이 쌓게 되면 조상들을 위한 구원도 되며 또한 자신의 인격 성장이나 도력도 많이 성장하며 그 공덕은 어느 누구도 가져갈 수 없는 오직 정성드린 자의 것이 되는 것이다.

이렇게 볼 때 사주를 보지 않고는 캄캄한 밤길을 걷는 것처럼 위험하다. 사주를 안다는 것은 밝은 등불을 들고 길을 가는 것과 같다고 할 수가 있다. 부모와 자식은 공동운명이므로 조상과 후손도 공동운명이다. 그러므로 조상과 부모의 모든 업보는 자식이나 후손이 반드시 갚아야 한다. 이것은 천리의 법칙이며 대자연의 이치이다.

그러므로 사람이 태어날 때 이미 부모와 조상들의 선악간 업보에 따라 70퍼센트까지는 사주가 선천적인 운명으로 결정되어 태어난다.

이 선천적인 운명은 변동시킬 도리가 없다. 요지부동인 것이다.

그리고 후천적인 노력에 의해 변동시킬 수 있는 부분이 30퍼센트이다.

그러므로 노력으로써 소원을 이룰 수 있는 부분도 이처럼 30퍼센트 한도내에서 가능할 뿐이다. 자신의 능력도 30퍼센트 내에서 찾아야 한다. 여기 30퍼센트를 초과하는 생각이나 행동은 과욕이 되며 역리(逆理)가 되는 것이다.

이렇게 볼 때 사람의 성공 여부도 노력만으로는 30퍼센트까지만 성공할 수 있다고 볼 수 있으며 운이 따르지 않으면 별 수없는 것이다.

이제 자신의 사주를 보아 조상들의 업보가 어떤 것인가를 알게 되었다면 그 업보소멸을 위해 공덕을 쌓는 것이 후손들의 책임분담이며 의무인 것이다. 그러므로 나는 누구인가?

나는 지옥에 떨어져서 고통당하는 조상들의 업보를 소멸시켜 구원해야 할 책임을 가지고 태어난 나인 것이다.

제9장
어떻게 살아야 할까?

1. 바른마음으로 살아야 한다

어느날 50대로 보이는 남자가 사주를 보러 왔다.
사주를 뽑아 놓고 보니 흉운이 계속되고 있었다. 짐작컨대 무슨 사건으로 감옥에서 살다가 나온 것이 아닌가 하고 짐작을 했다.

年　月　日　時
戊　甲　壬　丁　　乙丙丁戊己庚辛
辰　辰　戌　未　　巳午未申酉戌亥

먼저 말을 걸었다.
"선생께서는 어디서 좀 편안히 쉬었다가 오셨습니까?"
하고 물어 보았더니 그 사람은 분명한 대답은 하지 않고 우물쭈물하고 있었다.
그래서 일단 사주에 나오는 대로 풀이를 했다.
壬水일주가 辰月에 출생하여 일주는 약한데 사주에 관살(官殺), 즉 土기운이 너무 강하여 외격(外格) 사주가 되었다.
즉 종관살격(從官殺格) 사주이다.
종관살격 사주이므로 관살이 용신(用神)이며 재성(財星)은 희신(喜神)이다.
그러므로 행운(行運)에서 보면 火土운은 길하고 金水木운은 흉하다.
대운을 보니 초년운은 용신 운이라 부모의 덕으로 공부도 잘하였고 사업도 원만히 잘되었을 것이다. 그러나 중년운부터 흉운(凶運)이 들기 시작했다.

"사업을 하셨다면 부도를 만나 파산을 하였을 것이고 직장에 다녔다면 중역자리까지 승진을 했다가 뇌물 관계나 공금처리문제로 파면을 당하거나 심하면 그 일로 인해 감옥에 다녀와야 할 운명인데요."

그러자 그 손님은 고개를 끄덕이며 실토하기 시작했다.

"부모님 덕분에 학교도 고생하지 않고 편안히 잘 다녔고 졸업 후 곧바로 친척의 도움으로 제법 굵직한 중소기업에 입사했습니다.

운이 좋아서인지 동료들보다 승진도 빨리 되었고 만사가 쉽게 잘 풀려 나갔습니다. 더구나 제품을 구입하는 자제부에 근무하다 보니 심심찮게 뒷돈도 꽤 많이 생겼지요.

그런데 작년에 거래처로부터 받은 떡값이 문제가 되어 회사에서 쫓겨나게 되면서 거래가 중단되자 그쪽 거래처에서 고소를 하게 된 것입니다.

즉 물품을 받아 주겠다는 조건으로 떡값을 좀 많이 받은 것이 그만 걸리게 되어 감옥에까지 들어가게 되었고 1년 정도 옥살이하다가 이제 막 나왔습니다.

작년과 금년은 재수가 더럽게 없는가 봅니다……."

사주에 나와 있는 '프로그램'대로 살아 왔으며 앞으로도 흉운이 많아 무슨 일을 하더라도 실패할 가능성이 많았다.

그래서 사주에 대한 근본적인 내용을 설명했다.

"선생께서 방금 말씀하셨듯이 재수가 없어 감옥에 신세지고 왔다고 하였지만 사실 알고 보면 조상들의 업보 때문입니다. 선생께서는 제가 드리는 말씀이 허황한 이야기로 들릴지 모르지만 저는 진실을 말합니다.

선생의 조상 중에 뇌물을 받아 먹고 지은 죄가 있습니다. 죄지은 것은 육신을 쓰고 있는 동안 소멸시켜야 하는데 소멸시키지 않고 그냥 영계에 들어가게 되었습니다.

지상에 살 동안에는 죄를 짓거나 복을 짓거나 육신의 탈 속에 영혼이 감추어져 있으므로 그 내용이 잘 드러나지 않아 모르지만 육신을 벗고 영계에 들어가면 마치 거울을 보듯이 훤히 나타나게 되는 것입니다.

즉 영혼에 죄지은 내용이 그대로 기록되어 있기 때문입니다. 영계에 들어가서 후회를 해도 소용이 없습니다.

속죄를 하려 해도 자신의 힘으로는 불가능합니다. 육신이 없기 때문이지요. 그래서 그 죄업을 소멸시키기 위해서는 후손이 공덕을 쌓는 길밖에 없습니다.

사주란 부모나 조상들이 지은 바에 따라 사주가 정해져 나오기 때문에 사주를 보면 조상들의 살아 생전에 지은 바 선악간 내용을 알 수가 있습니다.

그러므로 사주란 부모나 조상들이 지은 죄업의 내용을 알려 주기도 하고 조상들이 진 빚을 갚으라는 독촉장과도 같은 것입니다.

그러므로 선생 같은 경우를 보면 5대조상이 지은 뇌물죄를 소멸시켜야 할 사명과 의무를 가지고 이 땅에 태어난 것입니다. 그 소멸 방법은 조상이 지은 업보 내용과 반대의 길을 가야 하는 것입니다.

즉 선생의 5대조상은 뇌물을 받아 죄를 범했으므로 선생께서는 뇌물을 절대로 받지 말아야 할 것이며 더 나아가서는 조상이 받은 뇌물만큼의 돈으로 계산하여 국가에 성금을 내거나 공익사업에 5대조상의 이름으로 성금을 내거나 또는 도문(道門)에 헌금을 해야만 5대조상의 뇌물죄가 소멸되는 것이고 그 조상은 지옥의 고통에서 풀려나게 되는 것입니다.
 조상의 업보가 소멸되어야 선생께서도 무슨 사업을 하거나 잘될 것이며 건강도 좋아지는 것입니다.
 그런데 선생께서는 어떻게 살아오셨습니까?
 누구보다도 뇌물을 받지 말아야 할 사람이 남모르게 많은 뇌물을 받았으니 5대조상의 업보소멸은 고사하고 조상의 업보를 더 가중시키는 결과를 초래하고 말았습니다.
 그러다 보니 5대 조상은 영계에서 더 많은 고통을 당하게 되지요. 그 조상은 '제발 바르게 살아 달라.'고 소리를 질러도 영(靈)의 귀가 막혀 버린 선생께서는 들을 수가 없었습니다.
 아무리 소리를 질러도 깨닫지 못하고 자행자지하므로 매를 드신 것입니다. 뇌물이 들통나게 한 것도 감옥에 끌려가게 한 것도 모두 그 조상이 선생을 깨우치게 하기 위해서 한 것입니다.
 그러니 이제라도 늦지 않았습니다. 지옥에서 고통당하는 조상을 구원해 드리겠다는 효심(孝心)으로 공덕을 쌓으며 바른 마음으로 사십시오.
 형편이 돌아가는 대로 조상의 구원을 위해 공익사업이나 국가에나 도문에 성금을 내십시오.
 이것이 곧 조상을 구원하는 길이고 선생 자신도 사는 길입니다. 선생 당대에 조상의 업보를 소멸시키지 않으면 그 업보는 다시 가중되어서 자녀에게로 넘어가서 또다시 삼재팔난을 당해야 합니다.
 진실로 자녀를 사랑하신다면 먼저 선생께서 새 사람으로 거듭 태어나십시오. 그리고 올바른 마음으로 정직하게 살 것을 하늘 앞에 다짐하십시오."

이 말을 듣고 그 사람은 눈물을 흘렸다. 그리고 말했다.
"원장님의 말씀을 듣고 보니 저는 지금까지 인생을 헛살아 왔습니다. 정말 이러한 내용이 있는 줄 모르고 떡값받는 것을 즐거움으로 살아온 데 양심의 가책을 느낍니다. 떡값받은 돈은 모두 술집에서 탕진하고 말았습니다. 그리고 그 돈으로 여자사냥도 무척 많이 했습니다. 이 모든 죄를 육신을 벗기 전에 갚아야 한다는 말씀을 듣고는 제가 갈 길이 바쁘다는 것을 느끼게 되었습니다. 이제부터는 바르게 살도록 노력하겠습니다. 정말 감사합니다, 정말 감사합니다, 정말 감사합니다."
절을 수없이 하고는 사무실을 나가는 그 모습을 보고는 보람을 느꼈다.
오늘도 한 중생을 구원하였구나, 하는 보람이 없다면 어떻게 사주쟁이 노릇을 해먹겠는가.
그러므로 나는 누구인가?
나는 조상들의 업보소멸을 위해서 바른 마음으로 공덕을 쌓으며 살아야 할 나인 것이다.

2. 감사하며 살아야 한다

어느날 40대 중반으로 보이는 한 남자가 찾아왔다.
목발에 의지하고 다니는 것을 보니 아마 무슨 사고를 당하여 병원 신세를 얼마간 지고 나온 게 아닌가 짐작했다.
"어떻게 오셨습니까?"
하고 물어 보았다.
"예, 사주를 좀 보러 왔습니다."
하면서 생년월일을 말했다.

```
年 月 日 時
壬 丙 乙 己      丁戊己庚辛壬癸
午 戌 酉 卯      亥子丑寅卯辰巳
```

이 사주를 보니 乙木일주가 戌月에 태어나서 신약사주다.
신약사주이므로 용신(用神)은 인성(印星)이나 비겁(比劫)으로 잡아야 한다. 이 사주의 구성으로 보아서는 연간(年干)의 壬水가 유력하여 용신이 된다.
水가 용신이라고 해서 金이 꼭 희신이 되는 것은 아니다.
신약사주이므로 金水가 동행할 때에만 金기운이 희신의 역할을 하지만 만약 土金이 동행하면 오히려 기신(忌神, 즉 凶神)의 역할을 하게 된다. 신약이므로 비겁인 木은 당연히 길신(吉神)이다.
그리고 火土는 모두 기신이 된다.

壬水 용신(用神)이 戌土에 파극당하여 약하고 卯木이 卯酉상충을 당하여 비교적 불안한 사주다.

대운 또한 5년은 길하고 5년은 흉하므로 그 생활에 기복이 심하게 되어 있다.

"작년부터 대운이 기신운으로 내려가므로 상당히 고전할 운세입니다."

일단 한마디 던졌다.

그러자 얼른 받아서 말했다.

"그놈은 못 잡겠습니까?"

하고 불쑥 내뱉는다.

"그놈이라니요? 누구를 두고 한 말씀인지 좀 자세히 이야기해 보세요."

그 사람은 이곳 철학관까지 오게 된 이유를 설명했다.

그러니까 약 10개월 전의 일이다.

고향 친구들과 한 달에 한 번씩 만나는 친목계에 참석하기 위하여 준비를 하였다. 매월 셋째번 일요일 오후 2시에 친목계 회장 집에서 만나는 날이다.

간단히 점심을 먹고 버스를 타고 중곡동으로 갔다. 버스에서 내려 조금 걸어가다가 횡단보도를 건너는데 갑자기 뒤에서 달려오던 봉고차에 부딪히고 말았다.

길가 인도로 5미터나 나가떨어지는 순간 정신이 아찔했다. 그리고 일어서려고 하는데 다리가 말을 듣지 않았다.

봉고차 운전사는 차를 멈추려고 하더니 갑자기 속력을 내어 달아나기 시작했다.

워낙 순간적으로 일어난 일이라 미처 차량번호를 보지 못했다. 마침 지나가던 행인에 의해 병원으로 옮겨지고는 그만 정신을 잃고 말았다. 정신을 차리고 보니 아내가 걱정이 가득한 모습으로 지켜보고 있었다.
 시골에서 사고 소식을 듣고 어머니와 형님, 누님과 동생이 올라왔다.
 "형님, 어떻게 된 일입니까?"
 동생이 물었다.
 그래서 사건 경위를 차근차근 설명했다. 차량번호를 알지 못한다고 하자 모두 안타까워만 했다.
 기억나는 것이라곤 연한 베이지색 봉고차뿐이다. 경찰도 한번 조사해 보겠다고 하고는 가버렸다.
 집안 식구들은 사고 현장에다 현수막을 내걸었다.

 뺑소니 봉고차를 보신 분을 찾습니다. 목격자에게는 500만 원을 드리겠습니다.

 그러나 헛수고였다.
 아무런 효과도 없었고 오히려 장난전화만 귀찮게 걸려왔다.
 두 다리가 부러지고 갈비뼈도 두 대나 부러지는 등 큰 중상이었다.
 장기간 입원치료를 해야 할 판이었다. 우선 적금을 해약하고 통장에 있는 돈을 모아 병원 치료비로 사용해야만 했다.
 친척들이 몇 푼씩 보태 주고 갔지만 한강에 돌 던져넣기나 마찬가지였다.
 아내는 답답하니까 여기저기 용하다는 점쟁이를 찾아 다니기도 했다.
 6개월 만에 어느 정도 회복이 되어 퇴원했다. 치료를 더 받고 싶어도 병원비가 무서워서 그럴 형편이 못되었다.

갑자기 당한 일이라 직장도 그만두게 되었고 수입이 없으므로 살 길이 막막했다. 워낙 다급해지니까 아내가 파출부를 나갔다. 생전 처음 나가는 파출부 생활이 얼마나 괴로웠는지 아내는 첫날 다녀와서는 밤새도록 울었다.

이제 몸이 불구가 되었으므로 힘이 드는 일은 할 수가 없다. 목발에 의지하여 겨우 가까운 거리는 나다닐 수가 있었다. 그는 뺑소니 운전사에 대한 원한으로 가득차 있었다.

하루는 하도 심심하고 답답해서 나와 보니 마침 '철학관' 간판이 보이길래 들어왔다고 했다.

"그간 참으로 고생 많이 하셨습니다. 얼마나 고통이 심하셨습니까? 참으로 안됐습니다. 정말 동정이 갑니다."

우선 위로를 할 수밖에 다른 무슨 말이 필요하겠는가.

"그 뺑소니친 운전사를 잡을 수는 없겠습니까? 언제쯤 잡히겠습니까?"

이렇게 다그치는데 무슨 말을 해야 좋을지 몰랐다.

그래서 설명을 했다.

"조상들의 업보 때문입니다. 이제부터 제가 하는 말을 끝까지 다 들으시고 판단은 당신 스스로 알아서 하십시오.

조상들의 업보가 많이 있지만 그 중에서 특히 증조부가 지은 업보가 많이 남아 있습니다. 증조부는 재물이 좀 넉넉해지자 고리대금 놀이를 했습니다. 그것도 아주 비싼 이자를 받는 조건으로 돈을 빌려주고는 정한 날짜에 못갚으면 이자를 두 배 세 배로 받아내는 일을 했습니다.

그리고 돈을 받으러 다닐 때는 폭력배들을 몇 사람 데리고 다니면서 제때 갚지 않으면 집안을 난장판을 만들기도 하고 폭력을 많이 행사하여 사람들로부터 원성을 샀습니다.

관청과 결탁을 하고 있었으므로 아무도 항의를 하거나 불평을 할 수가 없었습니다.
 이러한 일로 많은 백성들에게 날벼락을 준 죄를 지었습니다. 원한이 사무친 채무자도 많이 있었습니다.
 갚지 못한 채무 때문에 딸을 대신 빼앗긴 사람도 있고 심지어는 전답이나 집을 빼앗긴 사람도 많이 있었습니다.
 그 죄업의 기운이 지금 당신 사주에 나타나 있습니다. 지금 증조부는 영계에서 고통을 당하고 있습니다.
 너무 고통이 심하다 보니 후손인 당신에게 구원의 손길을 보낸 것입니다.
 그러나 당신은 이러한 배후에 대한 내용을 전연 모르고 살았습니다. 증조부의 그 죄업을 소멸시켜야 할 사명이 당신에게 있습니다.
 조상과 후손은 혈통의 인연 때문에 공동의 운명입니다. 그러므로 조상이 지은 모든 업보는 후손이 반드시 갚아야 한다는 것은 천지의 법칙입니다. 피하려 해도 피할 수 없는 것이 조상의 업보입니다. 살아 있는 동안은 언제 어디서나 그 빚을 받아 가려고 운명은 기회를 엿보고 있습니다.
 당신이 조상의 업보 소멸을 위해 공덕을 쌓지 않자 채무의 기간이 다 되었기 때문에 당신의 몸을 다치게 함으로써 그 고통을 통하여 조상의 업보가 어느 정도는 소멸되었습니다.
 미리 이러한 천적(天的)인 뜻을 알고 공덕을 쌓았다면 몸을 다치지 않고 복을 지어 가면서 조상의 업보 소멸을 할 수도 있었을 텐데 당신이 깨닫지 못한 관계로 이러한 흉사(凶事)를 당하게 된 것입니다.
 이제 이미 지나간 일이므로 모두 잊어버리십시오. 뺑소니차 운전사에 대한 원한을 풀어 버리도록 노력하십시오.
 만약 그 원한을 풀지 않으면 조상의 업보는 소멸되지 않습니다.

 이번 사고는 조상의 업보 때문이라는 것을 알고 모든 원한을 풀어 버리고 감사하는 마음을 가진다면 크게 복이 됩니다.

 뺑소니자 운전사야 잡히거나 안 잡히거나 그것은 법을 관리하는 경찰들에게 맡겨 버리고 당신은 그 뺑소니차 운전사를 위해 기도나 하십시오.

 부디 다른 사람에게는 이러한 죄를 짓지 말도록 기도나 해 주십시오.

 원수라고 생각하지 마시고 나의 잘못을 깨우쳐 준 은인(恩人)이라고 생각하고 복을 빌어 주십시오.

 예수님은 자신을 찌른 로마 병정들에게 복을 빌어 주었습니다. 그래야만 원한의 기운이 풀어지기 때문이지요.

 제가 드리는 말씀을 듣고 깨달음을 얻는다면 당신은 이미 큰 복을 받았습니다.

 당신 마음속에 도망간 그 운전사의 원한이 풀려야 증조부께서 지옥에서 고통을 면할 수 있습니다.

 당신이 도망간 운전사를 용서해 주어야 증조부의 생전에 지은 죄를 용서받을 수 있습니다.

 당신이 도망간 운전사를 위해 복을 빌어 주어야 당신 가정에 행운이 찾아오게 됩니다.

 이번 사고를 통하여 감사하는 마음으로 돌리십시오. 그러면 만 가지 복을 받을 것입니다.

 복수는 복수를 낳는 법입니다. 내가 갚을 차례에 참아 버리십시오.

 부처님 말씀에 의하면 다생(多生)의 업보를 멸도시키는 방법은 내가 갚을 차례에 참아 버리면 그 업보는 소멸된다고 하셨습니다. 이 말씀을 깊이 새겨 새로운 마음으로 거듭나십시오."

한참 동안 설명을 했다. 그 사람은 깊이 느낀 있는 듯 고개를 끄덕이면서 말했다.

"정말 오랜만에 귀중한 법문(法門)을 들었습니다. 저도 부처님을 믿고는 있습니다만 이렇게 자세한 내용이 있는 줄은 몰랐습니다. 이제 다시는 도망간 운전사에 대한 원한을 품지 않겠습니다. 그리고 용기를 내어 정직하게 살아보겠습니다. 정말 감사합니다."

이와 같이 말귀를 알아듣고 깨달음을 얻고 나가는 사람들을 볼 때 사주쟁이로서 한없는 보람을 느낀다. 그러나 개중에는 깨닫지 못하는 삶도 많이 있다.
"허망한 개소리 집어치우시오."
이렇게 욕설을 하면서 나가는 것을 볼 때는 참으로 안타까운 마음 금할 길이 없다.

  천지부모내조아(天地父母來助我)
  수호신령내조아(守護神靈來助我)
  옴~급급여율령(唵~急急如律令)

입에서 절로 천문(天文)이 나온다.

그러므로 나는 누구인가?
즐거운 일을 당하거나 괴로운 일을 당하거나 이 모든 일들이 조상의 업보를 소멸시키는 일이라 생각하고 모든 일에 감사해야 할 나인 것이다.

3. 은혜를 생각하며 살아야 한다

어느날 오후 청년 한 사람이 찾아왔다.
"어떻게 오셨습니까?"
하고 묻자 그가 말했다.
"직업 문제 때문에 왔습니다. 제 사주 좀 봐 주십시오."

年	月	日	時							
甲	壬	庚	丁	癸	甲	乙	丙	丁	戊	己
辰	辰	寅	丑	巳	午	未	申	酉	戌	亥

이 사주는 庚金일주가 辰月에 출생하고 인성이 많아 신강 사주이다.
인성(印星) 土가 많은 신강사주이므로 土를 억제하는 재성(財星) 木이 용신(用神)이 된다.
木이 용신이므로 水는 희신이다.
신강사주이므로 火도 길하다.
신강사주에 용신이 왕성하므로 길(吉)한 사주이다.
"하시는 사업도 잘되고 가정에 아무 걱정이 없는데 무슨 궁금한 것이 있습니까?"
그 청년은 말문을 열었다.
"예, 저는 마장동에서 정육점을 크게 합니다. 다른 업자와 달리 저는 직접 지방으로 내려가서 돼지를 사다가 직접 잡아 판매하고 있습니다.

그러므로 다른 정육점보다 싸게 팔아도 이익은 많은 편입니다. 장사가 아주 잘되는 편이므로 돈도 많이 벌었습니다. 그런데 한 가지 고민이 생겼습니다. 저의 어머니는 독실한 불교 신자입니다.

그러므로 늘 말씀하시기를 살생(殺生)을 금해야 한다며 살생을 하지 않는 다른 직업으로 바꾸라고 합니다.

물론 제가 직업이 정육점이다 보니 살생을 하지 않을 수가 없는 입장입니다. 무슨 좋은 방도가 없겠습니까?"

이야기를 듣고 보니 아무 걱정할 내용이 아니었다.

그래서 설명을 했다.

"걱정하지 마십시오. 당신 어머니는 부처님의 참뜻을 잘 몰라서 그런 말씀을 하시는 것입니다.

이 우주의 모든 만물은 천지 부모께서 창조하셨습니다. 식물이나 동물이나 인간이나 그 밖에 모든 존재하는 것은 하나님이신 천지부모께서 만드신 것입니다.

그러나 인간은 동물이나 식물이나 다른 만물들과는 다르게 창조되었습니다. 즉 인간은 천지자녀의 자격으로 창조되었습니다.

그러므로 인간과 만물은 동급(同級)이 아닙니다. 인간은 하늘 대신 만물을 다스릴 자격이 있는 것이지요.

그리고 인간이 만물과 다른 점은 영혼이 있다는 것입니다.

인간 이외의 만물은 영혼이 없습니다. 소[牛]나 말[馬]이나 닭[鷄]이나 나무[木]나 풀[草] 등은 영혼이 없습니다.

영혼이 없는 식물이나 동물은 모두 하나님이 사람을 위해서 만들어 주신 것입니다.

그럼 왜 부처님은 살생을 하지 말라고 하셨느냐? 그 이유는 그 당시 인지(人知)가 낮으므로 사람들간에 싸움을 하다가 살인(殺人)을 하는 일이 많았습니다.

그리고 동물에 대한 사랑하는 마음들이 부족하므로 동물을 죽이는 마음으로 사람까지 해칠 것을 염려하시어 살생을 하지 못하게 하신 것입니다.

제가 극락세계에 계신 부처님께 여쭈어 보았습니다.

'자비하신 부처님, 살생을 금하면 사람들의 건강을 돌볼 수가 없지 않겠습니까?'

하고 여쭈었더니 부처님이 말씀하시기를

'과거에는 인지(人知)가 미개하여 살생하지 말라고 가르쳐 왔지만 이제 새로운 시대가 열리므로 살인(殺人)하지 말라로 고쳐야 원만한 불법이 되리라.'

고 하셨습니다. 이 말씀은 돼지를 잡거나 소를 잡거나 닭을 잡는 것은 죄가 되지 않습니다.

영혼이 없는 동물이므로 원수지간이 되는 일도 없습니다.

그러나 돼지나 소나 닭 등이 영적(靈的)인 작용을 할 때도 있습니다.

그 이유는 영계 지옥에 있는 영혼들이 오랜 기간이 지나면 구원받을 길을 찾고자 합니다.

선한 영혼들은 지상에 있는 사람 중에 서로 영급이 비슷한 사람과 형제자매의 인연을 맺는 것입니다.

지상인이 기도나 선업을 쌓을 때 형제자매의 인연을 맺은 영혼은 협조를 합니다.

협조하는 공덕으로 지상인이 느낀 감성을 받아 협조한 영혼도 성장을 하는 것입니다.

그러다가 지상인이 육신을 벗고 영계에 들어가면 형제자매의 인연을 맺은 영혼도 함께 혜택을 받아 높은 영계로 올라가는 것입니다.

또 지상인이 수도정진을 열심히 하게 되면 자기와 인연 맺은 영혼과 만나기도 합니다.

이때 지상인은 자기와 인연 맺은 그 영혼의 이름을 부르면서 자기는 누구의 환생한 몸이라고 착각을 하고 있습니다.

자기를 서산대사니, 원효대사니, 재림예수니, 미륵불이니, 신공자니 하는 말을 하는 것을 들을 수 있습니다. 이것은 서산대사의 영혼이 협조해 주는 것인데 지상인은 마치 자신이 그의 환생자인 것처럼 착각을 하여 스스로 서산대사 흉내를 내는 것입니다.

그리고 부처님과 깊이 인연을 맺은 사람은 부처님이 협조해 주다 보니 지상인은 스스로 미륵불이라고 자청하기도 하는 것입니다.

또 낙원에 계신 예수님은 지상인 중에서 믿음이 독실한 사람이 나타나면 인연을 맺어 협조해 주면서 격려해 줍니다.

그러면 지상인은 자기가 예수의 재림자인 줄 착각을 하여 소리를 지르는 것입니다. 즉 '내가 재림예수다.' 하면서 선전을 하게 됩니다.

지상에 사는 사람은 모두 영계의 영혼들과 인연을 맺고 있습니다.

유유상종처럼 마음 상태나 생각이나 행동이나 취미나 특기나 종교나 그 밖에 여러 모로 비슷한 조건이 되어야 지상인과 영혼들과 형제자매의 인연을 맺을 수 있는 것입니다.

그러나 죄가 많은 영혼들은 지상인과 인연을 맺을 때 지상에서 범죄를 많이 저지르는 악인들과 인연을 맺거나 더 죄가 많은 영혼은 짐승이나 식물이나 무생물과 인연을 맺게 되는 것입니다.

즉 소(牛)와 인연을 맺은 영혼은 소가 당하는 고통을 느끼며 자기의 죄를 조금씩 소멸시키는 것입니다.

이러한 내용을 보고 영안이 열린 사람은 소에게 사람의 영혼이 접신되어 있는 것을 보고는 사람이 전생에 죄를 많이 지어 소로 태어났다고 잘못 가르쳐 왔던 것입니다.

그리고 영계 지옥에서 오랜 기간 동안 고통을 당하다가 천지부모의 자비와 은총에 따라 휴가기간을 주면 지상에 있는 사람과는 인연을 맺을 자격이 없으므로 대신 동물에게 접신하여 자신의 죄업을 조금이나마 소멸시키고는 돌아가는 것입니다. 동물에게 사람의 영혼이 접신되어 있는 것을 보고 영통인은 '전생에 죄를 많이 지어 동물로 태어났다.'라고 말하는 것입니다.

이제 이러한 내용을 정확하게 이해함으로써 인생과 우주에 관한 내용을 올바르게 깨달아야 할 때입니다.

영혼은 오직 사람에게만 있습니다. 짐승이나 식물에게는 영혼이 없습니다. 그러므로 소를 잡거나 돼지를 잡거나 아무런 죄가 되지 않으니 염려 마시고 직업에 충실하십시오.

이러한 내용을 보게 될 때 우리는 새로운 인생관을 가지게 됩니다.

제가 드린 말씀에 대하여 궁금하시면 직접 영안을 열어 극락세계에 계신 부처님께 여쭈어 보십시오.

틀림없이 제 이야기가 옳을 것입니다.

그리고 만물에 대해서는 사랑하는 마음을 가져야 하는 것입니다. 공기나 물이나 산이나 들이나 태양이나 나무나 짐승이나 모두 인간에게 은혜를 주고 있습니다.

공기가 없으면 살 수 있겠습니까? 물이 없으면 살 수 있겠습니까? 태양이 없으면 살 수 있겠습니까?

이 모든 것이 우리 사람에게 큰 은혜를 주고 있는 것입니다. 그러므로 사람은 마땅히 모든 사람과 만물에 대하여 은혜로써 살아야 복을 받는 것입니다.

가게에 고기를 사러 오는 손님을 대할 때 모두 부처로 생각하고 나에게 은혜를 주기 위해 오신 분이라고 생각한다면 참으로 도량이 넓은 사람이 되는 것입니다.

사람은 은혜를 생각하며 살 때 만복을 받게 되는 것입니다.

그리고 지금 하고 계시는 정육점이 장사가 잘된다면 그냥 계속 하면서 늘 은혜를 생각하십시오.

그리고 더 큰 은혜가 있습니다.

우리에게 은혜를 주고 있는 공기나 물이나 산이나 들이나 태양이나 나 자신을 만들어 주는 우주의 근본이신 창조주 천지부모가 계십니다. 천지부모의 그 무량한 은혜를 잠시도 잊어서는 안됩니다.

나는 느끼지 못하지만 나의 심장을 작동시켜 주시며 내 몸 속의 피를 돌게 해주시는 내 목숨의 주인이신 하나님의 무량한 은혜를 느껴 보십시오. 반드시 축복을 받을 것입니다."

이 말을 듣고 그 청년은 기뻐하며 용기를 얻었다는 마음으로 일어섰다.

진리는 올바른 것이다. 옳지 않는 것을 잘못 가르치거나 잘못된 길인 줄도 모르고 따라가는 사람은 모두 어리석다.

그러므로 나는 누구인가?

나는 천지부모의 은혜와 모든 사람들의 은혜와 모든 만물들의 은혜를 생각하며 큰 복을 받을 수 있는 나를 만들어야 할 의무가 있는 것이다.

4. 참고 살아야 한다

어느날 40대 중반쯤 되어 보이는 한 여인이 찾아왔다.
"아주머니는 어떻게 오셨습니까?"
하고 물어 보았다.
"두 사람 사주를 보면 얼마나 드려야 합니까? 마침 돈이 좀 부족해서 미리 복채드릴 계산을 해보는 것입니다."
아마 다른 곳에서 사주를 보고 나서 복채 문제로 실랑이를 벌인 적이 있어서 그런가 보다.
"돈에 대한 걱정은 하지 마십시오. 저는 지금까지 복채를 가지고 손님과 다툰 적이 없으니까요. 만일 돈이 없다면 안 주셔도 상관없습니다. 저는 다만 중생들의 고민이나 궁금증을 풀어 드리는 것을 낙으로 삼고 이 일을 하고 있으니까요."
그러자 그 여인은 금방 환한 미소를 지으며 들어왔다.
그 여인은 남편과 자신 두 사람 사주를 보러 온 모양이다.
"제 사주하고 남편 사주를 좀 봐 주세요. 저는 지금 살기가 너무나 고달파요. 제 남편은 벌써 몇 년째 병으로 누워있습니다.
돈이 없어 병원에 가서 치료도 제대로 못하고 그냥 집에서 단방으로 치료하고 있으니 아무 효과가 없습니다.
제가 행상을 하여 두 아이 학교도 보내야 하고 먹고 살아야 하고 월세도 내야 하고 남편 약값도 조금씩 마련하려니 정말 여자 혼자 몸으로는 너무나 고달파요. 무슨 좋은 방도가 없을까요?"

이야기를 듣고 보니 참으로 딱한 사정이었다.

남편 사주
年　月　日　時
壬　壬　庚　壬　　癸甲乙丙丁戊己
申　辰　午　午　　巳午未申酉戌亥

아내 사주
年　月　日　時
癸　癸　乙　戊　　甲乙丙丁戊己庚
未　卯　亥　寅　　辰巳午未申酉戌

먼저 남편 사주를 본다.
庚金일주가 辰月에 출생하여 신강사주(身強四柱)이다.
용신은 午火로 잡아야 한다.
용신이 午火이면 희신은 木이 되는데 이 사주에서는 木이 없다.
木이 없다 보니 壬水가 바로 용신을 극(剋)하고 있다.
그리고 辰土가 午火의 기운을 설기시키고 있다.
그래서 용신은 미약하다.
초년은 용신운으로 달려오므로 비교적 하는 일이 순조롭게 되어 갔으나 申대운에 갑자기 병이 들었다.
폐에 병이 들고 호흡기계통에도 고통이 심하며 고질병이라 좀처럼 회복의 기미가 보이지 않는다.
본래 넉넉지 못한 살림에 병까지 들었으니 집안 꼴이 말이 아니었다.
壬水 식신(食神)이 용신을 파극하므로 4대조상이 음란한

죄를 범하였고 또한 남을 모함하는 죄를 지었기 때문에 그 업보가 이 사주의 주인공에게 빚으로 남아 내려온 것이다.

그 업보를 스스로 갚고자 노력을 하는 사람은 고통을 당하지 않으며 복을 지으면서 업보를 소멸시킬 수가 있으나 스스로 깨닫지 못하고 자행자지하면서 살면 이와 같이 병이 들게 하여 그 빚을 받아 간다.

병이나 사고를 당하는 것은 스스로 업보의 빚을 갚지 않고 있을 때 집달리가 강제로 집행하는 것과 비슷하다.

다음은 아내의 사주를 본다.

이 사주는 乙木일주가 卯月에 출생하였고 亥卯未가 삼합(三合)을 이루어 일주는 태왕하다.

그래서 이 사주는 종강격(從强格) 사주가 되었다.

종강격 사주이므로 용신은 비겁인 木이고 희신은 水이다.

火土金은 모두 기신(忌神)이다.

대운이 기신운으로 흐르므로 고난을 많이 당할 팔자이다.

흐르는 사주팔자를 누가 고칠 것인가.

사주의 운세는 선천적인 힘이 70퍼센트 작용하고 후천적인 노력으로 변동시킬 수 있는 부분이 30퍼센트이다.

그러므로 사람이 아무리 노력을 많이 한다 해도 근본적으로 운명을 바꿀 수는 없다.

노력으로 바꿀 수 있는 한계는 30퍼센트까지뿐이다.

선천적인 운세 70퍼센트는 누구도 노력으로 바꿀 수 없는 것이다.

"아주머니는 지금이 가장 어려운 고비입니다. 사주의 운세가 악운으로 접어들었기 때문입니다."

그 여인은 이 어려운 난관을 극복해 보기 위한 뜻으로 말했다.
"이러한 재앙을 물리칠 수 있는 부적(符籍) 같은 것은 없는지요?"
부적이란 마귀와 재화를 물리치기 위하여 글자를 적은 종이를 말한다.
"있습니다."
"돈이 얼마나 듭니까?"
돈이 얼마나 드느냐고 묻는다.
아마 다른 곳에서는 부적 한 장 값이 엄청나게 비싸다는 것을 들은 모양이다.
백만 원짜리도 있고 심지어는 수백만 원짜리까지 있는 것이 사실이기 때문이다.
"제가 드리는 부적은 아주 비싼 부적이나 아주머니의 지금 형편이 어려우시니 외상으로 드리겠습니다. 사용해 보시고 효험을 보셨으면 그 부적값을 내시고 만일 아무런 효험을 얻지 못하셨다면 부적값을 안 내시더라도 상관하지 않겠습니다."
하고는 천문(天文)을 적은 종이 한 장을 주었다.

〈천문(天文)〉
천지부모내조아(天地父母來助我)
수호신령내조아(守護神靈來助我)
옴~급급여율령(唵~急急如律令)

"이것이 부적입니다. 시간나는 대로 외우십시오. 때와 장소에 구애를 받지 않습니다. 소리를 내어 암송하는 것이 좋으나 주위 분위기가 소리를 낼 수 없는 곳에서는 묵송을 하는 것도 그 공덕은 같습니다. 오로지 참되게 감사하며 살겠다는 일념으로 열심히 외우다 보면 반드시 행복문이 열릴 것입니다."

그 여인은 기뻐하며 받아 들었다.

그리고 돌아가서 매일 암송을 했다. 걸어가거나 장사를 하거나 무엇을 하거나 늘 천문을 외우다 보니 그 어려움 속에서도 큰 힘을 얻었다.

남편에게도 권하여 남편도 지성으로 외웠다고 한다. 과연 몇 달 뒤에 효험을 보기 시작했다.

장사도 수입이 많이 늘어났고 남편의 건강도 많이 회복되었다.

몇 달 뒤의 어느날 그 남편이 찾아왔다.

"지난번에 적어 주신 천문(天文) 때문에 건강이 많이 회복되었습니다. 정말 고맙습니다."

참으로 반가웠다.

"효험을 보셨다니 정말 다행입니다. 이왕 오신 김에 사주에 대하여 설명을 좀 듣고 가십시오.

제가 전에 선생 사주를 보니 4대조상의 죄업을 소멸시켜야 가정이 평안해질 것 같습니다.

제가 드리는 말씀에 기분나빠하지 마시고 잘 들어 주세요. 4대조상이 살아 생전에 두 가지 큰 죄를 지어 영계에 들어가서는 지옥의 고통에 빠져 있습니다.

간음죄와 모함죄입니다.

이 두 가지 업보를 소멸시키지 않으면 조상도 지옥의 고통을 벗어날 수가 없고 또한 선생의 건강도 완쾌는 어려우며 가정에 환난이 끊이지 않습니다.

먼저 간음죄를 소멸시키기 위해서는 절대로 간음을 하지 말아야 합니다.
　혹시 다음에 건강이 회복되면 또 바람을 피우러 다닐까봐 염려가 되어 미리 부탁드리는 것입니다.
　앞으로 남은 인생은 오직 열남(烈男)의 길을 가야만 조상이 지은 간음죄가 소멸됩니다.
　그리고 모함죄를 소멸시키려면 지금부터는 절대로 남을 모함하면 안됩니다. 사람들의 은혜를 생각하여 진정으로 사람을 사랑해야 모함죄가 소멸됩니다.
　그리고 누가 나를 모함한다 해도 복수하지 말고 조용히 당하면서 참고 살아야 4대조상이 지은 모함죄가 완전히 소멸되는 것이니 이 점을 깊이 유념하십시오.
　부모와 자식간에는 혈통의 인연 때문에 공동의 운명입니다. 그와 마찬가지로 조상과 후손간에도 공동운명으로 작용을 하고 있습니다.
　그러므로 조상이 지은 선악간 업보는 그 후손이 반드시 다 받게 되어 있습니다. 특히 조상이 지은 죄업은 조금도 남김없이 다 갚아야 재앙을 면할 수 있습니다.
　그런데 여기에서 소멸시키는 방법은 세 가지로 나누어 볼 수가 있습니다.
　첫째는 동일한 방법입니다.
　이 동일한 방법이란 조상이 지은 죄가 남의 돈 천냥을 훔친 죄가 있다고 할 때 후손이 갚을 때는 훔친 돈 천냥과 그 조상과 지금의 후손이 살고 있는 때까지의 연수를 계산하여 이자를 계산합니다.
　먼 조상은 백년도 넘을 것이고 4대조상이면 백년 정도 됩니다. 7대조상이면 약 180년이나 200년 정도 됩니다.
　먼 조상의 업보를 갚으려면 원금보다 이자가 몇십 배, 몇백 배 많을 수도 있습니다.

그래도 갚지 않으면 안되는 것이 천지의 법칙입니다. 조상이 지은 죄업에 대한 내용을 원금과 이자를 합산하여 국가에 성금으로 내거나 공익사업에 성금으로 내거나 도문(道門)에 성금으로 내면 그 업보는 소멸되는 것입니다.

한번에 다 내려면 어려우므로 형편이 되는 대로 일생을 통해 나누어서 낸다 해도 상관없습니다.

둘째는 보다 작은 소멸 방법입니다.

이 방법은 지금 갚아야 하는 사람이 마음씨가 착하고 효성이 지극하고 하늘을 믿고 살며 하늘을 공경하며 사람과 화친(和親)하며 만물을 사랑하는 마음 자세가 되어 있는 사람에게 해당되는 것입니다.

즉 조상이 지은 죄가 돈 천냥이라면 절반으로 줄여 갚을 수도 있고 또는 10분의 1로 줄여 갚을 수도 있는 방법입니다.

그 사람의 신앙 상태에 따라 많이 줄여질수도 있고 적게 줄여질수도 있는 것입니다.

즉 얼마나 마음 자세를 바르게 가지는가? 얼마나 신앙심이 돈독한가? 얼마나 효성(孝誠)이 지극한가? 등에 따라서 줄여지는 양이 다릅니다.

사람은 누구나 이 방법을 택해야 가장 좋은 길입니다.

셋째는 보다 크게 갚아야 하는 소멸방법입니다.

이 방법은 지금 조상죄를 소멸해야 될 사람의 마음 자세가 바르지 않을 때 조상이 지은 업보보다 더 크게 가중되게 갚아야 하는 것입니다.

이 방법은 본인들이 갚지 않으려 하기 때문에 '집달리(執達吏)'하는 저승사자가 강제로 집행하여 그 빚을 받아 가는 것입니다.

그 방법은 여러 가지가 있습니다.

몸을 병들게 하여 그 빚을 다 갚을 때까지 약을 써도 효과를 나타내지 않도록 조치합니다.

주로 불치병이나 고질병인데 이러한 병들은 조상들의 업보 소멸을 시켜야 할 사람이 조금도 실행하지 않으므로 할 수 없이 '집달리 저승사자'들이 강제집행한 병이므로 그 기한이 되기 전까지는 절대로 낫지 않습니다.

그리고 사고를 당하게 하여 재산상의 손해를 보게 함으로써 조상들의 업보를 소멸시키는 방법도 있는 것입니다.

이러한 방법은 보다 큰 업보소멸 방법이므로 많은 손해를 보게 되는 것입니다.

마음 자세만 바르게 가졌다면 이러한 가중된 벌을 받지 않고 보다 가벼운 방법으로 쉽게 소멸시킬 수도 있었을 텐데 그 마음이 바르지 못한 관계로 결국 크게 당하게 되는 것이지요.

부처님이나 공자님이나 예수님이나 그밖에 많은 성현들은 사람들이 조상들의 업보를 소멸시킬 때 보다 작은 소멸 방법을 택하도록 인도하고 있습니다.

그래서 믿음을 강조하고 선행을 강조하며 수도정진을 강조하는 것입니다.

그리고 공덕을 지으라는 것도 사람이 보다 작은 가치로써 업보를 소멸시키므로 고통을 면하게 하기 위한 것이지요.

그러므로 사람들이 성현의 가르침을 받으면 이와 같이 많은 혜택을 보게 되는 것입니다.

이와 반대로 악마나 마귀들은 사람을 속여 죄를 짓게 함으로써 보다 큰 악업의 길을 가도록 자꾸만 유혹하는 것입니다.

그러므로 사람이 악마의 유혹에 빠지면 엄청난 손해를 보게 되는 것입니다.

이러한 내용을 이해하시고 마음을 바르게 가지고 사십시오. 그리고 모든 일에 감사하며 사십시오. 은혜를 생각하며 사십시오. 아무리 고통이 심해도 끝까지 참고 사십시오. 천문(天文)을 밤낮으로 암송하십시오."

 설명을 다 듣고 난 그 사람은 깊이 느낀 바가 있는 듯했다. 돌아가는 걸음이 희망차 보였다.
 그러므로 나는 누구인가?
 나는 조상들의 업보를 소멸시켜야 할 숙명적인 의무자이므로 어떠한 고난도 끝까지 참고 살아가야 할 나인 것이다.
 왜냐하면 참고 살아야 업보가 소멸되기 때문이다.

제 10 장
색마(色魔)의 장난

제 10 장 색마(色魔)의 장난 257

1. 색마의 장난

어느날 점심을 막 먹으려는데 멋쟁이 여자 손님이 들어왔다.
"죄송합니다. 식사하시는데 들어와서요."
눈치를 보니 별로 바쁘지 않는 손님 같아서 조금 기다리게 했다.
"조금만 기다리세요. 빨리 먹고 봐 드리겠습니다."
급하게 먹고는 손님을 맞이했다.
"아가씨는 어떻게 오셨지요?"
하고 물어 보았다.
"궁합을 좀 보러 왔습니다."
의외로 궁합을 보러 오는 사람이 많다.
"그럼 아가씨의 생년월일시와 상대자의 생년월일시를 주세요."
그러자 그 아가씨는 제일 위에는 자신의 생년월일시가 있고 그 아래로 세 사람의 남자 생년월일시가 적혀 있는 쪽지를 내놓았다.
"제일 위에 있는 것은 제 생년월일이고요. 그 아래 있는 것은 어떤 남자를 택할까 하고 생각중이에요."
이런 일도 흔히 있는 일이다. 그래서 각자의 사주를 모두 뽑아 놓았다.
어떤 사람의 사주가 이 아가씨와 가장 궁합이 잘 맞는지 살펴보았다.

```
年 月 日 時
壬 庚 壬 壬      己戊丁丙乙甲癸
子 子 午 寅      亥戌酉申未午巳
 (강윤희, 가명)
```

이 사주는 신강사주에 용신은 火가 된다. 子午가 상충(相冲)을 하긴 하나 그래도 왕성한 편이다.

재성(財星)이 용신이므로 재물은 많이 따른다.

壬水일주에 水기운이 왕성하므로 색정(色情)이 강한 여자이다.

다른 상대자들의 사주도 뽑았다.

```
年 月 日 時
戊 甲 乙 丙      乙丙丁戊己庚辛
申 午 未 子      未申酉戌亥子丑
 (이정일, 가명)
```

이 사주는 乙木일주가 午月에 출생하여 신약사주다.

火기운이 왕성하여 신약이 되었으므로 이 火기운을 억제하는 인성(印星), 즉 水가 용신(用神)이 된다.

```
年 月 日 時
己 丙 庚 戊      乙甲癸壬辛庚己
酉 申 午 寅      未午巳辰卯寅丑
 (김이수, 가명)
```

庚金일주가 申月에 출생하여 신강사주이고 용신은 丙午火

가 된다.
신왕관왕(身旺官旺) 하므로 좋은 사주다.

```
年  月  日  時      己庚辛壬癸甲乙
庚  戊  乙  丙      亥子丑寅卯辰巳
戌  戌  未  戌
(정상수, 가명)
```

이 사주는 乙木일주가 戌月에 출생하고 사주내에 土기운이 태왕하므로 乙木일주는 자기의 명(命)을 버리고 土기운에 따라야 한다.
그러므로 종재격(從財格)이 된다.
종재격이므로 용신은 재성이 되며 희신은 식상(食傷)이 된다.
인생과 비겁은 기신(忌神)에 해당한다. 관성은 식상기운이 약하면 무방하나 식상기운이 유력하면 흉해진다.
이렇게 세 사람의 상대자를 비교해 보아 어느 사람이 가장 잘 어울릴까 하고 찾고 있는 중인데 그 아가씨가 먼저 말했다.
"저는 이상적인 남편감으로서 세 가지 조건을 요구합니다.
첫번째는 정력(精力)이 왕성한 사람이라야 합니다. 한 번밖에 없는 짧은 인생인데 밤마다 천국(?)을 즐기며 살아야죠.
그리고 두 번째는 돈이 많은 사람이라야 합니다. 이 세상에는 돈이면 무슨 소원이라도 다 이룰 수 있거든요.
그리고 세 번째는 나만을 사랑하며 내 말에 절대 복종하는 사람이라야 합니다. 이 세 사람 중에서 제가 요구하는 내용과 합당한 사람이 누구인가요?"
 말을 듣고 보니 참으로 난감했다. 아직 어린 처녀인데도 눈 하나 깜짝 하지 않고 대담하게 나왔다.
 정력이 왕성한 사람을 제일 먼저 찾고자 하는 말에 다시 한번 그 아가씨의 사주를 살펴보았다.
 이 아가씨의 사주에는 水기운이 왕성하여 음욕(淫慾)을 무척이나 즐기는 사주이다.
 차마 사람을 앞에 놓고 할말을 다할 수 없는 것이 사주쟁이의 입장이다.
 조상의 업보나 소멸 방법이나 선업에 대한 이야기는 해봐야 도리어 부작용만 나타날 것 같아 꺼내지도 못했다.
 도대체 이 아가씨는 뭘 하는 사람인가 싶어 물어보았다.
 "지금 학생입니까?"
 "도사님이 제가 뭘 하는 여자인지도 모르면서 이 직업을 하고 있어요? 호호호."
 대충 짐작은 하고 있었지만 차마 말할 수가 없어 일부러 물어본 것이다. 창녀 아니면 그 비슷한 부류의 여자임에 틀림없다.
 "형제자매가 많은데 형제덕이나 부모덕이 없군요."
 "도사님, 시원시원하게 이야기해 보세요. 제 입장을 생각해서 말씀하시기 어려운가 본데 사실 저는 창녀예요. 이젠 시원시원하게 이야기 좀 해주세요."
 스스로 창녀라고 고백을 하니까 이야기하기가 편했다.
 이제 눈치를 살피거나 할 필요도 없다. 그래서 본격적으로 이야기하기 시작했다. 그래서 알아듣거나 말거나 하고 싶은 이야기를 다 하기로 생각했다. 사주쟁이가 알고 있는 지식을 총동원해서 말이다.

"아가씨의 사주를 보면 비겁이 기신(忌神) 입니다. 비겁이 기신이므로 5대조상의 업보가 무겁습니다.

5대조상이 살아 생전에 무척 음란하게 살았습니다. 본부인 외에도 첩(妾)을 다섯이나 데리고 살았습니다.

밤마다 다섯 명의 첩들을 한 방에다 모아 놓고 밤이 새도록 음욕을 불태우며 살았습니다.

악마는 원래 음란한 마귀입니다. 사람이 이성을 잃어버릴 정도로 음욕에 빠져 버리면 색마의 노예가 됩니다. 5대조상은 색마의 노예가 되어 밤마다 다섯 명의 첩들을 발가벗겨 놓고 즐기기를 낙으로 살다가 일생을 보내고 말았습니다.

간음이 얼마나 무서운 죄인가는 영계에 들어가 보면 잘 압니다.

지금 5대조상은 색마의 노예로 놀아나다가 영계에 들어가서는 한빙지옥이라는 무서운 지옥에 떨어져 고통을 당하고 있습니다.

5대조상의 음란한 기운을 받아 타고난 사람이 바로 아가씨입니다. 그래서 아가씨도 조상의 죄악의 전철을 밟고 있는 것입니다.

아가씨의 사주에 이처럼 음천한 기운이 왕성한 것은 인연된 5대조상의 죄업을 책임져야 할 필연적인 숙명이 있습니다. 조상의 그 죄를 씻기 위해서는 아가씨는 절대로 음란한 짓을 하지 말아야 하며 더 나아가서는 정녀(正女)나 열녀(烈女)의 도리를 지켜야 조상의 그 음란한 업보가 소멸될 수 있습니다.

아가씨가 만약 앞으로 숙녀(淑女)의 도리를 지키며 하늘 앞에 공덕을 쌓으면 그 정성의 기운으로 영계에 있는 5대조상이 감옥과 같은 지옥에서 풀려날 수가 있는 것입니다.

그러면 그 조상은 구원의 길이 열려 한없이 고맙다고 칭찬

할 것이고 아가씨의 건강도 좋아지며 운세도 행운으로 바뀌게 될 것입니다.

이 길이 곧 조상을 구원해 드리고 아가씨 자신도 살 수 있는 복된 길입니다.

그런데 아가씨는 어떻게 살아왔습니까? 이성(異性)에 눈을 뜨자마자 남자를 알게 되어 동거생활을 하다가 그것도 만족하지 못해 창녀촌에 들어가 육욕(肉慾)을 채우며 살아가고 있지 않습니까. 아가씨가 밤마다 짓는 그 죄악의 기운은 영계에서 고통당하는 조상을 더 심한 고통으로 떨어지게 하는 조건들이 되는 것입니다.

그래서 지금 5대조상은 아가씨를 내려다보면서 이를 갈고 있습니다.

기회만 나면 신벌(神罰)을 내리려고 벼르고 있습니다. 불치의 병이 몸에 닥칠 것입니다.

자궁을 못쓰게 하는 병이나 신장계통이나 유방계통에 암이 걸릴 수도 있습니다. 이것은 사실입니다. 지금 영계에 있는 조상들은 애원을 하고 있습니다. 부디 죄짓지 말고 선하게 살아 달라고 간절히 부탁하고 있는 것입니다.

사주를 보면 조상들이 지금 어느 지옥에서 고통을 당하며 살아가고 있는가를 알 수 있습니다.

그러므로 아가씨도 이제라도 늦지 않으니 어서 빨리 그 음란한 소굴에서 탈출하십시오.

지금 아가씨는 색마의 장난에 끌려다니고 있습니다. 색마와 함께 놀아나다가는 머지않아 몸과 마음이 함께 파멸됩니다.

궁합은 다음으로 미루시고 우선 자신의 몸부터 깨끗이 닦으십시오.

깨끗한 몸으로 나설 때야 비로소 깨끗하고 궁합이 맞는 사람이 나타날 것입니다.

하늘은 어리석지 않습니다. 사람이 선악간 지은 것은 하나도 남김없이 다 받도록 천지의 법이 그렇게 정해져 있습니다.

하늘은 절대로 공의롭습니다. 음란한 아가씨에게 좋은 남자를 보내 주지 않습니다.

자신이 지은 만큼의 상대자를 만나도록 하늘은 인도하십니다. 지금 아가씨의 몸이 부정(不淨)한 것처럼 지금 만나는 사람도 몸이 부정한 천하의 바람둥이입니다.

하늘은 공의롭기 때문이지요. 설명을 듣고 난 아가씨는 한편으로는 놀라는 기색이었고 한편으로는 좀 어렵다는 눈치였다.

물론 쉬운 일은 아닐 것이다.

음란한 소굴에서 탈출한다는 것이 그리 쉽지만은 않은 일이기 때문이다.

아가씨의 눈에 눈물이 고여 있었다.

"선생님 말씀을 듣고 보니 아마 제 몸에는 색마가 붙어 있나 봐요. 그러니까 제가 중학교 3학년 때 바로 이웃동네 친구 오빠에게 순결을 빼앗겼습니다.

처음에는 제가 몸을 빼앗겼지만 그것이 싫지가 않았습니다. 그래서 다음부터는 제가 오히려 달려들어 매달렸지요.

자주 매달리니까 그 오빠도 그만 싫증을 느꼈나 봐요. 불같이 솟아 오르는 성욕(性慾)을 도저히 억제할 길이 없어서 학교도 팽개쳐 버리고 창녀촌에 뛰어들어 갔지요.

하루에도 대여섯 명의 남자를 상대하지 않고는 도저히 참을 수가 없는 것을 어쩌면 좋아요?

사실 저는 결혼을 해도 원만한 가정은 못 이룰 것 같아요.

제 체질상 한 남자만으로는 도저히 만족을 못하거든요, 흐흐흑······.”
　참으로 안타까운 일이다.
　색마(色魔)의 노예가 된 이 아가씨를 누가 건져 낼 수 있을까?
　불경 42장경(四十二章經) 24(二十四)절에 보면 다음과 같은 내용이 있다.

　　애욕은 음색(淫色)에 더 심함이 없나니 음색으로부터 나는 욕심이 그 큼이 끝이 없나니라.
　　사람마다 그 성기(性器)가 하나씩만 있음이 다행이요, 만일 조물주가 사람에게 성기를 둘이나 달아 주었다면 천하에 도를 지킬 사람이 하나도 없으리라.
　　佛言愛欲 莫甚於色 色之爲欲 其大無外
　　賴有一矣 假其二 普天之民 無能爲道者

　여색(女色)의 음욕은 정말 무서운가 보다.
　〈논어〉위령공(衛靈公) 12장에 보면
　“다 되었구나. 내 아직 덕을 사랑하기를 여색을 좋아하는 것같이 하는 사람을 보지 못하였도다.”
　이런 내용을 보게 되더라도 색마의 발동이 얼마나 강한가를 짐작할 수가 있다. 그래서 열남열녀(烈男烈女)가 된다는 것은 보통 결심으로는 힘이 든 것이고 하늘과 내가 한몸으로 묶이지 않는 이상 매우 힘든 일이다.
　한참 고민과 탄식을 하면서 조용히 눈을 감았다 떠보니 그 아가씨는 언제 가버렸는지 보이지 않았다.
　부디 음탕한 소굴에서 뛰쳐나오기를 빌어 주었다.

제 10 장 색마(色魔)의 장난 265

"천지의 대주제시여, 부디 강윤희 그 한 생명을 구원해 주소서······."

그러므로 나는 누구인가?
사람에게나 수도인에게 가장 무서운 색마의 시험에서 승리할 수 있도록 마음 무장을 철저히 하여 열남열녀가 되어야 할 나인 것이다.

2. 색마의 발동(發動)

철학관을 직업으로 삼고 생활하다 보면 별 희한한 일도 다 보게 된다. 어느날 오후 40대 여인이 찾아왔다. 40대 여인답지 않게 몸매가 날씬했다.

짙은 화장 냄새를 풍기며 얼굴 또한 양귀비 버금갈 정도로 예뻤다.

"사주 좀 보러 왔는데 볼 수 있지요?"

목소리 또한 상당히 교양이 있었다.

"예, 볼 수 있고말고요. 그런데 손님께서는 너무나 아름다우셔서 마치 양귀비를 보는 듯합니다."

하며 자리를 권했다.

"호호호, 농담도 잘하시네요. 아무튼 고맙습니다."

"사주를 보러 오셨으면 생년월일시를 말씀해 주십시오."

年 月 日 時
丁 乙 甲 甲　　丙丁戊己庚辛壬
亥 亥 辰 戌　　子丑寅卯辰巳午

"손님의 사주를 보니 재물은 넉넉하나 남편복이 없군요. 남편과는 이별하셨습니까?"

"이별은 아니고 좀 떨어져 살지요."

무슨 말인지 아리송했다. 거짓말이다.

"그럼 궁금한 것이 무엇입니까? 이곳에 찾아왔을 땐 필시 무슨 사연이 있지 않겠습니까?"
 아주머니는 머뭇거렸다.
 아마 말하기가 곤란한 내용인 것 같았다.
 "차마 이야기하기가 곤란한데 어떡하지요······."
 아마 남녀문제일 것이라 생각했다.
 "여기에 와서 많은 분들이 남녀문제로 고민하다가 궁금증을 해결하고 갔습니다. 저희들은 손님의 인격 존중을 위해 비밀을 보장해 드립니다. 말씀해 보세요."
 "그럼 먼저 제 사주를 자세히 한번 더 봐 주세요. 제 사주 속에 정말 인륜도덕(人倫道德)을 저버릴 만큼 음란한 액(厄)이 끼어 있나요?"
 역시 예상했던 질문이 나왔다.
 아마 이 여자도 남편 몰래 외간 남자와 놀아났거나 아니면 본의 아니게 제비족에 걸려들었거나 둘 중에 하나일 것이라고 생각했다.
 "손님의 부모나 6대조상 중에서 음란하게 살다간 사람이 있습니다. 물론 조상들의 내용이므로 잘 모르시겠지요. 그러나 사주에는 나타나 있거든요. 그래서 저는 사주에 나타나 있는 대로 말씀드리는 것뿐이니 행여 오해하시거나 기분 나빠하지 마세요."
 그 여인도 이제 궁금증을 풀어 보려는 생각에서 한마디 했다.
 "제가 기억하기로는 제 친정 어머니가 바람기가 많은 여자였어요. 제가 어릴 때 학교에 다녀오면 아버지 없는 틈을 이용하여 외간 남자를 집안으로 불러들여 음욕을 태하는 것을 여러 번 보았거든요. 그 일로 해서 결국 두 분은 이혼을 하고 말았습니다.

그 이후 어머니는 주로 술집이나 그와 비슷한 곳으로만 돌아다닌다는 소문을 듣긴 했지만 그다음은 모르겠어요.
  그런데 어머니의 그 바람기가 제게도 나타나는 것입니까?”
  필자는 지금 이 여인도 친정 어머니처럼 과오를 범하고 고민하고 있구나 하고 짐작했다.
  “부모와 자식은 혈통으로 인연이 되어 있기 때문에 기운이 서로 통하게 되어 있습니다.
  보통 부모가 바람기가 있으면 그 자녀들도 바람기가 있지 않겠습니까?
  그러니까 손님께서도 친정 어머니처럼 그런 불륜(不倫)의 죄를 지었군요.”
하였더니 눈물을 흘리며 사실을 고백하는데 생각했던 것보다 다른 내용이었다. 이야기를 듣고 필자도 놀랐다.
  “저는 지금의 남편과 결혼하고는 혹시 친정 어머니의 불륜이 탄로날까봐 무척 신경을 썼지요. 남편에게는 내조자로서 최선을 다하여 받들어 모셨어요.
  남편도 저를 사랑했습니다. 아들이 태어나고 2년 뒤에 딸이 태어났습니다. 우리 가정은 행복하기가 꿈만 같았지요.
  남편이 하는 건축업은 호황을 누려 돈도 많이 벌어 왔고 아이들은 공부도 잘하고 건강하게 자랐지요. 17년간 정말 남부럽지 않게 행복하게 살았습니다.
  그런데 작년부터 마(魔)가 끼여들기 시작했지요.
  남편이 건설 현장에서 감독을 하다가 옹벽 받침대가 부러지면서 나무더미에 깔려 그만 압사(壓死)하고 말았습니다. 갑자기 당한 재앙이라 참으로 충격이 컸습니다. 그간 벌어놓은 재산이 넉넉하므로 살아가는 데는 아무런 어려움이 없습니다.

그런데 막상 젊은 나이에 홀로 지새우려니 너무나 외로웠습니다. 아들은 벌써 열일곱 살이고 딸은 열다섯 살이 되었어요.
밤이나 낮이나 남편이 그리워 애를 태웠습니다. 미칠 것만 같았어요. 그러던 어느날 밤 자신도 모르게 일어나서 기사가 자는 방에 들어갔습니다.
그리고는 기사와 동침을 하고 말았습니다. 제정신이 아니었지요. 그 기사는 전에 남편을 모시고 다닌 기사였지요.
정말 인륜을 배신한 용서받을 수 없는 불륜임을 알면서도 어쩔 수가 없었습니다. 남편을 모시고 있던 그 총각기사도 처음에는 약간 당황하는 듯했지만 이제는 아무렇지도 않은 듯 저와의 관계를 계속하고 있습니다.
이런 짓을 해서는 안된다고 하면서도 도저히 그만 두지 못하고 밤마다 기사와 욕망을 불태우고 살아왔습니다. 낮에는 운전기사이지만 밤에는 남편이었지요. 벌써 1년 반이 넘도록 관계를 맺어 왔는데 참으로 제가 천벌(天罰)을 받을 나쁜 년이에요. 아이들은 이 사실을 모릅니다. 안된다, 안된다 하면서도 도저히 끊지 못하는 자신을 어떡하면 좋겠습니까?
부적으로 해결될 수만 있다면 천만 원짜리라도 붙이겠습니다. 선생님 무슨 해결 방도가 없겠습니까?"
이 이야기를 듣고 색마의 발동이 무섭다는 것을 새삼 느끼지 않을 수가 없었다.
하면 안된다, 안된다 하면서도 그만 두지 못하는 것은 왜 그럴까?
인간을 죄인으로 만든 마귀도 간음으로 타락하였기 때문에 모든 죄 중에 간음이 가장 근본죄이며 벌을 많이 받는 죄이다.

각 종교는 인간을 꼬여 죄인을 만든 마귀를 그 이름을 달리 부르고 있다.

기독교의 성경에서는 '사탄'이라고 부르고 있고, 불경에서는 '파순(波旬)'이라고 부르고 있다.

그리고 종교마다 비슷비슷한 이름이 있다.

"손님은 이제부터 제가 하는 말씀을 잘 듣고 시행하셔야 합니다. 마귀는 인간을 유혹하여 죄악의 구렁텅이로 끌고 들어가려고 애를 쓰고 있습니다.

더구나 조상들이 음란하게 살았기 때문에 그 음란한 기운은 혈통을 타고 내려오다가 인연이 닿는 후손에게 머물게 됩니다.

자신의 사주를 보아 그러한 음란한 기운이 많이 있다는 것은 조상들이 지은 음란한 업보를 책임지고 소멸시켜야 할 책임이 있는 것입니다.

그 업보를 소멸시키기 위해서는 그 조상이 범죄한 것과 정반대의 길을 가야 하는 것입니다.

그러니까 6대조상이 간음을 많이 하여 죄를 범했으므로 지상에서의 후손은 절대로 간음하지 말아야 하며 더 나아가서는 열남열녀(烈男烈女)의 도리에 생명을 걸고 지켜야 합니다.

그러나 음란한 기운은 선천적으로 밀려오므로 개인의 힘으로는 이겨낼 수 없습니다.

선천적인 기운은 70퍼센트 작용하고 후천적인 개인의 힘으로는 아무리 노력한다 해도 30퍼센트밖에 되지 않으므로 역부족입니다.

그래서 여기에는 타력(他力)이 필요한 것입니다. 즉 믿음을 말합니다.

하늘을 절대적으로 믿고 나가면 하늘이 힘을 빌려 줍니다.

내 힘만으로는 음란한 기운을 물리칠 수가 없으므로 하늘과 하나 되어 음란한 기운을 몰아내야만 하는 것입니다.
　하늘을 절대적으로 믿고 나가면 능히 이길 수 있는 것이지요.
　하늘과 내가 힘을 합하는 길은 여러 가지가 있겠지면 저는 천문암송법을 사용하고 있습니다.
　천문도 주문의 일종인데 그 내용이 하늘의 도움을 받기 위한 것이므로 지성으로 외우면 큰 힘을 얻게 됩니다.
　하늘의 힘을 받아야 모든 문제를 해결할 수가 있으니까요.
　이제 손님도 이 방법을 한번 사용해 보세요. 반드시 음란한 기운이 사라질 것입니다."
　그러자 그 여인은 희망찬 얼굴로 미소지었다.
　"부적값이 얼마죠?"
　돈을 주고 사가는 부적으로 생각했던 모양이다.
　"돈은 받는 것이 아닙니다. 이것은 그냥 드리는 것이니까 돌아가서서 열심히 지성껏 암송하십시오. 소리를 내어 암송하는 것이 효과가 더 빠릅니다.
　음성에서 많은 기운을 받기 때문이지요.
　그러나 대중이 많이 모인 곳이나 지하철이나 시장 같은 데서는 다른 사람들에게 방해가 될 수 있으므로 묵송도 좋습니다.
　때와 장소에 구애됨이 없이 오직 하늘과 일체가 되겠다는 그 마음만 가지고 간절히 매달려 보십시오. 반드시 구원을 얻게 됩니다. 그러면 조상이 지은 업보도 소멸되고 자신에게도 큰 공덕이 되는 것입니다."
　이렇게 설명을 하고는 천문(天文)을 적은 종이를 건네주었다.

감사하다는 인사와 함께 문을 나서는 그 여인의 뒷모습을 바라보면서 부디 지금의 마음이 변하지 말기를 기도드렸다.

이러한 상담을 한차례 하고 나면 마치 홍역을 치른 듯 진땀이 났다. 참으로 악마는 무섭다는 것을 새삼 실감하지 않을 수 없었다.

악마는 본래 색마(色魔)이므로 인간이 한번 실수로 색마의 노예가 되면 그 발동을 사람의 힘으로는 억제하기가 어려운 것이다.

오죽 색마의 발동이 강했으면 자기가 부리는 아들 같은 운전사와 밤마다 색마의 장난에 놀아났을까? 그것도 1년 반 동안이나 즐겨 왔다니 그 죄는 인륜(人倫)으로 보나 천륜(天倫)으로 보나 도저히 용서받을 수 없는 범죄인 것이다.

그러므로 나는 누구인가?

색마의 유혹에 넘어가지 않기 위해서는 철저한 정신무장이 필요하므로 천문(天文)을 하루에도 무량 번씩 암송해야 할 나인 것이다.

3. 색마의 유혹

  어느날 해질 무렵 젊은 두 남녀가 찾아왔다. 아마 결혼을 약속한 애인 사이 같아 보였다.
  두 사람은 다정하게 손을 잡고 들어왔다.
  "손님들은 궁합(宮合)을 보러 오셨습니까?"
  잠시 머뭇거리더니 남자가 대답했다.
  "저, 궁합이 아니고 저……."
  말을 제대로 이어 나가지 못했다.
  "그럼 두 분의 사주를 봐드릴까요?"
  또 다시 머뭇거렸다.
  남자가 여자에게 말을 해보라는 눈치를 보냈다.
  그러자 여자는 싫다며 남자에게 말을 하라는 눈짓을 한다. 서로에게 미루는 것을 볼 때 상당히 골치 아픈 문제구나 하고 생각했다.
  "그럼 궁합도 아니고 사주를 보러 오신 것도 아니고 무엇을 하려고 철학관에 들어오셨습니까?"
  답답했다.
  이윽고 남자가 여자에게 잠깐 밖에 나가서 기다리라고 했다.
  아마 서로간에도 무슨 말 못할 비밀이 있는 것이 분명했다.
  이윽고 여자는 문밖으로 나가고 남자만 남았다.
  "이제 당신 혼자뿐이니 무슨 이야기든지 다 해보세요. 우리 역학인은 손님들의 인격을 무엇보다 존중하기 때문에 손님에게 피해가 가지 않도록 최대한으로 비밀을 보장하고 있습니다."
　이렇게 말하자 그 청년은 입을 열었다.
　"실은 제가 나쁜 놈입니다. 저는 집안 환경도 보통은 넘는 집안에서 외동아들로 태어났습니다. 그리고 아버지가 사업을 하시기 때문에 집안이 궁색하지도 않습니다.
　어느날 먼 친척 되는 두 여고생이 제가 사용하는 2층 바로 옆방으로 오게 되었습니다. 두 학생은 착했습니다. 그런데 제가 대학교 3학년 때의 일입니다. 저녁에 공부를 하다가 잠깐 쉬고 있는데 여고생 하나가 꿀차를 한 잔 타가지고 제 방에 들어왔습니다.
　고맙게 받아 놓고는 갑자기 이상한 생각이 들었습니다.
　여학생으로 느껴지지 않고 여자로 보이더군요.
　그래서 그 여학생의 손을 잡으니 반사적으로 여학생도 제 품에 안겨 버렸습니다. 서로 아무런 대화도 없었지만 이미 말 없는 가운데 뜻이 통하고 말았습니다. 그래서 문을 꼭 잠그고는 그 여학생의 옷을 벗겼습니다.
　그녀가 자진해서 벗기 시작했지요.
　그래서 우리 둘은 한몸이 되어 버렸습니다.
　처음에는 약간 양심에 가책을 받았지만 성욕을 채우는데 정신이 팔려 양심은 다 잊어버렸습니다.
　이렇게 시작하여 우리는 부모님 몰래 2층에서 밤마다 쾌락을 맛보았습니다. 두 여고생 중에서 언니 이름이 '난희'이고 동생이 '진희'입니다.
　이러한 관계를 맺고 있던 한 달 뒤 동생 진희가 제 방에 들어왔습니다.
　처음에는 당황했지만 진희의 말에 더 놀랐습니다.

"나도 다 알고 있으니 오늘밤 나를 즐겁게 해주지 않으면 모든 사실을 알리고 말 거야."

이왕 탄로난 김에 할 수 없지, 라고 생각하고 진희에게도 관계를 맺었지요. 이제는 난희와 진희를 번갈아 가며 즐길 수가 있었지요.

처음에는 밤마다 두 자매와 관계를 맺다가 얼마 지나니까 힘이 들어 하룻밤에 한 사람씩만 관계를 가지기로 우리 세 사람은 합의를 보았지요. 그러니까 짝수날은 난희가 들어오고 홀수날은 진희가 들어오고 이 짓을 무려 2년이 넘도록 하였습니다.

그때까지도 부모님은 전연 눈치를 못 채시더군요.

이제 우리 셋은 완전히 하나가 되어 있습니다.

그러나 이러한 생활을 계속할 수는 없고 정리는 해야겠는데 두 여학생이 놓아 주지 않습니다.

그래서 셋이 모여 여러 번 의논도 해보았습니다.

제 주장은 우리 모두 각자 정리를 하자는 쪽이고 난희는 죽어도 저하고 결혼하여 살겠다는 쪽이고 진희도 마찬가지입니다.

한 여자도 아니고 두 여자가 거머리처럼 찰싹 달라 붙어 있는데 참으로 괴롭습니다.

물론 밤이야 즐겁지만 이대로 계속 나갈 수는 없지 않겠습니까? 사실 밖에서 기다리는 저 여자가 언니인 난희입니다. 죄송합니다. 너무 큰 고민거리를 가지고 와서······."

이야기를 듣고 나니 참으로 숨이 막혔다. 동성동본간이기도 했다.

도대체 어쩌면 이럴 수가 있는가. 마음으로는 끊고자 해도 육신이 말을 듣지 않으니 괴로운 것이다. 동성동본간에는 어차피 결혼할 수 없는 처지이므로 이유고 뭐고 할 것 없이 무조건 청산해야 될 문제이다.

이렇게 세 남녀가 혼음을 한다는 것은 아주 지독한 색마가 붙은 것임에 틀림없다. 인간의 힘으로는 도저히 청산하기가 어렵고 하늘의 도움을 받아야 가능한 일이다.

일단 사주를 봐야 그 내용을 알 수 있을 것 같아서 생년월일시를 물어 보았다.

年　月　日　時
己　戊　庚　甲　　丁丙乙甲癸壬辛
酉　子　寅　申　　亥戌酉申未午巳
(정경수, 가명)

이 사주를 보면 庚金 일주가 子月에 출생하여 설기(泄氣)가 비록 심하나 인성과 비겁이 많으므로 신강사주가 되었다. 子月에 출생하였으므로 사주가 차다. 그래서 火가 용신이 되어야 하는데 사주에 보니 火가 없다.

그래서 할 수 없이 시간(時干)에 있는 甲木 편재를 용신으로 삼아야 한다. 사주에 수기운이 왕성하므로 색정으로 패가망신할 기운이 도사리고 있으므로 여자들과 혼음을 한 것이 아닌가 싶다.

물론 사주의 기운은 선천적인 것이므로 그 작용이 매우 강하다.

사주에 이처럼 음천한 기운이 왕성한 것은 조상들이 음란하게 살았다는 증거인 것이다.

다음은 언니의 사주를 보았다.

```
年 月 日 時
辛 戊 丙 庚    己庚辛壬癸甲乙
亥 申 子 寅    酉戌亥子丑寅卯
```
(정난희, 가명)

　이 사주는 丙火일주가 申月에 출생하여 신약사주이다.
　왕성한 水기운을 木으로 흡수하여 일주를 도와야 하므로 용신은 시지의 寅木이다.
　이 사주에서 용신이 木이라고 해서 水가 꼭 희신이 되는 것은 아니다. 그 이유는 신약사주이기 때문이다.
　水가 희신이 되려면 木과 동주할 때만 희신이 되고 金水가 동주하면 기신이 된다.
　용신이 비교적 왕성하므로 사주는 비교적 양호하게 타고났는데 이 사주도 水기운이 좀 많다 보니 색마가 침범할 수 있는 조건이 된 것이다.
　그러나 어디까지나 마음 자세가 문제이다. 마음의 자세만 중심을 잃지 않으면 색마의 유혹에 넘어가지 않을 수 있으련만 그 중심을 과연 어떻게 잡느냐가 중요하다.
　신앙심도 없고 인생에 목적이 없는 사람에게 마음의 중심이 바로 세워지기는 어려운 것이다.
　더구나 정조나 순결에 대한 교육을 바로받지 못했으니 순결이 귀한 것인지 귀하지 않은 것인지 모른다.
　그러다 보니 쉽게 색마의 유혹에 넘어가서 주인집 아들과 함께 간음을 몇 년째 범하고도 양심에 가책을 별로 느끼지 않으니 이것이 문제다.

　다음은 동생의 사주를 보았다.

年　月　日　時
癸　壬　丙　丙　　　癸甲乙丙丁戊己
丑　子　午　申　　　丑寅卯辰巳午未
(정진희, 가명)

　이 사주는 丙火일주가 子月에 출생하여 신약사주이고 용신인 木이 없으니 비겁인 火로 삼아야 한다.
　子午가 상충하여 불길한 예감이 드는 사주인데 대운에서 木이 들어오면 발복을 하고 金水운에는 고전하거나 파산한다.
　子午가 상충하여 남편복이 없을 것이며 金水기운이 왕성하여 색정으로 인하여 패가망신할 사주이다.
　이렇게 세 사람의 사주를 보고 나니 어느 정도 윤곽이 드러났다. 세 사람 모두 음란한 기운이 왕성한 사주를 타고났다.
　그러므로 몇 년간 자기들끼리 혼음을 하면서도 양심에 가책을 느끼지도 않고 있으며 지금도 여전히 관계를 계속하고 있는 것은 색마의 장난에 완전히 넘어가 버렸기 때문이다. 처음부터 동성동본인 것을 알고 있으면서도 그 관계를 정리하지 못한 것이다.
　"이보세요, 젊은이. 당신의 조상 중에서 음란하게 살다 간 조상들이 여러 명 나오는데요. 그 음란의 기운이 오늘 당신의 몸에 머물러 있습니다. 그 기운을 빨리 벗어 버리지 못하면 집안이 패가망신하게 되므로 빨리 조치를 취해야 합니다."
　그 청년은 눈이 동그래져서 말했다.
　"어떤 방법이 있지요? 시키는 대로 다 하겠습니다."
　"일단 부모님께 솔직하게 고백하세요. 그리고 한집에 살지 말고 각각 헤어져서 살아야 합니다. 여학생을 내보내야 합니다. 그리고 절대로 만나거나 전화를 해서도 안됩니다.
 제가 적어 드리는 천문(天文)을 지성껏 암송하십시오. 그리고 저와 함께 도문(道門)에 들어가서 신심을 굳게 가져야 합니다.
 집안에 일대 개혁을 일으키지 않고는 수습할 길이 없습니다. 섣불리 시행했다간 색마가 더 달라붙게 됩니다.
 지금 두 아가씨가 떨어지지 않고 당신과 결혼하겠다고 고집을 피우는 것은 그 여학생의 마음이 아닙니다. 모두 색마의 장난이므로 다시는 색마의 유혹에 넘어가지 말도록 열심히 수도정진하세요. 절대 만나지 말아야 합니다. 최소한 1년 이상은 만나지 말고 전화도 하지 말고 서로간의 소식도 알려고 하지 마세요.
 혹시 시내에서 우연히 마주친다 하더라도 마치 원수를 만난 듯 외면하고 돌아서 버리십시오.
 색마의 사슬에서 해방되려면 일대 용단(一大勇斷)을 내리지 않으면 불가능합니다. 동성동본은 절대 결혼할 수 없습니다.
 당신들뿐 아니라 도문에서 수도하는 수도인들도 공부 도중에 가장 무서워하는 것이 색마의 시험입니다. 제가 한 말씀을 잘 기억하세요.
 이번에 청산하지 못하면 집안이 한꺼번에 망합니다. 벼락이 하늘에서 떨어집니다.”
 천문(天文)을 적은 종이를 석 장 주면서 각각 한 장씩 나누어 가지고 늘 암송하라고 부탁하고는 돌려 보냈다.

 오늘은 왜 이렇게 팔자가 사나운 손님들만 오는가? 만세력을 보니 일진이 편인날이다.

즉 필자에게는 기신에 해당하는 날이므로 이렇게 팔자 사나운 사람들이 찾아오는구나, 하고 생각했다.

그러므로 나는 누구인가?

수도인에게 가장 무서운 유혹이 색마의 유혹이라 했으니 정말 정신을 바짝 차려 오직 하늘만 믿고서 수도정진하여 색마의 유혹에 걸려들지 않는 사람이 되어야 할 나인 것이다.

4. 색마의 시험

마귀의 종류는 수없이 많다. 음란을 지배하는 마귀를 색마라 한다. 병(病)을 지배하는 마귀를 병마(病魔)라 한다. 화재(火災)를 지배한 마귀를 화마(火魔)라 한다.
 그리고 많은 물로 인명에 피해를 주는 마귀를 수마(水魔)라 한다.
 그리고 사람 목숨만 골라 해치는 마귀를 살인마(殺人魔)라고 부른다.
 많은 마귀 중에서도 간음을 지배하는 색마가 가장 우두머리이다. 즉 색마가 가장 그 작용하는 힘이 강하다. 색마에 한번 걸려들면 보이는 것이 없다.
 색마가 한번 사람의 마음속에 들어가면 부모도 몰라보고 자식도 몰라보고 형제나 친척도 몰라본다.
 근친상간이 일어나는 것은 모두 색마의 발동인 것이다.
 그리고 세상에서 일어나는 많은 사건들은 대부분 색마의 발동인데 이 색마는 어느 사건에나 끼여드는 아주 고약한 놈이다.
 이 색마는 인류도덕을 마치 쓰레기처럼 취급해 버리는가 하면 사람으로서는 도저히 생각하지 힘든 죄악도 짓게 만든다.
 한 가지 실례(實例)를 들어 본다.
 이동기(李東基, 가명)라는 청년의 이야기다. 그러니까 군복무를 마치고 집에 돌아와서 잠시 쉬고 있었다. 직장을 구하기 위해 몇 군데 이력서를 제출해 놓고 기다리는 중이었다.

심심하면 종종 들르는 술집에서 한잔씩 하는 것이 재미가 있었다.
언제부터인가 그 술집에 미스 윤이라는 여인이 나타나서 손님들에게 술 시중을 들고 있었다.
이동기가 첫눈에 반할 정도로 미녀였다. 미스 윤이 보고 싶은 생각에 매일 한 번씩 그 술집에 들러 동동주에 간단한 안주를 시켜 놓고 다정하게 미스 윤과 함께 마주보고 있노라면 기분이 너무나 좋아서 어느 제왕도 부럽지 않았다.
"미스 윤은 나이가 얼마나 됩니까?"
일견 처녀는 아닌 듯하고 나이는 꽤 든 것처럼 보여서였다.
"나이가 많아요. 서른이나 됐어요."
생각했던 대로다.
"저보다 2년이나 연상이군요. 그런데 나이에 비해 너무 예쁜데요. 누님 삼고 싶습니다. 괜찮으시지요."
"좋지요, 반가워요. 잘생긴 동생 하나 얻었으니 오늘 술값은 제가 낼게요. 호호호."
청년은 기분이 좋았다. 금방 불이 달아오른다.
"지금 시간으로 봐서는 손님도 별로 없는데 데이트나 합시다, 누님."
금방 이들은 누님 동생이 되어 시내로 나갔다.
막상 길거리에 나와 보니 차 달리는 소리에 많은 사람들의 왕래하는 소리에 별 재미가 없었다. 처음부터 딴생각이 있었기 때문이다.
"누님, 날씨도 쌀쌀한데 어디 여관에라도 들어가서 따뜻한 방에서 잠이나 한숨 잡시다."
슬슬 수작을 건다.
"그렇게 해요. 추울 땐 따뜻한 방이 제일 좋지요."

색기(色氣)가 줄줄 흐르는 모습으로 말했다.
마침 가까운 근처에 여관이 보이길래 두 사람은 들어갔다.
방에 들어가자마자 일은 벌어졌다. 두 사람은 이렇게 거의 매일이다시피 만났다. 꿈 같은 나날이었다.
한 달쯤 지나 청년은 회사에 취직이 되어 입사했다.
회사에 다니게 되자 자유로운 시간이 없어 퇴근시간에 곧장 미스 윤과 약속해 놓은 여관으로 가곤 했다.
이 생활이 계속되었다. 두 사람은 결혼까지 약속을 했다. 그러나 두 사람은 정상적인 관계가 아니었다.
어디서 무슨 짓을 하다가 온 여자인지도 모르는 여자와 결혼을 약속한다는 것은 제 정신이 아니고 색마의 시험인 것이다.
결혼은 일생에 가장 중요한 일인데 이처럼 어느 모로 보나 제법 그럴싸한 청년이 술집 여자와 결혼을 약속해 놓고 매일 퇴근때마다 들러 음욕을 충족시키는 일은 욕정 때문에 결혼하자는 것이지 진정한 사랑이 동기가 된 것은 아니었다.
더구나 부모가 만일 이 사실을 안다면 어떻게 받아들일 것인가? 그럭저럭 6개월이 지났다. 하루는 거래처에 장부 정리할 것이 있어 나갔다가 돌아오는 길에 여유가 있어 미스 윤이 근무하는 술집에 들렀다.
그런데 보이지 않았다.
"미스 윤 어디 갔습니까?"
하고 묻자 주인이 퉁명스럽게 대답했다.
"이 사장과 함께 잠깐 나갔는데 아마 여관에 들어가서 낮거래하겠지, 뭐."
청년은 기분이 좋지 않았다.
"어느 여관입니까?"

"멀리 가기야 했을라고. 매일 가는 동맹여관이겠지."
동맹여관이라면 퇴근할 때 들러 미스 윤과 만나던 그 여관 아닌가.
그 여관을 찾아갔다.
"아주머니, 미스 윤 지금 와 있습니까?"
여관 주인은 입장이 난처했다.
이동기라는 청년도 매일 만 원씩 보태주고 가는 손님이고 지금 미스 윤과 같이 온 이 사장이란 사람도 거의 매일 만 원씩 보태주고 가는 고정적인 단골인데 주인으로서는 입장이 난처하게 되었다.
우물쭈물하고 있자 청년은 무조건 자기가 매일 퇴근 때 들어가던 206호실을 향해 올라갔다.
방문을 확 열고 들어서자 과연 생각대로였다.
미스 윤과 이 사장이라는 사람은 하나가 되어 뒹굴고 있었다. 갑자기 열린 방문 소리에 두 남녀는 깜짝 놀라면서 떨어졌다.
미스 윤도 놀란 모습이고 이 사장이란 작자도 벌거벗은 몸으로 깜짝 놀라 어리둥절해하고 있었다.
그런데 더욱 놀란 것은 이동기였다. 죽이고 싶었던 이 사장이란 작자가 바로 자기 아버지였다.
차마 무슨 말을 해야 할지 정신이 멍멍했다.
먼저 아버지가 말한다.
"아니, 동기 네가 웬일이냐?"
"제가 방을 잘못 찾아……."
미스 윤과 아버지는 대충 속옷만 걸쳐입고 동기에게 말했다.
"동기야, 남자란 가끔 바람을 피우는 것이 흠이 아니다. 그리고 옆에 있는 이 여인은 내가 후처로 생각하고 있는 사람이니 그리 알고 어머니처럼 생각하고 인사를 올리도록 해라."
 참으로 어이가 없었다.
 참으로 묘한 관계가 되고 말았다. 고개를 푹 숙이고 있는 미스 윤을 향하여 아버지는 말했다.
 "내 아들이야."
 일이 꼬이고 있었다. 참으로 말세(末世)다.

 술집 여자를 놓고 아버지와 아들이 놀아난 세상이 되었으니 이것도 사실은 색마의 장난인 것이다.
 이처럼 음란한 색마가 사람의 마음속에 들어오면 아비도 몰라보고 자식도 몰라보는 비극을 초래하게 된다.
 음란한 색마는 사람의 정신을 혼미하게 한다. 개인이나 사회나 한 국가가 망하는 것도 궁극적으로는 색마의 장난 때문이다. 색마는 사람이 마음을 바르게 갖지 못할 때 들어온다.
 선천적으로 색마와 잘 통할 수 있는 사주를 타고난 사람도 많이 있지만 후천적인 환경이나 교육이나 풍습 등에 의해서 색마의 지배를 받을 수도 있는 것이다.
 선척적으로 음색을 타고난 사주를 가진 사람은 호색가(好色家)들이나 남색자(濫色者)들이나 창녀(娼女)들이나 다음녀(多淫女)들인데 이들은 대부분 색마의 노예가 되어 있다. 특별한 신심이 없는 이상 어떤 사람의 노력으로는 거의 불가능하다고 봐야 옳은 것이다. 이들의 조상들을 보면 대부분 음란한 조상들이 많다. 혈통은 속일 수가 없다.
 군자(君子) 밑에서 훌륭한 자식이 태어나는 것이며 다음녀(多淫女) 밑에서는 반드시 창녀가 태어나게 마련이다.
 혈통을 속일 수 없는 것처럼 사주도 속일 수 없다.

사주를 보면 그 조상들의 살아온 이력을 훤히 알 수 있다.
선한 조상과 악한 조상이 드러난다. 물론 타락된 세계에서는 절대적으로 선한 사람은 없지만 그래도 악인들보다는 좀 나은 사람인데 그 사람 자신을 보아서 선이 60퍼센트 이상 되는 사람을 말한다.

그래서 악한 기운이 60퍼센트 이상 되는 사람을 우리는 악인이라고 부르고 선한 기운이 60퍼센트 이상 되는 사람을 우리는 선인이라고 부른다.

그러나 실상 죄를 가진 사람은 하늘도 상대할 수 있고 악마도 상대할 수 있는 중간 입장이므로 선한 장소에 가면 그 마음도 선이 주인 노릇을 하게 되고 악한 장소에 가면 그 마음도 악이 주인 노릇을 하게 되는 것이다. 선천적으로 색마와 가까이 할 수 있는 사람은 하늘과 특별한 믿음의 관계를 맺지 않는 이상 대부분 남색가나 음녀로 전락하고 만다.

믿음의 관계가 없는 이상 노력의 기운이 사주의 선천적인 기운을 당할 수가 없기 때문이다.

그러므로 70퍼센트가 다음녀(多淫女)로 태어난 사람이라면 어떤 특별한 하늘과의 관계가 없는 이상 모두 음녀가 되거나 직업적으로 몸을 파는 창녀가 되어 버린다.

그러므로 창녀가 되는 것도 모두 팔자에 타고나는 법이다. 물론 선척적으로 양호하게 사주(四柱)를 타고난 사람이라 하더라도 후천적인 환경이나 교육이나 관습 등에 의해 상당한 영향을 받는다.

즉 사주는 양호하게 타고난 사람이라 하더라도 창녀들이 우글거리는 곳에 산다거나 또는 음란한 일을 많이 배우게 된다거나 음란한 풍습이 있는 지방에 따라 그 사람도 음탕한 사람으로 점점 변해갈 수도 있는 것이다.

그러므로 사람이 직업이나 환경을 잘 선택하여 사는 것이 매우 중요하다.
 사람은 혼자 사는 것이 아니라 사람들과의 관계 속에서 살기 때문에 선한 사람을 많이 상대하여 살면 자연히 그 사람도 선한 사람이 될 수가 있고, 악한 무리들이 많이 모여 사는 곳에서 살면 자연히 악한 기운에 자신도 모르게 물들게 된다.
 이동기라는 청년을 보더라도 술집이 많이 있는 곳에 살다 보니 자연적으로 보는 것이나 듣는 것이 색마의 비명 소리만 듣게 되므로 자신도 모르는 사이에 색마의 노예가 되고 만 것이다.
 색마의 노예가 되다 보니 아비도 몰라보고 형제도 몰라보는 패륜아로 전락되는 것이다.
 이것이 다 색마의 장난이며 또 사람이 색마의 노예가 된 것이다. 색마의 노예가 되면 그 개인이나 가정이나 사회나 국가는 파멸하는 것이다.
 색마의 노예가 되어 파멸한 사람은 수없이 많다. 우리나라만 하더라도 백제를 망하게 한 의자왕이나 또는 폭군으로 이름난 연산군이나 그 밖의 몇몇 정치가들의 말로(末路)가 비참한 것은 대부분 색마의 노예가 되었기 때문이다.
 성경에 보면 소돔과 고모라성이 멸망한 것도 색마가 발동하였기 때문이다. 또한 색마가 발동하는 사회나 국가는 반드시 망하게 되는 것이다.
 이것은 천리원칙이기 때문이다. 과학문명이 발달하여 생활이 예전보다 훨씬 살기가 편한 세상이 되자 사람들이 여유 시간이 많다 보니 색마의 유혹에 빠지기 쉽다.
 성현의 말씀에
 "따뜻하고 배부르면 음욕이 생겨나고 춥고 배고프면 도심

(道心)이 일어나느니라."
고 했다.

　이러한 말씀을 통하여 보더라도 하늘과의 절대적인 믿음의 관계를 회복하지 않는 이상 환경이 음란하므로 색마의 유혹에 쉽게 넘어가게 되어 있는 것이다.

　색마의 시험은 중생들에게만 있는 것이 아니라 수도인(修道人)에게 더 강하게 침범해 오고 있다.

　마왕 파순(波旬)은 항상 수도인을 넘어지게 하기 위하여 기회를 엿보고 있기 때문이다.

　석가모니 부처님께서 성도(成道)하실 무렵 색마들이 8만4천이나 되는 많은 미녀로 둔갑을 하여 시험하였다고 한다.

　그리고 지금까지 많은 수도인들이 공부가 깊어지면 다른 어떤 시험보다 색마의 시험을 이겨내기가 어려웠다고 말하고 있다.

　색마의 시험에서 이길 수 있는 비결은 하늘에 대한 믿음뿐이다. 하늘을 절대적으로 믿고 나가면 하늘이 보살펴 주므로 색마를 물리칠 수 있는 것이다.

　사람의 힘으로는 절대 색마를 이길 수가 없다.

　사람에게는 선천적인 운과 후천적인 노력이 합해져서 하나의 새로운 운명을 만들어 가는 것인데 선천적인 운세가 70퍼센트 작용하고 후천적인 노력이 30퍼센트 작용을 하게 된다.

　그러므로 타고난 팔자의 운세가 노력을 압도해 나가는 것이다. 왜냐하면 선천적인 운세가 두 배 이상이나 강하게 작용하기 때문이다.

　그래서 믿음이란 것이 필요하게 된 것이다.

　예를 들어 본다.

〈신심(信心)이 없는 사람의 경우〉

색마의 활동할 수 있는 부분 : 70%
개인의 환경이나 노력 부분 : 30%
색마의 노예가 되기 쉽다 : 100%

〈신심(信心)이 독실한 경우〉

색마가 활동할 수 있는 부분 : 70%
개인의 환경이나 노력 부분 : 30%
믿음에 의해 하늘이 주는 은사의 힘 : 80%
믿음에 의해 색마의 주관권을 벗어날 수가 있다 : 180%

〈믿음이 없는 사람의 경우〉

색마의 힘 (70%)	>	개인의 힘 (30%)

※ 색마의 승리

〈믿음이 있는 사람의 경우〉

색마의 힘 (70%)	<	개인의 힘 + 믿음의 힘 (30%) + (70%)

※ 신앙자의 승리

신앙이 필요하고 종교가 필요한 이유는 하나님이 죄에 빠져 있는 인간을 구원하시기 위한 도구인 것이다. 즉 구원의 줄인 것이다.

그래서 성현들은 중생이나 죄인을 구원하기 위한 수단으로 종교를 세우신 것이다.

예수는 기독교를 세워 구원을 시작하셨고 부처는 불교를 세워 중생을 제도하셨고 공자는 유교를 세워 참사람 만드는 교육을 하셨던 것이다. 모든 종교가 음란을 가장 큰 죄로 규정지어 놓은 것은 음란이 인간의 원죄(原罪)이기 때문이다.

음란에서 모두 죄가 퍼져 나가므로 간음죄를 지상에서나 영계에서 무섭게 다루는 것이다.

하늘이 열남열녀(烈男烈女)를 강조하는 이유도 여기에 있다.

사람이 죄악의 자리에서 벗어나 하늘의 자녀가 되려면 제일 먼저 색마와의 관계를 끊어야 한다.

열남열녀(烈男烈女)가 되어야 한다.

정남정녀(正男正女)가 되어야 한다.

숙남숙녀(淑男淑女)가 되어야 한다.

그러므로 나는 누구인가?

시험 중에는 색마의 시험이 제일 강하므로 하늘을 절대적으로 믿는 신앙자가 되어야 할 나인 것이다.

5. 색마의 활동

색마는 어떻게 하여 인간에게 활동하는지에 관해 알아 보도록 하자.
색마는 영계에 있는 음란한 영혼들을 지배한다.
음란한 영혼들은 모두 색마의 노예들인데 색마의 명령에 따라 움직인다. 이 색마는 지상에 있는 음란한 사주를 타고났거나 마음자세가 음란한 사람에게 접근을 시도한다.
사람의 마음을 자꾸만 음탕한 곳으로 유혹을 하는 것이다.
짧은 치마를 입고 지나가는 아가씨를 보면 성충동을 더욱더 강하게 만든다. 속살이 비치는 옷을 입고 다니는 여자를 보면 음란한 생각이 들게 만든다.
성충동은 본래가 인간의 본능이므로 그 작용이 강하다.
색마는 인간의 본능을 악으로 이용하고 있는 것이다. 그래서 사람들이 색마의 시험이나 유혹에 쉽게 넘어가는 것이다.
한 가지 실례를 들어 본다.

어느날 20대 초반으로 보이는 얌전하게 생긴 아가씨가 찾아왔다.
관상으로 봐서는 어디 한 곳도 흠잡을 구석이 없는 미인이었다.
눈웃음을 칠 때 눈꼬리에 약간 색기운(色氣運)을 띠고 있었다.
"어떻게 오셨습니까?"

"사주를 좀 봐주세요."
자리에 앉는 모습이며 행동이 상당히 방정(方正)하고 교양이 있었다.

```
  年 月 日 時
  戊 壬 壬 丁     辛庚己戊丁丙乙
  申 子 申 未     亥戌酉申未午巳
  (최경자, 가명)
```

이 사주는 壬水日主가 子月에 출생하여 사주에 인성과 비겁이 왕성하므로 신강사주가 되었다.
비겁인 水기운이 많은 신강사주이므로 이 水기운을 억제해야 하는 土가 용신(用神)이 된다. 土는 戊己와 辰戌丑未인데 같은 土오행이라도 그 작용이 조금씩은 다르다.
특히 丑土는 水에 가까운 土이므로 오히려 해(害)로울 때도 많다.
지금 이 사주로 보아서는 未土나 戌土가 가장 유력하다.
辰土는 申子辰 水局을 이루게 되므로 오히려 기신에 역할을 많이 하게 된다. 많은 물을 막아야 하기 때문에 土가 용신이 되었고 또한 子月이면 11월이라 춥다. 그래서 火가 필요하므로 火는 희신이 된다.
신강사주이기 때문에 木도 길신이긴 하나 용신과 충돌하면 흉하다.
木이 길신이 되려면 火와 동행할 시기에만 길하고 水木이 동행하면 오히려 흉한 것이다.
사주에 전반적으로 水기운이 완성한 것을 보니 5대조상이 상당히 음란하게 살았다는 증거가 드러난다.

"아가씨의 사주를 보니 5대조상이 상당히 음란한 죄업이 많군요. 그 음란한 업보를 소멸시켜야 조상도 구원을 받고 아가씨도 음란에 시달리지 않고 건강도 좋아지며 행복문이 열리겠는데요."

약간 당황하는 눈빛을 보이더니 실토를 한다.

"실은 저도 그 문제 때문에 왔어요. 저는 지금 상당히 시달리고 있습니다. 이 일을 어떻게 해야 좋을지 모르겠습니다."

아마 상당히 복잡한 내용이 있는가 보다.

"문제를 해결하려면 일단 제가 그 내용을 좀더 상세히 알아야 처방을 할 수 있으므로 숨기지 마시고 솔직히 고백해 보세요."

그 아가씨는 사실을 털어놓았다.

"저는 지금 세일이라는 회사 경리부에 다니고 있습니다. 회사의 돈을 관리하는 곳이므로 어느 부서보다 신경을 많이 써야 하는 곳이지요.

경리부에는 남자사원 여섯 명과 여자사원은 저 혼자입니다. 여섯 명의 남자들 틈에서 여자 혼자 끼어 있다 보니 여러모로 노리개감이 되고 있어요."

바쁜 업무 관계로 뛰어가면 사원들이 놀린다.

"미스 최는 엉덩이를 자랑하고 싶어서 저렇게 많이 흔들고 다닌단 말이야."

누군가 한마디하면 모두 따라서 웃으며 즐거워한다.

그래도 이곳이 직장이므로 참아야 하는 수밖에 없다.

집안이 넉넉하지 못한데다 남동생이 셋이나 학교에 다니므로 어머니와 아버지가 무척 고생을 하신다.

부모님은 시장에서 생선장사를 한다. 다행히 최양이 직장에 다니므로 부모님의 힘을 좀 덜어준 셈이다.

대학을 가고는 싶었지만 집안 형편이 도저히 허락하지 않으므로 고등학교만 졸업하고 회사에 취직을 한 것이다.

쥐꼬리만한 봉급을 받기 위하여 한 달 동안이나 시달려야 하는 것을 생각하니 공연히 화가 났다.

그래도 달리 무슨 뾰족한 수가 없었다.

어느날 오후에 전화가 걸려왔다. 반가운 전화였다.

고등학교 3년 동안 가장 친하게 지낸 친구인 정애진이다. 퇴근 후에 만나서 차나 한잔 마시면서 그간의 이야기를 나누고 싶었다.

퇴근 후에 약속한 다방에 들어가니 애진이는 먼저 와 있었다.

정말 반가웠다.

"애진아, 이게 얼마만이냐? 정말 반갑다."

"경자야, 너도 그간 잘 지냈니? 정말 반가워. 네 소식을 좀 알아 보려고 내가 얼마나 고생했는지 아니?"

이들은 학교를 졸업하고는 서로 소식을 모르고 살았다.

애진이와는 고등학교 3년 동안 둘도 없는 친구였는데 각자 갈길을 따라 살다 보니 한동안 서로가 잊고 산 것이다.

"너는 지금 어디서 뭘하고 있니?"

애진이가 먼저 물었다.

"나? 응. 세일(世一)이라는 회사에 다니고 있는데 봉급은 쥐꼬리만한데 일은 너무 힘들고 더구나 남자 사원들 틈에서 근무하려니 여러 모로 수모도 많이 당해. 그런데 애진아, 너는 어느 회사에 다니니?"

"궁금하지? 난 좀 요상한 곳에 다니지."

애진이는 정확하게 이야기하지 않고 말을 빙빙 돌리기만 했다.

"얘, 궁금하다, 뭘 하는 곳이니?"
애진이는 생글생글 웃으며 말했다.
"경자 네가 받는 봉급의 20배나 많이 버는 일을 하지. 한없이 즐기기도 하고……. 그 정도로만 알고 있어."
20배나 많이 벌 수 있는 직장이라니 경자로서는 눈이 번쩍 띄었다.
그 말이 사실이라면 경자 자신이 2년 정도 벌어야 되는 돈을 단 한 달 만에 번다는 것이다.
궁금하지 않을 수가 없다.
"애진아, 도대체 뭘 하는 곳이야. 응? 나도 좀 소개해 줘. 우린 고등학교 3년 동안 얼마나 친한 사이였니. 제발 친구 좀 살려 주는 셈치고 나도 좀 그 많은 돈 좀 벌게 인도해줘. 지금 다니는 회사는 정말 억지로 다니고 있어."
드디어 본론이 나왔다.
"경자야, 너도 내가 시키는 대로만 하면 나보다 더 많이 벌 수도 있어. 실은 말이야, 일본 사람만 상대하는 곳이야."
알고 보니 애진이라는 친구는 일본인들을 상대로 하는 고급 창녀였다.
그 세계에도 소개시켜 주는 알선책이 있고 돈을 받으면 보통 6대 4로 나누어 먹는다고 한다.
즉 몸을 제공하는 아가씨가 6을 차지하고 소개하는 알선자가 4를 먹는 것이다.
보통 계약은 관광 온 일본인과 하는데 하룻밤을 계약한다.
오후 7시부터 다음날 오전 6시까지 몸을 빌려 주기로 하고 계약을 한다.
그러니까 11시간만 몸을 빌려 주면 50만 원을 받게 되는 것이다.

정말 거액이다.

경자가 한 달 내내 고생해 봐야 겨우 50만 원 정도인데 애진이는 11시간만 몸을 빌려 주면 50만 원을 번다는 것을 알고는 유혹에 넘어가지 않을 수가 없었다.

만일을 대비해서 회사에는 휴가를 신청했다. 일단 휴가 동안만이라도 애진이 말이 사실인지 아닌지 확인도 할 겸 만일 거짓말이라면 다시 회사에 다닐 수가 있기 때문이었다.

며칠 후 애진이를 따라 한 호텔로 들어갔다.

소개해 주는 알선 담장자와 인사를 나누고 교육을 받았다.

"돈 많은 일본 관광객들이 즐기기 위해서 아가씨 같은 젊고 싱싱하고 아름다운 여자를 찾는 것이니 아무 걱정 마시고 요구하는 대로만 하세요. 이 세계엔 세 가지 규율이 있습니다. 첫째, 손님이 무슨 짓을 하더라도 일체 반항해서는 안되며, 둘째, 손님이 원하는 것이라면 무엇든지 다 해주어야 하며, 셋째, 화대(몸값)로 받은 돈을 6대 4로 분명하게 분배하는 것입니다.

경자도 대충 짐작했다.

이것이 옳은 길이 아니란 것은 누구보다 잘 알고 있지만 많은 돈이 눈에 아른거리므로 자청한 길이다.

드디어 정해진 호텔로 들어갔다.

들어서니 40대 중반쯤 되어보이는 신사 한 사람이 반갑다는 듯이 맞이해 주었다.

국적이 다르므로 말이 통하지 않으나 음탕한 기운은 쉽게 통한다. 일이 벌어졌는데 경자는 태연했다. 사실 경자는 처녀가 아니었다. 학생시절에도 남학생과의 관계가 있었을 뿐 아니라 직장 안에서도 상사를 비롯해서 여러 사원들과 관계한 경력이 있었다.

그런데 이 손님은 정력이 대단했다.
 그뿐 아니라 별별 이상한 짓을 다 요구해 왔지만 이 세계의 규율을 지키기 위해서 원하는 대로 응해 주었다.
 지금까지는 생각도 못해 본 신기한 방법을 다 동원하여 음욕을 즐기는 것이었다.
 두 시간 정도 난장판을 벌이더니 옷을 갈아입고 문을 열고 나갔다.
 정말 다행이라고 생각했다. 계약상으로는 11시간 몸을 빌려 주기로 했는데 두 시간만 지내다 가니 정말 행운이라 생각했다.
 이제 임무는 끝났으니 한숨 자고 아침에 나갈 생각을 하고 침대에 막 드러눕는데 웬 사람이 들어왔다.
 들어오자마자 일을 시작하려 했다. 다른 사람이 들어왔으므로 이상하게 생각되어 그 손님을 잠깐 기다리게 하고 알선 담당자를 호출하는 비상벨을 눌렀다. 즉시 알선 담당자와 애진이가 달려왔다.
 "경자야, 무슨 일이니?"
 애진이가 물었다. 사실을 이야기했다.
 첫 손님과 두 시간 동안 봉사해 주고 그 손님이 나갔으므로 이제 임무가 끝났다고 생각하는데 또 다른 사람이 들어온 것이 이상하다고 말했다. 그러자 애진이가 설명을 했다.
 "경자야, 너 50만 원 받는 조건으로 11시간을 계약하지 않았니? 그러니까 어느 손님이 들어오거나 몇 명이 들어오거나 관계없이 너는 11시간 동안은 봉사해야 된단 말이야. 지금 들어온 이 손님은 한 시간짜리 손님이야. 그리고 세번째 손님은 두 시간짜리 손님이고."
 시간표를 짜놓은 것을 내보이며 설명했는데 여러 명을 밤새 맞이해야 하는 것이었다.

　두 시간짜리 손님이 있는 것을 보니 오늘밤 맞이해야 할 손님수는 6명이 예정되어 있었다.

　내용을 알고 나서는 기절할 정도였다.

　이윽고 두번째 손님에게 한 시간을 제공했다. 두번째 손님이 나가자 목욕탕에 들어가서 샤워를 했다.

　거울에 비친 자신의 알몸을 쳐다보며 생각했다.

　'너, 임자 잘못 만나 이제부터 밤마다 고생이 무척 심하겠구나. 미안하다.'

　이렇게 11시간 동안 6명의 손님을 치르고 나서 쓰러지고 말았다.

　옷 입을 힘도 없는데 애진이가 들어왔다.

　"경자야, 고생 많이 했다. 앞으로 보름이나 한 달만 지나면 숙달이 되어 괜찮아질 거야. 나도 어젯밤 7명이나 맞았는데 아무렇지도 않잖아. 자, 용기를 내."

　며칠을 이렇게 당하고 나니 금방 죽을 것만 같았다. 애진이를 불렀다.

　"애진아, 돈도 좋지만 난 도저히 안되겠어. 도저히 계속할 수가 없을 것 같아. 소변볼 때 피까지 섞여 나온단 말이야."

　돈도 좋지만 너무 힘들어 그만 두고 싶었다. 애진이는 알았다는 듯이 말했다.

　"경자야, 너무 힘들었구나. 그럼 11시간으로 계약하지 말고 하루에 3시간만 계약을 해. 3시간이면 한 시간당 5만 원씩 15만 원 줄게."

　이렇게 해서 하루 3시간씩 일을 시작했다.

　부모님의 눈치를 피해 낮에는 회사에 출근하고 퇴근과 동시에 호텔로 달려가 3시간씩 일을 하고 집으로 돌아왔다.
 회사에 잔업이 많아서 늘 3시간 정도 늦게 집에 돌아온다고 거짓말을 했다.
 이렇게 몇 달 동안 번 돈이 꽤 많았다. 그런데 문제가 생겼다. 자꾸만 아래가 통증이 심해 병원에 가서 진찰을 받아보았다.
 진찰 결과 성관계를 심하게 한데다 너무 회수가 많아 병이 들었다는 것이다. 무서운 병에 걸린 것이다.
 의사의 말에 의하면 앞으로 4년 동안 일체 성관계를 하지 말아야 치료가 되며 장기간 치료하려면 치료비가 엄청나게 든다는 것이었다.
 모든 게 허사였다. 눈앞이 캄캄했다.
 사력(死力)을 다해 번 돈인데 치료비로 모두 들어갈 처지가 되고 말았다. 돈이 모두 들어간다 해도 완쾌가 될지는 불분명했다.
 죽고 싶었다.
 의사의 말로는 빨리 치료하지 않으면 앞으로 불구자가 되거나 죽을 수도 있다는 벼락 같은 진단이 나온 것이다.
 하늘이 원망스러웠다.
 애진이는 1년이 넘었어도 아무 탈이 없는데 나는 왜 넉 달도 되지 않아 병이 났단 말인가. 참으로 속이 상했다.
 미칠 것만 같았다. 십년이나 그 일을 계속했다면 병이 날 만도 한데 이제 겨우 넉 달 만에 완전히 망가져 버렸으니! 더구나 치료비가 지금까지 몸팔아 번 돈으로는 부족한 편이니 이게 무슨 고생인가.
 죽고만 싶었다. 고생은 고생대로 죽도록 하고 몸은 몸대로 망가져 버렸으니 어쩌면 좋단 말인가. 차라리 직장에나 조용히 다녔다면 병이나 들지 않았을 텐데.
"선생님, 저는 재수가 지독히도 없는가 봐요. 다른 여자들은 잘도 벌어 먹고 사는데 저만 이 꼴이 되어야 하나요? 사주를 좀 자세히 봐주세요."
세상이 어찌 되려고 이 모양이란 말인가. 가치관이 완전히 떨어져 돈이면 무슨 일이라도 다 된다는 것이 크나큰 병폐이다.
그래서 조용히 설명했다.
"아가씨, 냉정한 마음으로 제 말을 잘 들어 보세요.
아가씨는 재수가 없어서 병이 들었다고 하지만 그 재수는 누가 만든 것입니까? 아가씨 자신이 만든 것 아니겠습니까? 인생을 살면서 남과 비교하지 마십시오. 아가씨는 자신의 갈 길이 있고 그 친구는 그 친구의 갈 길이 따로 있습니다.
사람들은 모두 제각각 가는 길이 다른 것입니다.
저는 오히려 반대로 생각합니다. 전화위복(轉禍爲福)이라고 봅니다.
만약 아가씨가 병들지 않았다면 무슨 힘으로 그 음란한 짓을 중단할 수가 있겠습니까?
하나님이 준 가장 큰 보물이 곧 여자의 가장 소중한 곳입니다. 너무 귀중하고 복된 곳이라 하여 그 이름을 본궁(本宮)이라고 하지 않습니까.
원래 궁(宮)이란 귀하다는 뜻인데 그러므로 귀하신 왕(王)이 사는 집을 궁궐(宮闕)이라 하지 않습니까?
그리고 황제(皇帝)가 사는 곳을 황궁(皇宮)이라고 하듯이 궁(宮)이란 곳은 아주 귀중한 곳을 말하는 것입니다.
그런데 귀중한 궁 중에서도 가장 근본적으로 귀한 곳이라 하여 그곳을 본궁(本宮)이라고 부르는 것입니다. 이 본궁은 하나님이 정하신 이름입니다.
 이 본궁은 사랑의 본궁이며 생명이 이 문으로 나오므로 생명의 본궁이 되는 귀한 곳입니다.
 또한 이 문을 통하여 혈통이 이이지므로 혈통의 본궁이 되기도 합니다.
 그러므로 만가지 은혜가 이 문을 통하여 나오므로 은혜의 본궁이 되기도 하지요.
 그러니까 여자의 귀중한 곳이 사랑의 본궁이 되기도 하며 생명의 본궁이 되기도 하며 혈통의 본궁이 되기도 하며 은혜와 만복(萬福)의 본궁이 되기도 하는 귀중한 곳입니다.
 억만금을 주고도 살 수 없는 귀하고 귀한 본궁인데 이 귀한 것을 돈 몇 푼에 팔아 먹고 산다는 것은 역행(逆行) 중에서도 가장 큰 역행이 되는 것입니다. 천벌을 받게 되어 있습니다.
 천법(天法) 제1조에 규정하기를 '살인자는 용서받을 수 있어도 간음자는 용서받을 수 없다.'라고 명시되어 있습니다.
 하나님은 이처럼 귀중함을 거듭 강조하셨던 것입니다.
 사람들은 모두 영안(靈眼)이 어두워 지상세계밖에 볼 수 없으므로 영계에 대한 내용을 잘 모르고 삽니다.
 영계에 대한 내용을 잘 모르고 살다 보니 무엇이 죄가 되고 무엇이 복이 되는지를 잘 모르고 살고 있습니다.
 여자에게서 음문을 사용하는 목적은 오직 한 가지 길뿐입니다.
 그것은 하늘이 정해준 한 사람의 남편을 위해 바치는 것이며 어떤 남자에게도 절대 바쳐서는 안되도록 천법에 정해져 있습니다.
 그래서 왕촉(王觸)이 말하기를
 '충신은 두 임금을 섬기지 않고, 열녀는 두 남편을 섬기지 않는다(忠臣不事二君 烈女不更二夫).'라고 했습니다.
　이 말은 인간의 말이 아니라 하늘의 말씀입니다.
　차라리 목숨을 끊을지언정 여자는 정조를 잃어서는 안되는 것입니다. 사주를 보니 아가씨의 5대조상이 간음죄를 많이 지었습니다.
　살아 생전에는 몰랐지만 막상 육신을 벗고 영계에 들어가자 엄청난 죄를 짓고 왔다는 것을 깨달았지만 이미 때는 늦었습니다.
　무서운 지옥에 들어가서 끝없는 세월을 놓고 고통을 당해야 하므로 지옥이 무서운 곳입니다. 그 음란의 기운을 받고 태어난 사람이 바로 아가씨입니다.
　그러므로 아가씨는 5대조상의 간음죄를 소멸시켜야 할 사명이 있는 것입니다.
　간음죄를 소멸시키기 위해서는 아가씨는 절대로 간음해서는 안되며 앞으로 일생을 열녀(烈女)의 길을 걸어가야만 그 업보가 소멸되는 것입니다.
　5대조상이 지은 업보가 소멸되어야 그 조상도 구원을 받아 지옥에서 한 단계 승급할 수가 있고 아가씨도 앞으로 행운이 돌아와서 살 길이 열리는 것입니다.
　이처럼 자기 사주에 나타나 있는 조상들의 업보를 소멸시키지 않으면 그 앞길이 절대 평탄하지 않습니다.
　물론 복을 지어놓고 간 조상들도 있기 때문에 복을 받을 기간에는 만사가 형통할 수 있으나 그것은 잠깐입니다.
　복은 천천히 받더라도 내가 갚아야 하는 업보는 반드시 갚아야 하는 것입니다. 자진해서 갚는 자가 복이 많습니다.
　우리가 세금을 낼 때 자진신고하는 사람에게는 많은 혜택을 보지만 자진신고를 하지 않아 세무조사를 당하면 큰 손해를 보지 않습니까?

　업보소멸도 마찬가지입니다.

　스스로 회개하여 조상들이 지은 죄과의 업보를 소멸하겠다고 마음을 굳게 먹고 정조를 지키며 부모에게 효도하며 어려운 사람을 구제하며 나라에 충성하며 국가에 성금을 많이 내거나 도문에 헌금을 하거나 나라를 염려하는 마음을 가지거나 세상일을 놓고 하늘 입장에서 염려하는 마음을 가지거나 남몰래 음덕을 많이 쌓거나 수희공덕을 많이 쌓으면 조상들이 지은 업보는 소멸됨과 동시에 지옥에서 해방되어 천국으로 들어갈 수가 있습니다. 그러므로 후손은 큰 공덕을 지은 결과가 되므로 지상에 살 때도 복을 받으며 장차 육신을 벗고 영계에 들어가서는 더 큰 복을 받게 되는 것입니다.

　그러나 이러한 천적(天的)인 비밀을 모르고 자행자지하여 색마의 노예가 되어 간음을 행하며 색마의 장난에 놀아나서 귀중한 곳을 천하게 사용하며 걸레처럼 취급한다면 그 죄는 하늘에 닿게 되어 도저히 그냥 두어서는 소멸이 안되므로 할 수 없이 매를 들지요.

　하나님께서는 저승사자를 시켜 강제집행을 시키는 것이니 이것이 곧 병에 걸리게 되는 것이며 사고를 당하여 불구가 되거나 벼락을 맞아 죽거나 병신이 되거나 부도를 당하거나 하여 강제로 그 업보를 소멸시키는 것이니 강제집행에 의한 소멸은 크게 손해를 보게 되며 당사자에게도 아무 이익이 없는 것입니다.

　강제집행을 당하고 나서 깨달음을 얻는다면 다시 살 길이 열리기도 하는 것이지만 그러나 깨닫지 못하면 헛일이지요. 그러므로 사람이 살아가다가 무슨 병이나 사고를 당하면 누구를 원망할 것이 아니라 자신을 돌아보아야 합니다.

조상들의 업보소멸을 해주지 못해서 당한 것이니 회개하며 하늘 앞에 감사하면 전화위복이 되어 화가 복이 되기도 하는 것입니다.
　이처럼 지상인은 누구나 조상들의 업보소멸을 위해 공덕을 쌓아야 하는 것입니다."
　한참 동안 이야기했더니 그 아가씨 눈에 눈물이 고여 있었다.
　"선생님, 그러고 보니 제가 병이 든 것이 오히려 잘된 일이네요."
　"그렇고말고요. 좀더 빨리 병이 들었다면 죄를 좀더 적게 지을 뻔했는데 그랬군요.
　그것보다는 좀더 일찍 이러한 내용을 알았다면 오히려 크게 복을 지을 수도 있었겠지요. 업보소멸하는 것 자체가 복을 짓는 것이 되니까요."
　"선생님의 뜻을 잘 알겠습니다. 그럼 저는 어떻게 해야 하니요?"
　"우선 병원에 다니면서 치료를 받으면서 공덕을 쌓으십시오. 공덕이라고 해서 어렵게 생각할 건 없습니다. 제일 중요한 것은 마음이니까요. 마음을 바르게 가지고 살아가십시오.
　그리고 하늘과 절대적인 믿음의 관계를 회복하십시오. 하늘과 믿음의 관계를 회복한다는 조건으로 하루에 천문(天文)을 120번 이상 암송하십시오.
　그리고 앞으로는 절대로 간음하지 마시고 열녀의 도를 지키십시오.
　부모님께 효성을 다하고 더 나아가서는 천지부모이신 하늘 앞에도 효녀가 되십시오. 그리고 돈을 벌려면 열심히 땀흘려 버십시오.

땀흘려 번 돈이 아니면 내 돈이 아닙니다. 수고 없이 번 돈은 모두 남의 것입니다. 공짜로 생긴 돈이나 재물은 마귀가 던져 놓은 낚싯밥입니다.

노력 없이 번 돈은 마귀가 다 빼앗아 갑니다. 원금만 빼앗아 가는 것이 아니라 이자까지 계산해서 빼앗아 가는 것입니다. 바른 마음, 감사하는 마음, 은혜를 생각하는 마음 이 세 가지 마음이 복된 마음입니다."

"감사합니다. 열심히 살아보겠습니다."

용기를 내어 일어서는 그 아가씨를 보며 필자는 간절히 기도했다.

"오! 천지의 대주제이신 하나님이시여, 진실로 감사하나이다. 부디 최경자라는 이름을 기억하여 자비를 베풀어 주옵소서. 다시는 음란한 소굴에 빠지지 않도록 지켜 주시옵소서."

그러므로 나는 누구인가?
색마가 활동할 수 있는 분위기를 만들지 말아야 하며 돈을 벌 때는 땀흘려 벌어야 할 나인 것이다.

제11장
운명으로 본 인생

1. 운명으로 본 우주관(宇宙觀)

　이 우주는 크게 나누어서 두 세계이다. 즉 우리가 살고 있는 지상세계와 육신을 벗고 영혼이 들어가 사는 영계가 그것이다.
　흔히 지상세계를 이승이라 하고 영계를 저승이라고 한다. 사람은 누구나 이 지상에서 살다가 육신이 노쇠하면 벗어 버리고 영혼만이 영계에 들어가 살도록 만들어져 있다.
　이러한 우주의 존재 내용을 알고 사는 사람과 모르고 사는 사람과는 그 생각하는 것이 다르다.
　이 땅만이 인생의 전부라고 주장하는 사람은 우주를 반쪽밖에 모르는 사람이다.
　우주를 반쪽밖에 모르고 사는 사람들은 내생(來生)에 대한 준비를 하지 않는다.
　내생에 대한 준비란 것이 곧 공덕이요 선한 인연이요 하늘을 사모하는 심정인 것이다.
　그러므로 내생인 영계를 인정하지 않는 사람은 아무리 착하게 산다고 해도 진정으로 착한 사람이라고 볼 수 없다.
　어느날 50대쯤 되어 보이는 중년 신사가 찾아왔다.
　"사주나 한번 볼까 해서 왔지요."
　약간 마른 체구에 상당히 꼼꼼한 사람 같았다.
　"생년월일과 시를 말씀해 주십시오."
　"생년월일은 알지만 시(時)는 잘 모르는데 어쩌지요?"
　사실 시를 모르는 사람이 태반이 넘는다.

年　月　日　時
丙　亥　戌　▲　　壬癸甲乙丙丁戊
子　亥　戌　▲　　子丑寅卯辰巳午
(이삼돌, 가명)

시를 모른다면 사주팔자를 뽑을 수가 없고 삼주육자(三柱六字) 밖에 뽑을 수가 없다. 삼주육자를 뽑아 놓고 풀이를 해봐야 하기 때문이다.

즉 시주(時柱)에 길신이 자리한다면 자식덕이 있고 시주에 흉신이 자리한다면 자식덕이 없기 때문이다.

"시주를 정하지 못하기 때문에 여쭈어 보는 것인데 혹시 자식이 속썩이지는 않습니까?"

하고 물어 보았다.

그랬더니 그 손님은 기다렸다는 듯이 말했다.

"아유, 말도 마세요. 자식이라고 하나 있는 것이 어찌나 속을 썩이는지 죽겠습니다. 제가 늘 주장하는 것이 무자식이 상팔자라고 생각하고 있습니다.

제 자식놈은 허구헌날 여자 꽁무니만 쫓아 다니면서 직업을 가질 생각도 하지 않으니."

쉽게 말해서 자식덕이 없다는 말이다.

자식덕이 없다는 것을 봐서는 이 사주는 신약사주로서 인성과 비겁을 길신으로 생각하고 사주를 풀어나가면 되기 때문이다.

"3대조상인 증조부모의 죄업이 많이 남아 있습니다. 그래서 이 선생께서는 초년에 고생을 많이 하셨습니다. 부모덕은 별로 없지만 그래도 아내덕은 있습니다.

지금 함께 살고 계신 아내덕에 이 선생께서도 흉사를 면한 것입니다.
 부인을 은인(恩人)으로 생각하시고 많이 사랑해 주세요."
 이렇게 이야기를 하는데 말을 가로막는다.
 "잠깐만 중단하시고 제 말씀부터 들어 보세요. 사실 모두 맞는 이야기입니다. 초년에는 고생을 많이 했지만 지금 함께 살고 있는 마누라 덕분에 하는 일들이 잘되는 것 같습니다. 우리 마누라 자랑할 것은 없어도 인정 많고 마음씨가 좋아요. 그런데 아까 선생께서 말씀하신 3대조상 운운하는 것은 무슨 말입니까? 다시 한번 이야기해 주세요."
 이 사람은 영계에 대한 내용을 전연 모르고 살아온 사람이라 영계에 대한 이야기가 나오자 궁금한 모양이다.
 "사람이 살다가 육신이 노쇠하면 누구나 들어가는 영혼의 세계 그곳이 영계이며 저승이라고 하는 곳입니다. 저도 때가 되면 육신을 벗고 들어가야 하는 곳이고 선생께서도 때가 되면 들어가는 본고향이지요."
 그러자 그 사람은 신기한 듯 다음 말이 나오기를 기다리며 바짝 다가앉는다.
 "분위기가 이렇게 돌아가니 사주에 대한 풀이는 뒤로 미루고 우선 운명가(運命家)의 입장에서 본 우주관을 말씀드려야겠군요. 이 우주는 지금 우리가 살고 있는 지상세계와 육신을 벗고 영혼만이 들어가서 영원히 사는 영계가 있습니다.
 그러니까 우주는 유형세계와 무형세계 둘로 나누어 볼 수가 있습니다. 이것을 다른 말로 하면 이승세계와 저승세계라고 하지요.
 그리고 지상세계와 영계는 그 구조가 다릅니다. 지상세계는 시간과 공간의 제약을 받고 있습니다.
 그러나 영계는 시간과 공간의 제약을 받지 않고 초월하는 세계입니다. 즉 서울에서 부산까지 가려면 지상세계에서는 얼마간의 시간이 소요됩니다.

그러나 영계는 다릅니다. 영계에서는 시간과 공간을 초월하기 때문에 서울에서 부산까지 가겠다고 생각하는 순간 목적지에 도착하게 됩니다. 그러니 지상보다 영계가 훨씬 편리한 편이지요.

그러나 지상에서 살 때 어떻게 살았느냐에 따라 지옥에 떨어지면 한없이 고통스러운 곳이기도 합니다.

그래서 지상에 살 동안 영계를 위해서 준비하는 사람이 복된 사람이지요."

"진짜 영계가 있는지 없는지 뭘로 증명할 수 있나요? 그리고 있다면 왜 보이지 않지요? 만일 영계가 있다면 한번 보여주세요. 나는 직접 보지 않고는 이해하지 못하겠어요."

갑자기 중간에서 말을 막아 버리니 그만 줄줄 잘 나오던 말문이 막혀 버렸다.

왜 영계는 볼 수 없느냐는 물음과 직접 보여 달라는 데는 참으로 난감했다.

"왜 영계를 볼 수 없느냐고 하셨는데 그 이유는 이렇습니다. 인간이 타락되지 않았을 때는 그 영안이 밝았습니다.

영안이 밝을 때는 육신을 쓰고 있으면서도 영계와 직접 통할 수 있었기 때문에 지상과 천상에 대한 내용을 잘 알고 살았습니다.

그러나 인간이 타락으로 말미암아 그만 영안이 어두워지면서 영계를 볼 수 없게 되었습니다. 즉 영적으로는 장님이 된 셈이지요.

영적으로 장님이 된 사람은 엄연히 존재하는 영계를 부정하게 되었고 더 나아가서는 존재하고 있는 천지부모도 몰라보게 된 셈이지요.

　천지부모이신 하나님을 모르게 됨에 따라 인간은 부모 잃은 고아와 같이 되고 말았지요.

　하나님을 잃어버렸으므로 인간은 그 생활이 무척 고통스럽게 되었습니다.

　하나님으로부터 생소를 받아야 영혼이 성장할 수 있는데 생소를 못 받으니 그만 영혼은 죽은 거나 마찬가지가 되고 말았습니다.

　그러나 사람이 마음을 밝히고 수도정진을 열심히 하여 영안이 열리게 되면 영계를 볼 수 있는 것입니다.

　그러므로 이 선생께서 영계를 보여 달라고 하셨지만 그것은 당신이 수도정진을 열심히 하여 영안을 열어 직접 보는 수밖에 달리 도리가 없습니다. 그러니 영계가 보고 싶다면 열심히 수도정진을 해서 영안을 열어 보십시오."

　사실 운명을 감정하는 필자로서는 더 이상 영계에 대한 증거를 해줄 수가 없었다.

　장님에게 빨강색을 설명하려면 무엇을 어떻게 설명해야 할 것인가? 만일 빨강색은 잘 익은 사과와 같은 색이라고 한다면 그럼 사과는 어떤 색인가 하고 물어 보면 결국 장님에게는 빨강색에 대해서는 설명을 해줄 수 없는 입장이 되고 만다.

　이와 마찬가지로 영안이 어두운 장님에게 아무리 영계에 대한 사실을 이야기해 봐야 신빙성이 없어지게 된다.

　세상에는 영계에 대한 부정적인 견해를 가지고 있는 사람들이 의외로 많다.

　그러나 필자가 경험한 바에 의하면 분명히 영계는 있으며 직접 보기도 했다.

　틀림없이 영계가 있는 것을 보고 왔고 또한 지옥의 고통도 직접 구경하고 왔기 때문에 자신있게 설명하는 것이다.

그리고 인간의 운명인 사주와 그 내용을 누가 정하느냐에 따른 연구를 하기 위해 기도를 통하여 지상과 영계를 수없이 왕래하며 이러한 내용을 찾아낸 것이다.

사주의 운명은, 즉 조상들의 업보에 대한 기록이며 안내장이며 채무 독촉장이란 것을 알게 되었다.

그래서 그 사람의 사주를 보면 조상들이 어떻게 살았는가 하는 것을 알 수 있으며, 자신의 사명이 무엇이라는 것을 알게 된다.

또한 사주를 보면 조상들이 진 빚을 갚아야 하는 채무 독촉장이란 것도 알게 된다.

진실로 자기 사주를 바로 아는 사람은 촌분도 허송세월하지 않고 조상들의 업보소멸을 위해 공덕쌓기에 여념이 없는 것이다.

사주는 단순하게 점〔占〕을 보는 정도의 시시한 것이 아니다. 영계에 먼저 가 있는 자기의 부모와 조상들을 구원하기 위해 사주를 보는 것이다.

이렇게 볼 때 이 우주는 엄연히 두 세계로 존재하는 것이니, 즉 지상에서 살다가 육신이 노쇠하면 육신을 벗어 버리고 그 영혼만으로 영계에 들어가서 영원히 사는 것이다.

그러므로 나는 누구인가?

이 우주는 지상세계와 영계의 이중구조로 되어 있다는 것을 확실히 알고 지상생활은 모두 저 영계에 들어가서 영원히 복되게 잘살 수 있는 준비를 해야 할 나인 것이다.

2. 운명으로 본 인생관(人生觀)

　운명 감정사인 필자가 보는 인생관은 선천적인 운명과 후천적인 노력에 의해 새로운 운명이 엮어진다고 보고 있다.
　그러므로 선천적인 운명은 그 기운이 70퍼센트이므로 불변한 것이다. 그래서 선천적인 운명인 70퍼센트는 누구도 변동시킬 방법이 없다.
　타고난 운명은 요지부동으로 정해져 있기 때문이다.
　영원히 변동시킬 수도 없으며 절대적으로 변동시킬 수도 없다. 즉 예를 든다면 남자로 태어난 사람이 아무리 노력을 한들 여자로 변하겠는가.
　우리가 부모를 바꿀 수 없는 것과 같은 이치이다.
　무슨 재주로 자기가 부모를 바꾸겠는가.
　또한 동생이 아무리 노력을 한다고 해도 형이 될 수 없으며, 가난뱅이 사주를 타고난 사람이 큰 부자가 될 수는 없다.
　즉 큰 부자는 하늘이 내리고 작은 부자는 부지런한 데 달려 있기 때문이다(大富由天小富由動).
　이와 같이 사람의 운명에는 인력으로는 도저히 바꿀 수 없는 부분이 70퍼센트임을 먼저 알고 살아야 한다.
　그러므로 후천적인 노력에 의해서 변동시킬 수 있는 부분이 바로 30퍼센트이다.
　즉 가난뱅이 사주를 타고났지만 부지런히 노력하면 작은 부자는 될 수 있는 것이고, 병약(病弱)한 팔자를 타고났지만 건강관리와 섭생 등을 잘하면 건강을 지킬 수 있으며, 아내복이 없이 타고났지만 아내를 사랑하고 마치 철없는 딸 키우듯이 아껴 주면 도망은 가지 않을 것이다.

그리고 머리가 둔하면 다른 사람보다 두 배, 세 배 열심히 공부하면 될 것이다.

그리고 복이 없는 팔자라면 열심히 복을 지으면 될 것이고 과부 될 팔자를 타고났다면 남편을 공경하며 바가지를 긁지 않으면 남편이 죽지 않거나 도망가지 않을 것이다.

또한 여자가 바람기를 강하게 타고났다면 이것도 극복할 수 있다. 물론 다른 여자들보다 더 많이 노력해야겠지만 천지부모를 믿고 열녀의 도를 지켜 나가면 감히 색마가 틈을 탈 수 없는 것이다.

그리고 마음을 바르게 가지면 모든 행복문이 열리는 것이 천지의 이치이다.

그리고 즐겁거나 괴롭거나 모든 일에 감사하면 그 공덕으로 모든 일에서 복을 받는다. 이것이 천지이치인 것이다.

또한 내가 복수하지 않고 참아 버리면 그 원한의 업보는 소멸되는 것이다.

이와 같이 인간이 노력으로 극복할 수 있는 부분이 30퍼센트이다.

그러므로 선천적인운과 후천적인 노력을 합해서 새로운 운명이 결정되는 것이므로 먼저 선천운이 어떻게 되어 있는가 하는 것을 보는 것이 무엇보다 중요하다.

예를 들어 선천적인 운세가 교육자가 되라는 것으로 점지되어 있는데 그 길을 가지 않고 굳이 벼슬을 하겠다고 매년 과장(科場)에 나가 봐야 낙방만 할 것이다.

그리고 대운이 기신(忌神)운으로 흐르는데 응시해 봐야 보기 좋게 낙방할 것은 뻔한 사실이다.

그러므로 사람이 바른 인생길을 가고자 한다면 먼저 선천적인 사주가 어떻게 되어 있는지를 정확하게 알고 사주에 타고난 직업을 택하여 그 길로 최대한의 후천적 노력을 다한다면 반드시 성공할 것이다.
 사주를 본다는 것은 자기의 능력을 보는 것이고 노력도 자기가 타고난 능력한도 안에서 최선을 다해야 성공하는 것이다.
 자기의 능력도 헤아리지 않고 욕심만 가지고 날뛴다고 해서 성공하는 것은 아니다.
 노력이 운명을 좌우한다는 말이 있는데 이 말의 참뜻도 실은 후천적인 노력 부분인 30퍼센트 한도 안에서 해당되는 말이다.

 어떤 사람이 자기 아들의 사주를 보러 왔다. 하나밖에 없는 아들이라 장차 어떤 인물이 될 것인가가 궁금해서 보러 온 것이다.

  年 月 日 時
  癸 乙 壬 庚 甲癸壬辛庚己戊
  亥 巳 子 子 辰卯寅丑子亥戌
  (성대우, 가명)

 壬水일주가 巳月에 태어나서 실기(失氣)하는 운이나 사주에 인성과 비겁이 왕성하여 신강사주가 되었다.
 水기운이 태왕하므로 乙木상관으로 유통시켜 巳火 쪽으로 돌리는 수밖에 없다.
 그런데 용신 巳火가 연지의 亥水와 상충을 하고 있으므로 사주가 불길하다.
 더구나 대운이 따르지 못하므로 장차 큰 인물로 기대하기는 어렵다.

 "어떻습니까? 하나밖에 없는 아들인데 장관이나 대통령이 될 팔자는 아닙니까? 대통령이 부족하면 국무총리는 해먹을 수 있겠습니까?"
 "글쎄요?"
 뭐라고 설명을 해주어야 좋을까?
 "국무총리감이 안되면 도지사라도 한자리 해먹어야 하는데 말씀 좀 해보세요.
 어느 정도까지 큰 인물이 되겠습니까? 지금 국민학교 2학년인데 공부를 매우 잘하거든요.
 학원에도 몇 군데 보내는데 원장들마다 착하고 공부 잘한다고 합니다. 그래서 기분이 좋아서 돈봉투 하나씩 집어 주었지요. 우리 아들 사주가 어떻습니까?"
 아무리 늦게 둔 귀한 아들이라 하지만 아버지가 돼가지고 너무 촐랑거린다. 말을 할 틈도 주지 않고 자기 혼자서 떠들고만 있다.
 사실 이 정도의 사주를 가지고 대통령을 한다면 우리나라에 대통령이 3천만 명은 족히 되고도 남으리라.
 사주가 하격(下格) 사주이다.
 벌써 용신이 상충을 당해 있고 용신이 투출하지 못했는데 무슨 뚱딴지처럼 대통령은 무슨 대통령인가.
 남의 집 하인 노릇이나 하면 딱 맞는 사주이건만 이렇게도 분수를 모를까.
 그래서 반문을 했다.

"만일 아들이 대통령이 된다면 대한민국을 이끌어 나갈 수 있다고 생각하십니까?"

비웃는 소리로 내뱉었다.

"사실 정치야 밑에 있는 장관이나 보좌관이 하는 것이고 대통령이야 회전의자에 앉아 잘생긴 아가씨들 엉덩이나 구경하는 것 아닙니까?"

참으로 어이가 없었다.

"말을 그렇게 함부로 하는 것이 아닙니다. 한 나라의 대통령은 하나님이 정한 사람이 아니면 안되는 법입니다. 그 자리가 얼마나 책임감이 무거운 자리인지 알고나 하는 소리입니까? 지금의 대통령을 보십시오.

처음 취임할 때는 매우 건강하게 보였는데 이제 3년 좀 넘게 했는데 얼마나 힘든 자리였으면 마치 10년은 늙은 것 같지 않습니까?

당신은 당신 한몸과 당신 집 하나만 걱정하면 되지만 대통령은 대한민국 전체를 걱정해야 되고 4천만을 염려해야 하는 자리입니다."

듣기가 거북했던지 말꼬리를 돌린다.

"그건 그렇고. 우리 아들이 앞으로 뭐가 될지나 빨리 말해 주쇼. 나도 바쁘니까요."

"예. 제가 보기에는 대통령이 되겠습니다. 그러나 그렇게 되기 위해서는 그 아들을 위해 나라에 크게 충성하기를 수만번 해야 됩니다. 지금 가지고 있는 전재산을 팔아 아들의 이름으로 나라에 성금으로 내야 합니다. 할 수 있겠습니까? 뿐만 아니라 마음 공덕을 많이 쌓아 하늘이 기억할 수 있는 정성을 모으면 가능하다고 봅니다."

그 사람은 전연 불가능하다는 눈치를 챈 모양이다. 성금을 낼 위인도 아니다.
"안되면 말고……."
입맛을 다시고는 나간다.

어쩌면 저렇게도 분수를 모르고 사는지 참으로 한심했다.
그 손님이 가고 난 뒤에 다시 한번 그 아들의 사주를 보았다.
사주는 장차 천하에 바람둥이 될 가능성이 다분하건만 뭘 믿고 대통령 운운하는지 모르겠다.
기대가 크면 실망도 크다. 그러므로 기대를 거는 것도 자기의 능력 안에서 걸어야 가능한 것이다. 하녀(下女) 사주를 타고난 여자가 왕비가 되겠다는 꿈을 꾼다고 될 수 있겠는가?
어림없는 소리다.
아무리 많은 노력을 해도 선천적인 기운을 능가하지는 못하는 법이다.
그러므로 이러한 운명을 바로 이해함으로써 자기의 분수에 맞는 길을 찾아가야 그것이 곧 순리(順理)이면서 참행복인 것이다.
그러므로 나는 누구인가?
사주를 보아 선천적으로 타고난 능력 안에서 최선을 다하여 분수에 맞게 살아야 순리이며 행복임을 깨달아야 할 나인 것이다.

3. 운명으로 본 사생관(死生觀)

　필자는 사람의 운명을 감정해 주는 사주쟁이다. 쉽게 말해 역학인의 한 사람이다.
　즉 사주를 봐주는 조건으로 복채 몇 푼씩 받아 먹고 사는 사람이다.
　세상에는 종교인이나 철학자나 기타 인생과 우주에 관한 문제를 연구하는 사람들이 많이 있다.
　종교인이나 철학자는 모두 사생(死生)에 대한 문제를 반드시 깊이 다루고 있다.
　필자도 역학인(易學人)이므로 이들과 같이 사생관(死生觀)에 대하여 한마디 거들지 않을 수 없다.
　우주의 주인이시며 하나님이라 불리는 유일신이신 천지부모께서는 인간을 창조하셨다.
　좀더 자세히 설명하면 천지 어머니께서 낳으신 것이다. 낳았다는 것이 가장 정확한 표현이다.
　그래서 사람이 자기의 조상들을 찾아서 끝까지 올라가 보면 마지막에는 인간을 낳아 주신 분이 계시나니 곧 천지부모이신 하나님인 것이다.
　그 태어난 날이 지금으로부터 약 80만 년전 戊辰年 양력으로 正月 초하루인 것이다.
　다른 동물이나 만물들은 손수 만드신 피조물들이지만 인간만은 직접 낳으신 것이다.
　그러므로 인간의 근본은 천지부모이다.

이처럼 고귀하고 거룩한 하나님의 몸속에서 태어난 인간의 가치는 만물과는 비교할 수도 없는 것이다.

하나님의 영원한 자녀로 지음받은 인간이 백년 정도만 살다가 수명을 다하여 죽는 것으로 끝이 나 버린다면 하나님께서 얼마나 슬퍼하시겠는가.

그러나 인간은 하니님의 자녀로 지음받았기 때문에 육신과 영혼의 이중구조로 되어 있다.

그래서 육신을 가지고는 지상에서 살다가 그 육신이 노쇠하면 벗어 버리고 영혼은 영계에 들어가서 영원히 살게 되는 것이다.

영계의 천국에 들어가게 되면 천지부모 내외분께서 높은 보좌에 좌정하시어 지상과 천상의 모든 세계를 다스리고 계시는 것이다. 많은 종교인들은 하나님을 한 분으로 생각한다.

우리는 흔히 '하나님 아버지'라고 부른다.

하나님 아버지만 계시고 하나님 어머니가 안 계신다면 하나님은 홀아비 하나님이 되고 만다.

그러므로 하나님은 아버지 하나님과 어머니 하나님 이렇게 두 분이며 자리에 앉을 때는 각각 두 분이시나 그 마음은 일심(一心)이시다.

즉 아버지 하나님은 남성이시고 어머니 하나님은 여성인 것이다.

이러한 하나님의 가족관계를 바로 알지 못하고 어떤 사람은 아버지 하나님만 보았기 때문에 하나님은 무섭고 엄격한 신(神)으로만 믿는 종교가 있는가 하면 또 어떤 사람은 어머니 하나님만 보았기 때문에 하나님은 사랑이 많으시고 은혜가 무량한 하나님으로 알고 있는 것이다.

아무튼 하나님의 자녀로 태어난 인간은 하나님과 더불어 영원히 산다.
 처음 태어났을 때는 영안이 밝으므로 지상세계를 보는 것처럼 영계에 대한 내용도 훤히 알고 있었다.
 그런데 죄를 짓고 하나님과 심정의 관계가 끊어짐으로써 죄악이 영안을 가리게 되어 인간은 모두 영계를 볼 수 없게 되어 버렸다.
 영계를 모르는 인간은 죽음을 두려워하게 되었다. 사실 알고 보면 죽음이란 처음부터 없는 것인데 타락으로 말미암아 없는 죽음을 있는 죽음으로 착각을 하며 살게 된 것이다.
 왜냐하면 인간의 본래적 자기는 육신이 아니라 영혼이기 때문이다. 육신은 다만 영혼의 옷에 해당되는 부분이다.
 옷을 입고 다니다가 낡으면 벗어 버리는 것처럼 인간의 육신도 입고 다니다가 노쇠하면 벗어 버리고 그 영혼은 영계에 들어가서 영원히 하나님 품안에서 사는 것이다.
 그러므로 지금까지 이 땅을 거쳐간 모든 사람들은 지금 영계에서 살고 있다. 죽음이 없는 것을 깨닫게 되면 지상에서 할 일이 많아진다.
 즉 영계에 들어갈 준비를 해야 하기 때문이다.
 원수 맺은 일이 있다면 그 사람을 찾아가서 화해를 하고 빨리 풀어야 하며 만일 그 사람을 만날 수 없다면 본인 혼자서라도 억지로 원수의 기운을 풀어 버려야 저승문을 무사히 통과할 수가 있다.
 적거나 많거나 도적질한 물건이 있다면 육신을 벗기 전에 돌려주거나 돌려주기가 난처하면 국가에 성금으로 내거나 공익사업 성금을 내면 그 죄의 기록이 지워지게 되는 것이다.
 그리고 나라에 내는 세금도 정한 액수대로 내지 않았다면 이것도 하늘법에는 도적질한 것과 동일하므로 육신을 벗기 전에 모두 정리하여 계산을 분명히 해야 하는 것이다.
 그리고 간음한 죄가 있다면 이것은 무서운 죄이며 중벌(重罰)을 받게 되므로 육신을 벗기 전에 빨리 씻어야 중벌을 면할 수 있다.
 시기질투한 내용이 많이 있다면 회개하여 그 죄를 씻어야 할 것이며 반대로 수희공덕을 쌓아야 할 것이다.
 천지 부모를 믿지 않은 사람도 백가지 선행이 소용없으니 먼저 믿음을 세워야 할 것이요, 종교인들간에 자기 종교는 옳고 남의 종교는 무조건 미신이나 이단으로 몰아붙이는 것은 하나님을 대적한 죄에 성립되므로 크게 회개하고 남의 종교를 함부로 헐뜯지 말아야 한다.
 간음죄보다 더 무서운 죄는 곧 남의 신앙을 방해하는 것이니 조심할 일이다.
 미신이라고 헐뜯었던 곳에 자신이 믿었던 하나님이 함께 한다면 결국은 하나님을 욕하는 것이 되므로 그 죄 또한 큰 것이다.
 무엇 때문에 남의 종교를 비방하는지 그 이유를 알 수가 없다. 자기가 가는 길이 정도(正道)이면 그 길만 곧장 가면 영생의 길을 보장받을 것인데 자기가 가는 길도 제대로 가지 않으면서 남이 바른길로 가는 것이 샘이 나 비방하는 것 외에 달리 무슨 이유가 있겠는가.
 영계에서 보면 지상에서 신앙생활을 잘하고 헌금도 많이 한 사람들이 의외로 지옥에 많이 떨어지는 것을 볼 수 있다.
 그 사연을 저승사자들에게 물어보면 그 대답은 간단하다.
 남의 종교를 비방하고 욕하고 이단이라고 정죄하며 미신이라고 욕을 많이 했기 때문에 자기가 일생 쌓은 공덕으로도 부족하여 결국은 지옥에 떨어진다고 했다. 즉 비방하면 자기 복이 비방당한 사람에게로 넘어가 버린다.
 참으로 애석한 일이다.
 복만 쌓으면 그만인데 왜 스스로 쌓은 복을 저버리고 발버둥을 치는지 모르겠다.
 하나님은 참으로 공의로우신 분이시다.
 열심히 신앙생활을 하면서 남의 종교를 비방하는 사람에게는 그 사람이 쌓은 복을 빼앗아 욕을 얻어먹고 당하는 사람에게 옮겨 주시는 하나님의 공의에 새삼 놀라지 않을 수가 없다.
 운명으로 본 사생관은 한마디로 결론을 내리면 죽음은 없는 것이다.
 영안이 어두워서 없는 죽음을 있는 죽음으로 착각하며 살고 있을 뿐이다.
 그래서 이처럼 없는 죽음을 알았으면 영계를 위해 저승갈 준비를 해야 할 때이다.
 저승갈 준비란 곧 공덕을 쌓는 일이다. 선한 인연을 많이 맺는 일이다.
 하늘과 통하는 길을 준비하는 일이다. 일생을 통하여 오직 저승길을 준비하는 것이 가장 큰 복이다.
 잠시 왔다 가는 것이 인생인데 무슨 계획을 세우거나 여자 사냥하거나 할 시간이 없다.
 촌분도 허송세월을 보내지 말고 영생길 준비를 위해 살아야 한다.
 사주팔자를 무엇 때문에 보는가?
 사주를 보는 목적은 보다 나은 저승길 준비를 잘하기 위해서이다.
 사주를 보는 내용은 순서가 있다. 먼저 어떤 조상의 업보가 나에게 나타나 있는가 살펴보아서 그 업보를 소멸시키는 데 제일 먼저 공덕을 쌓아야 한다.

다음은 용신이 원하는 것이 무엇인가 보아서 용신이 원하는 대로 열심히 노력해 성공을 바라볼 것이며 한편에 치우치는 생각이 없어야 할 것이다.

무조건 사주에만 의존해도 안될 일이며 또 자신의 능력도 헤아리지 않고 탐욕만 앞세워 가지고 날뛰어서도 안되는 법이다.

선천적인 사주와 후천적인 노력이 조화를 이룰 때 저승갈 준비를 잘하게 된다.

그리고 마음이 바르지 못하면 좋은 사주를 타고나도 소용이 없다. 도적놈이 사주를 잘 타고났다면 오히려 큰 도적이 되어 죄만 더 많이 지을 것이다.

관운이 좋은 사람이 마음이 바르지 못하면 권력을 남용하는 죄만 더 많이 지을 수가 있다.

다음녀(多淫女)가 대운이 좋으면 간음죄를 엄청나게 많이 지을 수가 있다.

마음이 바르지 못한 사람이 사주 운세가 좋아서 출세를 하면 그 출세가 오히려 죄악을 쌓는 결과밖에 되지 않는다.

마음이 바르지 못한 사람이 역학(易學)에 능통하면 큰 사기꾼이 될 수가 있다.

이와 마찬가지로 마음이 바르지 못하면 사주가 좋은 것이 오히려 화근이 되는 것이다.

흔히 사주가 좋다고 하면 기뻐 날뛰지만 사실을 잘 몰라서 기뻐하는 것이다.

사주가 좋으면 그 사주를 이용하여 선하게 사용할 때만 좋은 것이지 만일 나쁜 데 악용(惡用)한다면 그 좋은 사주로 말미암아 큰 범죄를 저지를 수 있기 때문이다.
　대부분 교도소에 들어가 있는 사람들 중에서 사기죄로 들어온 사람들의 사주를 보면 아주 좋다.
　사실 사주가 좋아야 사기극도 잘하고 도적질도 잘하는 것이다.
　사주가 나쁜 사람은 나쁜 짓을 하라고 해도 할 재주가 없는 것이다.
　그러므로 좋은 사주를 잘 이용하면 복이 되나 잘못 사용하면 화가 되는 것이다.
　그래서 우리는 사주가 좋고 나쁜 것에 너무 신경쓸 것이 아니라 자신의 마음이 바른가 바르지 않는가에 더 신경을 쓸 일이다.
　간단한 예를 보아도 알 수 있다.
　나라를 팔아 먹은 이완용은 너무나 좋은 사주를 타고났다.
　예수를 팔아 먹은 유다도 열두 제자 중에서 제일 좋은 사주를 타고난 것이다.
　도대체 사주가 좋으면 무슨 소용이 있다는 것인가. 마음이 바르지 않으면 좋은 사주가 더 위험하다.
　사주를 하나의 칼에 비유할 수 있다.
　사주를 잘 타고났다는 것은 좋은 칼을 가지고 있다는 뜻이기도 하다. 그러나 이 좋은 칼을 어디에 사용하느냐에 따라서 크게 달라진다.
　외적을 물리치는 데 사용했다면 정말 좋은 칼이 되겠지만 반대로 역적모의를 하거나 도적질하는 데 사용했다면 그 칼은 죄를 짓는 칼이 되는 것이다.
　사주도 마찬가지다.
　좋은 사주를 가지고 나라에 충성하는 곳에 사용한다면 복이 되지만 반대로 좋은 사주를 이용하여 사기꾼 노릇을 한다면 결국 죄를 짓는 결과밖에 되지 않는다.

이렇게 볼 때 문제는 마음이다. 바른 마음을 가져야 사주를 선용 할 수 있기 때문이다.

그리고 사주가 나쁘다고 실망할 필요는 없다.

즉 사주가 나쁘기 때문에 도적질할 재주도 없으니 억지로 죄는 짓지 않게 되는 것이고 사주가 나쁘니 사기꾼이 될 재주도 없고 또한 죄도 짓지 않게 되는 것이다.

그러므로 사주 나쁜 것을 가지고 조금도 실망할 필요는 없다.

오히려 나쁜 사주는 안심이 된다.

이 세상에는 죄악이 가득하므로 마음을 바르게 붙잡지 않으면 사주는 아무 소용이 없는 것이다.

이완용의 사주가 좋았기 때문에 나라를 팔아 먹은 것이다. 유다의 사주가 좋았기 때문에 예수를 팔아 먹은 것이다.

사실 사주가 나쁜 사람에게는 나라를 팔아 먹으라고 권해도 팔아 먹을 재주가 없어 못 팔아 먹는다.

대부분 간신들의 사주가 좋다. 그러나 마음이 나쁜 것이 문제다.

한 번밖에 없는 인생이므로 육신을 벗기 전에 자기의 능력 안에서 최선을 다해야 할 것이다.

이 세상을 선하고 복되게 살아야 저 세상에 가서도 선하고 복되게 천국으로 들어갈 수가 있다.

이 세상에서 악하게 산 사람은 저 세상에 가서도 무서운 지옥으로 떨어지게 된다. 지상의 감옥은 비교도 안된다.

사람이 이 땅에 살면서 반드시 해야 할 일은 조상들의 업보를 소멸시켜 지옥의 고통에서 조상들을 구원해야 할 사명이 있으며, 후손들을 행복하게 살 수 있도록 복을 많이 지어서 남겨주어야 한다.
 이 두 가지가 가장 큰 일이다. 조상을 구원하고 후손을 복지(福地)로 인도해야 할 책임이 누구에게나 있는 것이다.
 그럼 죽음이란 무엇인가?
 죽음은 본고향으로 돌아가는 것이다.
 고향에 가는데 과연 무엇을 가지고 갈 것인가.
 그러므로 나는 누구인가?
 죽음도 고향을 찾아가는 것이니 고향을 가는 데는 공덕과 선연(善緣)과 심정의 3대 보물을 가지고 가야 할 나인 것이다.

제 12 장
사주 보는 법

1. 십간(十干)과 십이지(十二支)

사주학을 공부하려면 먼저 사주학의 기본을 이루는 천간(天干)과 지지(地支)를 배워야 한다.

천간(天干)은 10종이다.
甲乙丙丁戊己庚辛壬癸
지지(地支)는 12종이다.
子丑寅卯辰巳午未申酉戌亥

十干과 十二支의 음양오행 구분을 해본다.

오행(五行)에는 5종이 있다.
木火土金水

우주의 존재는 모두 음과 양으로 이루어져 있다.
양(陽) : 해 남 大 動 上 天 凸 ㅡ
음(陰) : 달 여 小 靜 下 地 凹 ㅡ

五行	木		火		土				金		水	
陰陽	陽	陰	陽	陰	陽		陰		陽	陰	陽	陰
天干	甲	乙	丙	丁	戊		己		庚	辛	壬	癸
地支	寅	卯	午	巳	辰	戌	丑	未	申	酉	子	亥
季節	1	2	5	4	3	9	12	6	7	8	10	11

오행	木	火	土	金	水
계절	봄	여름	사계	가을	겨울
방위	동	남	중앙	서	북
색깔	靑	赤	黃	白	黑
성질	仁	禮	信	義	智
맛	신맛	쓴맛	단맛	매운맛	짠맛

天干과 地支를 한 자씩 배합하면 60종이 나오므로 이를 六十甲子라 한다.

甲子	乙丑	丙寅	丁卯	戊辰	己巳	庚午	辛未	壬申	癸酉
甲戌	乙亥	丙子	丁丑	戊寅	己卯	庚辰	辛巳	壬午	癸未
甲申	乙酉	丙戌	丁亥	戊子	己丑	庚寅	辛卯	壬辰	癸巳
甲午	乙未	丙申	丁酉	戊戌	己亥	庚子	辛丑	壬寅	癸卯
甲辰	乙巳	丙午	丁未	戊申	己酉	庚戌	辛亥	壬子	癸丑
甲寅	乙卯	丙辰	丁巳	戊午	己未	庚申	辛酉	壬戌	癸亥

2. 오행(五行)

하나님께서 천지를 창조하실 때 다섯 가지의 기운으로 창조하시니 곧 오행이라 한다.

오행이란 다섯 가지의 기운을 말하므로 오기(五氣)라고도 한다.

木 火 土 金 水
오행에는 상생(相生)하는 것이 있다.

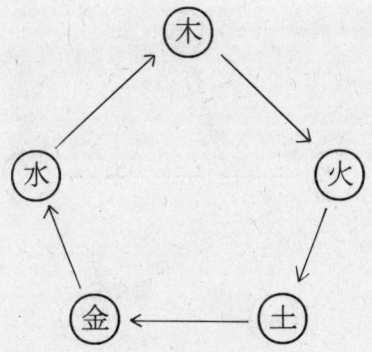

상생(相生)이란 서로 도와주는 것을 말한다.
木生火 나무는 불을 타게 도와준다. 나무가 없으면 불은 살 수가 없으므로 상생이 된다.

火生土 불은 만물을 태워서 재가 되게 하여 흙을 만들어 주

므로 상생이 되는 것이다.

土生金 흙이 천지의 강도를 받으면 쇠로 변한다. 즉 쇠의 근본 원소는 흙인 것이다.

金生水 쇠의 기운에서 물이 나온다. 즉 물의 본래 자리는 쇠였다. 이러한 내용을 사리(事理)로써 알려고 하지 말고 관조(觀照)로써 알려고 해야 한다.

水生木 물은 나무를 자라게 한다. 물의 기운을 받지 않고는 나무가 살지를 못한다.

오행에는 상극(相剋) 되는 이치도 있다.

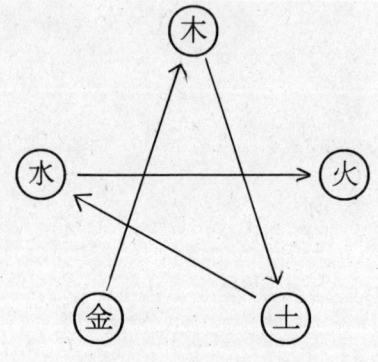

극(剋)이란 서로 치고 싸우는 것을 말한다.

火剋金 불은 쇠를 녹인다. 화신(火神)은 금신(金神)에게 천적(天敵)인 것이다.

金剋木 도끼로 나무를 쪼갠다. 金神은 숙살의 기운이 강하
여 木神을 만나면 쳐부수어 버린다.

木剋土 나무는 흙의 정기를 갈라 놓는다.
木神은 항상 土神을 억제한다.

土剋水 흙으로 물을 막는다.
土神은 水神을 억제하여 흘러가는 물길을 방해한다.

水剋火 물은 불을 끈다.
水神은 火神을 억제한다.

인간의 배후에는 오신(五神)이 지배하고 있는데 木神·火
神·土神·金神·水神이다.
이 오신(五神)은 서로 도와주기도 하고 또 서로 싸우기도
하면서 인간의 길흉을 유도하고 있다.
木神은 인자하다.
木神은 봄을 다스리며 東方에 있다.
木神은 靑色옷을 즐겨 입으며 음식도 신것을 즐겨 먹는다.
인자한 그 모습은 언제나 사랑이 넘치고 있다.
木神이 인간을 다스릴 때는 눈〔目〕을 보호해 주며 간(肝)
을 지켜준다. 또한 담(膽)을 보살피고 건강을 보살편다.
火神은 여름철에 나타나 활동한다.
남방(南方)에 궁궐을 정하여 거처하며 인간의 예의범절을
관장한다.
그리고 붉은옷을 입고 있으며 쓴 음식을 좋아한다.
火神은 항상 명랑하며 즐거워한다. 사람의 혀〔舌〕를 보호

하며 심장을 지켜준다.

　우리의 심장을 잠시도 쉬지 않고 작동시켜 주는 것이 곧 火神이다. 또한 소장(小腸)을 튼튼하게 관리해 준다.

　土神은 계절마다 나타난다. 즉 3월·6월·9월·12월에 나타나므로 1년에 네 번 잠깐씩 나타나는 것이다.

　土神은 신의(信義)가 굳고 사람이 土神의 사랑을 받게 되면 책임감이 강해지며 효성이 지극하며 약속을 중히 여긴다.

　황색(黃色)옷을 입고 중앙 궁궐에 거주한다.

　단맛이 나는 음식을 좋아하며 중후(重厚)하다. 사람의 입〔口〕을 보호하며 비장을 관리한다.

　그리고 위를 튼튼하게 지켜주며 피부도 관리해 준다.

　金神은 주로 가을철에 나타나 인간을 다스린다.

　서방 궁궐에 거처하며 숙살의 기질이 있으며 의(義)를 숭상한다.

　흰〔白〕옷을 입고 식성은 특이하게 매운 음식을 좋아한다. 그리고 심판의 성질이 있으므로 선악을 분명히 가리는 용단(勇斷)이 있다. 사람의 코〔鼻〕를 보호하며 폐(肺)를 보살핀다.

　그리고 대장(大腸)을 관리하는 신령이다.

　사람이 金神의 미움을 사면 결핵에 걸리기 쉽다.

　水神은 추운 겨울철에 나타난다. 북방(北方)의 얼음 속에 궁궐을 만들어 놓고 거처하며 지혜가 매우 뛰어나다.

　水神은 짠 음식을 좋아하는데 소금을 밥으로 생각하고 먹는다. 水神은 우수(憂愁)에 젖은 모습이며 검정옷을 입고 있다.

　水神은 사람의 귀〔耳〕를 보호해주며 신장과 방광을 지켜준다. 水神의 미움을 사면 귀머거리가 되기 쉽다.

이상과 같이 五神은 항상 인간을 보호해 주는 수호신령이다. 어느 신령도 소홀히 모실 수가 없으므로 균등하게 높이 받들어야 한다.

〈오신주(五神呪)〉
천지목신내조아(天地木神來助我)
천지화신내조아(天地火神來助我)
천지토신내조아(天地土神來助我)
천지금신내조아(天地金神來助我)
천지수신내조아(天地水神來助我)

신체 어느 부위라도 병마가 침범했다면 이 오신주(五神呪)를 지성으로 암송하면 병마가 물러가리라.

3. 사주를 세우는 법

사주는 생년월일시를 간지로 세워 인간의 운명을 감정하는 것인데 네 기둥과 여덟 글자이므로 사주팔자(四柱八字)라고 한다.

태어난 해의 간지가 연주(年柱)이며 태어난 달의 간지가 월주(月柱)이며 태어난 일의 간지가 일주(日柱)이며 태어난 시의 간지가 시주(時柱)이다.

사주를 세우는 데는 순서가 있다. 제일 먼저 연주를 세우고 다음에는 월주를 세우고 다음에는 일주를 세우고 마지막으로 시주를 세운다.

먼저 연주 세우는 법을 알아본다. 연주는 그해의 간지이므로 1970년에 태어났다면 연주는 庚戌이 되고 1972년에 태어났다면 연주는 壬子가 된다.

연주를 세우는 데 주의할 것이 있다. 연주의 기준은 입춘이 된다.

입춘은 양력 2월 4~5일 사이인데 입춘이 지나야 비로소 연주가 바뀐다.

해가 바뀌었다고 해서 연주가 바뀌는 것이 아님을 기억해야 한다.

즉 입춘이 지나야 그해의 연주를 사용하게 되는데, 만일 입춘 전이면 작년도 연주를 사용해야 한다.

예를 들어 본다.

1972년의 연주는 壬子이다.

제12장 사주 보는 법 341

그런데 만일 1972년 2월 1일(양력) 출생했다면 입춘 전에 출생했으므로 1972년도 연주인 임자(壬子)를 사용하지 못하고 1971년도 연주인 신해(辛亥)를 사용해야 한다.
연주는 입춘이 기준이 되기 때문이다.
다음은 월주(月柱)를 세운다.
먼저 절기와 월별과 지지(地支)를 살펴본다.

월별	1월	2월	3월	4월	5월	6월	7월	8월	9월	10월	11월	12월
절기	입춘	경칩	청명	입하	망종	소서	입추	백로	한로	입동	대설	소한
支	寅	卯	辰	巳	午	未	申	酉	戌	亥	子	丑

즉 1월의 절기는 입춘이며 지지는 寅이다.
2월의 절기는 경칩이며 지지는 卯이다.
3월의 절기는 청명이며 지지는 辰이다.
4월의 절기는 입하이며 지지는 巳이다.
5월의 절기는 망종이며 지지는 午이다.
그 외의 달도 도표에서 본 바처럼 동일하다.
월지는 매월이 정해져 있지만 월간(月干)은 다르다.
월간을 찾는 방법은 〈월간지조견표(月干支早見表)〉에 의하면 쉽게 찾을 수 있다.

〈月干支早見表〉

월별 연간	1월	2월	3월	4월	5월	6월	7월	8월	9월	10월	11월	12월
甲己年	丙寅	丁卯	戊辰	己巳	庚午	辛未	壬申	癸酉	甲戌	乙亥	丙子	丁丑
乙庚年	戊寅	己卯	庚辰	辛巳	壬午	癸未	甲申	乙酉	丙戌	丁亥	戊子	乙丑
丙辛年	庚寅	辛卯	壬辰	癸巳	甲午	乙未	丙申	丁酉	戊戌	己亥	庚子	辛丑
丁壬年	壬寅	癸卯	甲辰	乙巳	丙午	丁未	戊申	乙酉	庚戌	辛亥	壬子	癸丑
戊癸年	甲寅	乙卯	丙辰	丁巳	戊午	乙未	庚申	辛酉	壬戌	癸亥	甲子	乙丑

연간이 甲이나 己이면서 생월이 1월이면 월주는 丙寅이 되며 2월이면 丁卯가 된다.

또는 연간이 乙이나 庚이면서 생월이 1월이면 월주는 戊寅이 되며 생월이 2월이면 월주는 己卯가 된다.

다음은 일주(日柱)를 정하는 법을 알아 본다.

우선 만세력(萬世曆)을 준비해야 한다. 만세력을 보아 생일의 일진(日辰)을 찾으면 그 일진이 큰 일주(日柱)가 된다. 이와 같이 일주 정하는 법은 간단하다.

마지막으로 시주(時柱)를 찾는 법을 살펴본다.

시지(時支)는 이미 정해져 있다.

01시부터 03시까지는 丑시이다.

03시부터 05시까지는 寅시이다.
05시부터 07시까지는 卯시이다.
07시부터 09시까지는 辰시이다.
09시부터 11시까지는 巳시이다.
11시부터 13시까지는 午시이다.
13시부터 15시까지는 未시이다.
15시부터 17시까지는 申시이다.
17시부터 19시까지는 酉시이다.
19시부터 21시까지는 戌시이다.
21시부터 23시까지는 亥시이다.
23시부터 01시까지는 子시이다.

현재 우리나라에서 사용하고 있는 시간은 일본 동경(東京)을 기준으로 한 시간이므로 현재 시간에서 약 30분 정도 지난 시간이 정확한 시간이다.

즉 丑시라면 01시부터 03시까지로 되어 있으나 정확하게는 01시 30분부터 03시 30분까지가 丑시인 것이다.

그리고 寅시라면 03시부터 05시까지로 되어 있으나 정확하게는 03시 30분부터 05시 30분까지가 정확한 寅시인 것이다.

다른 시간도 동일하다.

그리고 서머타임을 사용한 기간이 있었는데 이때는 1시간 30분을 앞당겨야 한다. 즉 서머타임은 시계바늘만 1시간 빨리 돌린 것이니 이 점을 주의해야 한다.

이상과 같이 시지(時支)는 정했으나 시간(時干)은 어떻게 정하는가?

시간(時干)을 찾아 보기 위해서는 〈시간지조견표(時干支

早見表)〉를 보면 쉽게 시주(時柱)를 찾을 수가 있다.

〈時干支早見表〉

時間 日干	子	丑	寅	卯	辰	巳	午	未	申	酉	戌	亥
甲己年	甲子	乙丑	丙寅	丁卯	戊辰	己巳	庚午	辛未	壬申	癸酉	甲戌	乙亥
乙庚年	丙子	丁丑	戊寅	己卯	庚辰	辛巳	壬午	癸未	甲申	乙酉	丙戌	丁亥
丙辛年	戊子	己丑	庚寅	辛卯	壬辰	癸巳	甲午	乙未	丙申	丁酉	戊戌	己亥
丁壬年	庚子	辛丑	壬寅	癸卯	甲辰	乙巳	丙午	丁未	戊申	己酉	庚戌	辛亥
戊癸年	壬子	癸丑	甲寅	乙卯	丙辰	丁巳	戊午	己未	庚申	辛酉	壬戌	癸亥

일간(日干)이 甲일이나 己일이고 子시면 시주는 甲子가 되고 丑시면 시주가 乙丑이 된다.

또는 일간(日干＝日柱)이 乙일이나 庚일이고 태어난 시간이 子시이면 시주(時柱)는 丙子가 되고 丑시에 태어났다면 시주(時柱)는 丁丑이 된다.

한 가지 실례(實例)를 들어 보겠다.
1910년 2월 4일 午시에 태어난 남자라면 다음과 같다. (음력)

연주는 庚戌이 되고
월주는 己卯가 되고
일주는 戊寅이 되고
시주는 戊午가 된다.

그리고 대운은 庚辰 辛巳 壬午 癸未 甲申 乙酉순으로 나가고 대운수는 8로 나간다.

1910년 2월 4일 午時生 남자
 年 月 日 時
 庚 己 戊 戊 庚辛壬癸甲乙丙 ← 대 운
 戌 卯 寅 午 辰巳午未申酉戌
       8 18 28 38 48 58 68 ← 대운수

1978년 4월 9일 申時生 여자
 年 月 日 時
 戊 丁 丁 戊 丙乙甲癸壬辛庚 ← 대 운
 午 巳 丑 申 辰卯寅丑子亥戌
       3 13 23 33 43 53 63 ← 대운수

4. 대운(大運)

　사람의 사주팔자를 보면 빈부와 귀천 등을 타고난다.
　그러나 태어나는 즉시 부자가 되거나 높은 벼슬을 하는 것이 아니고 살아가면서 부자가 될 수 있는 기회가 오며 벼슬할 수 있는 때가 다가오므로 이때를 가리켜 대운(大運)이라 한다.
　즉 대운이 언제부터 따르느냐에 의해서 발복하기도 하고 실패하기도 하는 것이다.
　출생한 해가 양간생(陽干生) 남자와 음간생(陰干生) 여자는 순운(順運)이므로 대운은 월주(月柱) 다음 간지로 계속 순환한다.
　그리고 대운수는 그 생일로부터 다음달 절입 날짜까지의 일수(日數)를 세어 3으로 나누어 사사오입한다.
　앞에서 예시한 1910년 2월 4일 午時生 남자의 사주에서 대운은 생월(生月)이 己卯月이므로 대운은 庚辰・辛巳・壬午・癸未・甲申・乙酉순으로 나갔다.
　대운수는 생일이 4일이므로 다음달 절기인 청명(淸明)은 2월 27일이다.
　생일에서 청명까지의 날수가 23일이 되므로 3으로 나누면 7이 되고 2가 남게 되므로 올려서 8일이 된다. 그러므로 대운수는 8이 된다.
　그래서 庚辰(8)・辛巳(18)・壬午(28)・癸未(38)・甲申(48)・乙酉(58)로 나간다.

만일 여자라면 반대로 나간다.
戊寅(3)・丁丑(13)・丙子(23)・乙亥(33)・甲戌(43)・癸酉(53) 이렇게 나간다.

연간이 음년생(陰年生)인 남자와 연간이 양년생(陽年生)인 여자는 역운(逆運)이므로 월주의 간지를 거꾸로 세어 간다.
대운수는 생일부터 그 달의 절입까지 날짜를 세어 3으로 나누어 사사오입한다.

1966년 9월 2일 午時生 여자

年	月	日	時								
丙	戊	丁	丙	丁	丙	乙	甲	癸	壬	辛	← 대 운
午	戌	未	午	酉	申	未	午	巳	辰	卯	
				2	12	22	32	42	52	62	← 대운수

사주에서는 대운이 중요하다.
대운이 용신(用神)의 운으로 따르면 발복(發福)을 하지만 반대로 용신을 파극하는 기신(忌神)의 운으로 흐르면 고전하게 된다.
사주에서는 이 대운이 있으므로 미래를 내다볼 수가 있는 것이다. 대운을 선으로 이용하면 복이 되나 대운을 악용하면 크게 죄를 짓게 된다. 대운을 선용하려면 먼저 그 마음이 선해야 한다.
마음이 바르지 못한 사람의 대운이 용신운으로 흐르면 역적이 되거나 큰 사기꾼이 된다.
그러므로 마음 자세가 제일 중요하다.
사주의 격국이 좋고 대운이 용신운으로 흐르면 크게 출세하는 것은 사실이나 출세 자체가 중요한 것은 아니다.

마음을 바르게 가져 출세한 기운을 중생을 구제하는 데 사용하면 큰 공덕이 되나 만일 마음씨가 바르지 못해 출세한 기운을 악한 방면으로 사용하거나 음탕한 길로 가게 되면 권세나 출세가 도리어 죄를 짓게 된다.

마음이 바르지 못한 사람은 출세하지 않는 것이 오히려 자신이나 세상에 죄를 적게 짓는 결과가 된다.

사주는 좋은데 마음이 바르지 못하면 나라를 파는 매국노가 된다.

매국노들의 사주를 보면 대부분 길명(吉命)을 타고났다.

전문으로 사기를 잘 치는 사람들의 사주를 보면 사주가 대길(大吉)하다.

또한 간신배들의 사주를 보면 대부분 사주가 좋다.

이러한 내용을 종합해 보면 마음이 바르지 못한 사람이 사주를 잘 타고났다는 것은 강도에게 칼을 쥐어 준 것이나 다름이 없다.

사주가 좋으면 어디에 써먹으려 하는가? 하늘을 위해 사용할 것인가, 사탄 마귀를 위해 사용할 것인가?

하나님의 뜻을 위해 사주를 사용한다면 큰 축복이 될 수 있으나 반대로 악마의 도구로 사용된다면 좋은 사주가 도리어 큰 죄악을 짓게 되므로 먼저 그 마음을 바르게 하는 것이 무엇보다 중요하다.

5. 육신(六神)

육신은 일간을 기준으로 하여 사주의 간지를 대조한 것이다. 육신에는 비견(比肩)·겁재(劫財)·식신(食神)·상관(傷官)·편재(偏財)·정재(正財)·편관(偏官)·정관(正官)·편인(偏印)·인수(印綬)의 열 가지가 있다.

열 가지이므로 10신(十神)이라고 불러야 할 것이나 오행상 비견과 겁재는 격(格)을 이루지 못하므로 제외하고, 편재와 정재는 편정(偏正)이 서로 같다 하여 재성(財星)이라 부르고 또한 편인과 인수도 편정이 서로 같으므로 인성(印星)으로 부르면 여섯 가지가 된다.

즉 식신·상관·재성·편관·정관·인성 이렇게 여섯으로 구분할 수 있으므로 육신(六神)이라고 하는 것이다.

육신의 내용을 구분해 보면 다음과 같다.

- 비견은 일간(日干)과 오행이 동일하고 음양이 같은 것을 말한다. 즉 일간이 甲木일 때 甲木을 말한다.
- 겁재는 일간과 오행이 동일하고 음양이 다른 것을 말한다. 즉 일간이 甲木일 때 乙木을 말한다.
- 식신은 일간이 어떤 오행을 생조(生助)하는 것으로 음양이 같은 것을 말한다. 즉 일간이 甲木일 때 丙火를 말한다.
- 상관은 일간이 어떤 오행을 생조하는 것으로 음양이 다른 것을 말한다. 즉 일간이 甲木일 때 丁火를 말한다.
- 편재는 일간이 어떤 오행을 파극하는 것으로 음양이 같은

것을 말한다. 즉 일간이 甲木일 때 戊土를 말한다.
- 정재는 일간이 어떤 오행을 파극하는 것으로 음양이 다른 것을 말한다. 즉 일간이 甲木일 때 己土를 말한다.
- 편관은 어떤 오행이 일간을 파극하는 것으로 음양이 같은 것을 말한다. 즉 일간이 甲木일 때 庚金을 말한다.
- 정관은 어떤 오행이 일간을 파극하는 것으로 음양이 다른 것을 말한다. 즉 일간이 甲木일 때 辛金을 말한다.
- 편인은 어떤 오행이 일간을 생조하는 것으로 음양이 같은 것을 말한다. 즉 일간이 甲木일 때 壬水를 말한다.
- 인수는 어떤 오행이 일간을 생조하는 것으로 음양이 다른 것을 말한다. 즉 일간이 甲木일 때 癸水를 말한다.

다음은 육신(六神)에 대한 용어해설이다.
- 비견과 겁재를 합하여 비겁이라 부른다. 일간이 甲木일 때 甲과 乙을 말한다.
- 식신과 상관을 합하여 식상(食傷)이라 부른다. 일간이 甲木일 때 丙丁火를 말한다.
- 정재와 편재를 합하여 재성(財星)이라 부른다. 즉 일간이 甲木일 때 戊己土를 말한다.
- 편관과 정관을 합하여 관성(官星)이라 부른다. 즉 일간이 甲木일 때 庚辛金을 말한다.
- 편인과 인수를 합하여 인성(印星)이라 부른다. 즉 일간이 甲木일 때 壬癸水를 말한다.
- 인성과 비겁을 합하여 인비(印比)라고 부른다. 즉 일간이 甲木일 때 壬癸甲乙을 말한다.
- 재성과 관성을 합하여 재관(財官)이라 부른다. 즉 일간이 甲木일 때 戊己庚辛을 말한다.

〈육신표출 조견표〉

日干\六神	甲 干	甲 支	乙 干	乙 支	丙 干	丙 支	丁 干	丁 支	戊 干	戊 支	己 干	己 支	庚 干	庚 支	辛 干	辛 支	壬 干	壬 支	癸 干	癸 支
비견	甲	寅	乙	卯	丙	巳	丁	午	戊	辰	己	丑未	庚	申	辛	酉	壬	亥	癸	子
겁재	乙	卯	甲	寅	丁	午	丙	巳	己	丑未	戊	辰戌	辛	酉	庚	申	癸	子	壬	亥
식신	丙	巳	丁	午	戊	辰戌	己	丑未	庚	申	辛	酉	壬	亥	癸	子	甲	寅	乙	卯
상관	丁	午	丙	巳	己	丑未	戊	辰戌	辛	酉	庚	申	癸	子	壬	亥	乙	卯	甲	寅
편재	戊	辰戌	己	丑未	庚	申	辛	酉	壬	亥	癸	子	甲	寅	乙	卯	丙	巳	丁	午
정재	己	丑未	戊	辰戌	辛	酉	庚	申	癸	子	壬	亥	乙	卯	甲	寅	丁	午	丙	巳
편관	庚	申	辛	酉	壬	亥	癸	子	甲	寅	乙	卯	丙	巳	丁	午	戊	辰戌	己	丑未
정관	辛	酉	庚	申	癸	子	壬	亥	乙	卯	甲	寅	丁	午	丙	巳	己	丑未	戊	辰戌
편인	壬	亥	癸	子	甲	寅	乙	卯	丙	巳	丁	午	戊	辰戌	己	丑未	庚	申	辛	酉
인수	癸	子	壬	亥	乙	卯	甲	寅	丁	午	丙	巳	己	丑未	戊	辰戌	辛	酉	庚	申

(1) 비견과 겁재

① 비견과 겁재는 그 성질이나 길흉(吉凶) 작용을 비슷하게 나타낸다.
② 비겁의 성질은 자기를 지키려는 개성이 강하며 강한 기상을 나타낸다. 재물에 대하여 욕심이 많으며 또한 분쟁에 잘 휘말려 들 수 있다. 남과 화합하지 못하는 점이 있으며 독단적인 면이 있다. 재물과 인연이 멀거나 부부간 갈등을 초래하기도 쉽다.
③ 만일 비겁이 길신(吉神)에 해당하면 정신력이 매우 강건하여 좀처럼 좌절하거나 실망하지 않는다. 비겁이 길신이면 정신력이 강하므로 자수성가하는 사람이 많으며 멀리까지 나가서 출세하기도 한다. 또한 비겁이 길신이면 형제간에 화합이 잘되며 형제덕이 있고 건강하게 장수하기도 한다.
④ 만일 비겁이 흉신(凶神)이면 인덕이 없고 친척간 헤어져서 살게 되며 조상이 살던 정든 곳을 떠나 타향살이를 하며 부부간 이혼할 가능성이 많다. 사업이 부도나서 파산을 하며 부모에게는 불효자가 된다. 일을 많이 이루기도 하나 또한 실패하기도 하여 인생에 풍파가 많다. 형제간에 불화하며 형제덕이 없고 분쟁을 자주 일으킨다.

(2) 식 신

① 식신의 작용은 명랑하고 낙천적이며 장수한다. 복덕이 많으며 총명한 두뇌를 가진다.
우유부단한 면도 있으며 여색(女色)에 대하여 무척 밝히

는 면이 있다.
② 식신이 용신이나 희신이 되어 길(吉)작용할 경우에는 복록이 많이 따르며 영화로운 일이 많이 일어난다. 수명은 장수하여 오래 살며 건강을 유지한다. 성품은 유순하고 두뇌는 총명하다. 무엇이나 배우면 그 방면에 단연 성공하는 수가 많다.
③ 식식이 기신이나 구신이 되어 흉(凶)작용을 할 경우에는 무엇 하나 제대로 하는 것이 없으며 성질 또한 불순하고 병마에 걸려 고생도 하며 빈천하게 살기도 한다.
신체가 허약하고 무엇이나 소극적이다. 아무것도 못하는 나약한 사람이 되기 쉽다. 복록이 따르지 않으므로 그 생활이 곤궁하며 성질이 무례하다.

(3) 상 관

① 상관의 성질은 지혜가 발달하며 지식이 넓고 기술방면이나 예능방면에 조예가 깊다.
아는 것이 많으므로 교만할 수도 있고 윗사람에게 반항하는 기질이 상당히 많다. 이별을 하거나 고전을 당할 때가 많다.
② 상관이 용신이거나 희신이 되면 흉난을 만나도 잘 처리하여 길복(吉福)으로 바꾸며 타고난 천성이 총명한 면이 있다.
온화하며 선량한 면이 많다. 하나를 배우면 둘을 아는 재주가 있으며 인덕이 많아 사람이 많이 따른다. 재물이 많이 따르며 편안하고 태평하다.
③ 상관이 기신이거나 구신에 해당되어 흉작용을 할 경우에

는 한 곳에 자리를 잡지 못하고 유리걸식하게 되며 성질이 날카로워 스스로 화근을 불러들이기도 한다. 재주는 있으나 나쁜 방면으로만 잘 발달하며 수고는 많이 해도 늘 빈천하게 산다. 사업에 희망이 없어 날로 부진하여 도산하게 되며 명예가 땅에 떨어지기도 한다.

(4) 편 재

① 편재의 성질은 물건을 잘 팔기도 하고 잘 사기도 하며 상술이 뛰어나다. 재물을 잘 관리하여 투기사업에도 용감하게 달려들어 성공도 하며 교묘한 재주가 있다. 한 곳에 자리잡지 못하고 이동을 좋아하며 땅투기나 돈놀이 같은 투기성을 좋아한다.
② 편재가 용신이거나 희신이 되어 길작용을 할 경우에는 심지가 선량하며 성품이 명랑하다. 투기사업에 손을 대어 크게 성공을 거두기도 한다. 돈을 잘 벌기도 하고 돈을 잘 쓰기도 하는 기질이 있다.
　복록이 많이 따르므로 부자로 잘 산다. 아내덕이 많으며 큰 사업가가 된다. 아내의 도움으로 덕분에 횡재하는 사람도 많다.
③ 편재가 흉작용을 할 경우에는 사업이 쉽게 부도가 나며 빈천하게 살아가기 쉽다. 돈이 없어 친구들이나 친척들도 외면하므로 외롭게 살아가게 된다. 남이 잘되는 것을 보면 시기질투심이 강하게 일어나서 혼자 괴로워한다. 입을 함부로 놀려 시비에 말려들어 화근을 불러들이기도 자주 한다. 병에 걸려 괴롭게 살아가기 쉬우며 인덕이 없어 누구의 도움도 받지 못한다.

(5) 정 재

① 정재의 성질은 매우 정직하다. 맡은 바 책임분야에 매우 성실하며 행동도 방정하다. 신용을 중요시하며 효성이 있고 어디서나 정직하고 성실하며 안정된 직업에 머물기를 좋아하며 투기성과는 거리가 멀다.
② 정재가 만일 용신이나 희신이면 아내덕이 많으며 아내가 온순하고 현명하다. 재물이 풍부하며 정직한 일에 종사한다. 사업이 번창하며 어진 마음으로 살고 효성도 지극하다.
정직한 사업에 투자하여 재산을 증식시켜 나가며 사업도 발전하며 안정된 위치에 올라간다.
③ 정재가 기신에 해당하면 큰 재앙을 당하게 되며 시비가 일어나므로 분쟁이 많아지고 아내와 인연이 박하여 이별을 한다. 사업은 부도를 만나 파산을 하며 깡통을 차기 쉽다. 부모로부터 재산을 상속받아도 지키지 못하며 아내가 도망갈 수도 있으니 조심할 일이다. 사업은 언제 부도가 날지 불안하게 된다.

(6) 편 관

① 편관의 성질은 조급한 데가 있으며 싸움에 꼭 이기고자 하는 기세가 있다. 모험을 좋아하며 용기가 있다. 부지런하고 벼슬길과 인연이 많으며 법정시비도 자주 유발하게 된다.
② 편관이 용신이거나 희신이면 벼슬이 높아지며 무관으로 출세하기 쉽고 두뇌가 총명하며 자녀덕이 있다. 권세를

잡아 많은 무리들을 인도하며 지도자의 위상을 드러낸다. 고관대작들의 사주에 보면 편관이 용신인 사람이 많다.
③ 편관이 기신이면 무척 고난을 많이 당한다. 천한 구석이 많으며 성질이 곧지 못하여 줏대가 없다. 남의 훈계를 귀담아 듣지 않으며 잔인한 모습이 많다. 하늘을 원망하며 세상을 미워하는 짓을 많이 한다. 일생을 통하여 고난을 많이 당하며 모두 잘못된 것은 남의 탓으로 돌린다. 의지가 약하며 잔재주에만 능하다.

(7) 정 관

① 정관의 성질은 온순하고 성실하다. 무슨 일이나 세밀하고 정직하다. 중후한 모습이 있어 군자의 기상을 지니고 있다. 맡은 일에 책임이 강하며 착실하다. 신용을 중히 여기며 아주 검소하다. 사업을 해도 안정성이 있는 사업을 하며 벼슬을 해도 맡은 바 소임에 충실하다. 남자 사주에 정관이 용신이면 제일 좋다. 다음은 정재·식신순이다.
② 정관이 용신이면 높은 벼슬을 하며 이름을 날리게 된다. 마음이 관대하며 충성심도 많다. 자식복이 많으며 사업은 번창한다. 명예를 중히 여기며 주로 관직에 머물면서 살아간다.
남의 지도자가 되어 존중을 받으며 말에 신용이 있다. 믿음직하며 자비롭다. 부하를 무척 사랑하며 정직한 면이 많다.
거짓말을 할 줄 모르며 선악시비를 분명히 가린다.

③ 정관이 기신이 되어 흉작용을 할 경우에는 귀양살이를 가게 된다. 감옥과 인연이 많으며 주위 사람들과 시비가 자주 붙는다. 자식복이 없으며 자식이 속을 많이 썩인다. 명예가 땅에 떨어지며 사업이 부도난다. 벼슬길에서 좌천을 당하며 심하면 귀양가서 옥사할 수도 있다.

(8) 편 인

① 편인의 성질은 편업가지기를 좋아하며 무슨 일에나 실수를 잘하며 재산 손실을 많이 당한다. 선천적으로 질병을 타고나기도 하며 재주는 있다. 기술방면이나 예술방면에 능하며 때에 따라서는 고독하게 살기도 한다. 게으른 면이 있고 잔재주를 부리기도 한다.
② 편인이 용신이거나 희신이면 교묘한 재주가 있으며 봉사활동도 잘한다. 재복이 많으며 부모의 상속도 많다. 글재주가 뛰어날 수도 있고 부유하게 살게 된다. 인덕이 많아 하는 일이 잘되어 성공하기도 한다.
③ 편인이 기신에 해당하면 반드시 빈천하게 살거나 파산하기 쉽다. 부모에게 재산을 물려받으면 다 지키지 못하고 탕진하게 된다. 부모나 형제들과 불화를 하여 원수처럼 살기도 한다. 성질이 곧지 못하고 은혜에 감사할 줄 모른다. 분수를 모르며 탐욕이 많다.

(9) 인 수

① 인수의 성질은 온후한 면이 있으며 하나님이나 부처님을 신앙하려는 신심이 많다. 지식이 풍부하며 두뇌회전이

빠르다. 자기의 생각이나 주장을 끝까지 지키려 하며 훈장이나 의사가 되어 남을 구제하는 사업에 종사하기 쉽다. 복덕이 많으며 건강하게 오래 산다.
② 인수가 용신이거나 희신이 되어 길작용을 하게 될 경우에는 복록이 길며 장수한다. 성품이 인자하며 근심이 적다. 부모를 잘 모시며 효심과 충성심도 강하다. 여러 사람들의 신앙을 얻어 존경을 받게 되며 사업이 잘되어 부유하게 산다.
③ 인수가 기신이 되어 흉작용을 할 경우에는 마음이 괴로우며 고독하게 산다. 복록이 천박하며 무슨 일이나 처음은 있어도 끝이 없는 용두사미가 된다. 부모나 형제와 화합치 못하여 타향으로 떠돌아 다닌다. 효도심이 없으며 조상을 모르고 산다. 부모에게 재산을 조금 물려받으면 도중에 탕진하고 만다.

6. 용신(用神)

사주에서 제일 중요한 것이 용신 잡는 일이다.
사주를 풀다 보면 조후(調候)로 보나 음양오행으로 보나 제일 필요한 오행이 있다. 제일 필요한 오행이 곧 용신이 된다. 용신을 잡는 방법에는 여러 가지가 있다.
- 조후법(調候法)은 사주가 차면 덥게 해주는 오행이 용신이 되고 반대로 사주가 너무 더우면 차게 해주는 오행이 용신이 된다.
- 억부법(抑扶法)은 가장 많이 사용되고 있다. 이 억부법은 강한 기운을 억누르고 약한 기운을 도와주는 오행이 용신이 되는 것이다.
- 병약법(病藥法)은 사주에 병(病)을 찾아 그 병을 치료할 수 있는 오행이 용신인데 이를 약용신(藥用神)이라 한다. 이 병약법은 신약사주에 한해서 사용된다.

그리고 외격(外格)인 경우에는 그 격에 따라서 용신을 잡는 방법인데, 즉 종아격(從兒格)에는 식상이 용신이 되며 종재격(從財格)에는 재성이 용신이 된다.
사주에는 격(格)이 무척 많다. 온갖 별별 격국이 다 있다. 그러나 그 풀이하는 방법은 결국 내격(內格) 아니면 외격(外格)에 머물고 만다.
먼저 조후법에 대하여 공부해 본다.
천간의 甲乙丙丁戊는 열조(熱燥)한 오행이다. 그리고 지지의 寅卯巳午未戌은 열조한 오행이다.

천간의 己庚辛壬癸는 한습(寒濕)한 오행이다. 그리고 지지의 申酉亥子辰丑도 한습한 오행이다.

일주(日柱)가 한습한 오행이고 나머지 연월일시주에 한습한 오행이 많으면 열조한 木火의 기운을 띤 오행이 용신이 된다.

반대로 사주가 대부분 열조한 오행으로 구성되어 있으면 한습한 金水가 용신이 된다. 이 방법도 결국은 사주를 조화시키려는 방법이다.

사주에는 조후의 균형이 잘 맞아야 길한 사주이다.

```
年 月 日 時
辛 壬 庚 丙
亥 子 申 子
```

이 사주는 庚金일주가 子月에 출생하고 사주 전체가 한습하다. 이렇게 한습한 사주는 조후로 보아 木火운이 필요하므로 시간의 丙火가 용신이 된다. 즉 대운이나 세운에도 木火운에 발복하는 것이다.

이 사주는 자유당 시절의 이기붕의 사주이다.

```
年 月 日 時
丙 辛 庚 庚
申 丑 辰 辰
```

庚金일주가 한습한 丑月에 태어났고 사주 전체가 너무 한습하다. 그러므로 더운 오행인 木火가 용신이 된다.

제 12장 사주 보는 법 361

다음은 억부법에 대하여 공부해 본다.
일간을 기준으로 해서 인성이나 비겁월에 태어나면 신강사주가 되고 반대로 재성이나 관성월에 태어나고 주위에도 재관이 많으면 신약사주가 된다.
신강사주(身强四柱)이면 재성이나 관성이 용신이 되고 재관이 무력하면 식상이 용신이 되며 재관식이 모두 무력하면 이는 외격이 된다.
신약사주(身弱四柱)이면 인성이나 비겁이 용신이 된다.
용신 잡는 내용을 설명한다.
비겁이 많아 신강사주이면 비겁을 억제하는 관성이 용신이 된다. 인성이 많아 신강사주이면 인성을 억제하는 재성이 용신이 된다.
신강사주인데 재관이 무력하면 식상이 용신이 된다. 식상이 많아 신약사주가 되었다면 식상을 억제하는 인성이 용신이 된다.
재성이 많아 신약사주가 되었다면 재성을 억제하는 비겁이 용신이 된다.
관성이 많아 신약사주가 되었다면 관성의 기운을 유출시키는 인성이 용신이 된다.
용신은 사주에 감정법상 제일 필요한 오행을 말하고 희신(喜神)은 용신을 도와주는 오행을 말하며 용신을 파극(破剋)하는 오행을 기신(忌神)이라고 한다.
그리고 기신을 도와주는 오행을 구신(仇神)이라고 한다.
사람이 큰 인물이 되려면 용신이 강해야 한다. 충파가 없고 뿌리가 튼튼해야 큰일을 할 수 있다. 용신이 미약하면 큰일을 할 수가 없다. 물론 큰일을 한다 해서 다 좋은 것은 아니다.
나라를 팔아먹는 큰일을 해서는 도리어 좋은 사주 때문에 자기도 망하고 집안도 망하고 나라도 망하는 것이다.

즉 좋은 사주를 타고날수록 더욱더 조심하여 마음 자세를 바르게 가져야 한다.

그리고 기신을 도와주는 오행을 구신(仇神)이라고 한다.

〈생조(生助)와 극설(剋泄)〉

五行＼月支	子	丑	寅	卯	辰	巳	午	未	申	酉	戌	亥
木	○	△	○	○	△	×	×	△	×	×	×	○
火	×	×	○	○	△	○	○	△	×	×	×	×
土	×	○	×	×	○	○	○	○	×	×	○	×
金	×	○	×	×	○	△	×	△	○	○	○	×
水	○	△	×	×	×	×	×	×	○	○	×	○

○생조　△반생반극　×극설

```
年  月  日  時
癸  庚  庚  戊
酉  申  午  寅
```

이 사주는 庚金일주가 申月에 출생하여 득령했으므로 신강사주가 되었다. 신강사주이므로 오행의 조화상 일지의 午火가 용신이 되고 木은 희신이 된다.

年 月 日 時
甲 戊 癸 辛
辰 辰 卯 酉

이 사주는 癸水일주가 辰月에 출생했으므로 실기(實氣)하여 신약사주가 되었다. 신약사주이므로 용신은 일주를 생조하는 인비가 용신이 된다. 이 사주에서는 金水가 용신이다.

年 月 日 時
庚 壬 己 壬
申 午 酉 申

이 사주는 己土일주가 午月에 출생하여 득령은 했으나 일주의 기운을 설기시키는 식상과 재성이 많으므로 오히려 신약사주가 되었다.
용신은 火土이다.

年 月 日 時
己 庚 壬 癸
酉 午 申 丑

이 사주는 壬水일주가 午月에 출생하여 실기는 했으나 일주를 생조해 주는 인성과 비겁이 많아 오히려 신강사주가 되었다.
용신은 木火운이다.
사주에서 지지(地支)의 육신은 천간(天干)의 육신보다 그 힘의 작용에 있어 3배나 강하다. 즉 지지의 오행 하나가 천간의 오행 3개와 그 작용하는 힘이 비슷한 것이다.

　그리고 월지는 타지지(他地支), 즉 연지(年支)나 일지(日支)나 시지(時支) 보다 그 힘이 2배나 3배 정도 강하다. 그러므로 월지의 힘은 천간(天干)의 6배나 9배 이상 강하다.

```
年 月 日 時
壬 丁 己 癸
午 未 巳 酉
```

　이 사주는 己土일주가 未月, 즉 土왕절에 출생하고 인성과 비겁이 강하므로 신강사주이다.
　신강사주이므로 사주의 조화상 시간(時干)의 癸水가 용신이 된다.
　다음은 병약사주에서 약용신(藥用神)을 찾아본다.

```
年 月 日 時
庚 庚 甲 丙       辛壬癸甲乙丙丁
辰 申 寅 寅       酉戌亥子丑寅卯
```

　이 사주는 甲木일주가 申月에 출생하여 신약사주이다.
　그러나 甲木일주도 일지와 시지에 寅木이 자리하여 뿌리가 왕성하다. 그러므로 왕성한 庚金을 치기에는 오히려 시간의 丙火가 유력하므로 丙火가 용신이 된다.
　이러한 사주를 가리켜 金을 병(病)이라 하고 火를 약(藥)이라 한다. 약용신은 일주가 많이 약하지 않을 때 사용할 수 있는 것이다.
　만일 일주가 미약하여 생조가 시급하다면 약으로 사용된 식상을 쓸 수가 없다. 왜냐하면 식상도 일주의 기운을 설기시키기 때문이다.

그러므로 약용신을 사용할 때는 외약내강(外弱內强)할 때만 사용할 수 있는 것이다.

```
年 月 日 時
戊 甲 癸 癸
辰 戌 未 亥
```

이 사주도 土가 병이다.

그러나 癸水일주도 癸亥丑이 생조하므로 약하지는 않다. 즉 외약내강(外弱內强)이다.

그러므로 甲木을 약용신으로 삼아 많은 土를 억제하므로 길한 사주가 되었다.

이와 같이 약용신을 사용할 때는 신약사주라도 일주가 왕성할 때 쓸 수 있는 것이다.

사주를 풀다 보면 신강인지 신약인지 구분하기가 애매한 사주가 많은데 이때는 월지(月支)의 심천을 살펴야 한다.

다음은 외격(外格) 사주에 대하여 알아 본다. (종격이라고 한다.)

```
年 月 日 時
丙 壬 己 戊
辰 辰 丑 辰
```

이 사주는 己土일주가 辰月에 출생하였고 사주 전체에 土 기운이 태강하여 다른 어떤 오행도 힘을 펼 수가 없다. 이러한 사주일 때는 용신은 순리대로 土로써 용신을 잡아야 한다.

대운도 역시 용신운인 火土운에 길하다. 왕신(旺神)은 꺾지 못하는 법이다. 이러한 사주는 종강격(從强格)이라고 한다.

```
年 月 日 時
庚 甲 庚 乙
申 申 戌 酉
```

이 사주도 종강격이다. 사주가 대부분 인성과 비겁으로 구성되었기 때문이다.

용신은 金이며 土는 희신이다.

사주의 전부 또는 대부분이 관살로 구성되어 있다면 관살이 용신이 된다. 이러한 사주를 종관살격(從官殺格)이라고 부른다.

종관살격에서는 관살이 용신이 되며 인성과 비겁과 식상은 흉운이 된다.

재성은 희신이다.

```
年 月 日 時
己 戊 壬 丁      己庚辛壬癸甲乙
未 辰 辰 未      巳午未申酉戌亥
```

이 사주는 종관살격 사주이다. 사주가 전부 재성과 관성으로 구성되었기 때문이다.

火土운은 길하고 金水운은 흉하다.

사주의 전부 또는 그 대부분이 식상으로 구성되어 있다면 이때는 식상이 용신이 된다. 식상이나 용신, 이러한 종격사주를 놓고 종아격(從兒格)이라고 부른다. 식상은 사주상 일주인 내가 생조한 오행이므로 자식을 의미한다는 뜻에서 종아격이라 부르게 된 것이다.

```
年 月 日 時
乙 戊 壬 壬      己庚辛壬癸甲乙
卯 寅 寅 寅      卯辰巳午未申酉
```

이 사주는 壬水일주가 사주에 대부분 식상인 木으로 구성되어 있다.
그래서 종아격이다.
이러한 사주는 식상인 木이 용신이며 비겁인 水는 희신이 된다. 종아격에서는 인성이 가장 큰 기신이다.

7. 합(合)과 살(殺)

천간에는 합(合)이 있다.
- 甲과 己가 합하면 土가 된다. 이를 중정지합(中正之合) 이라고 한다.
- 乙과 庚이 합하면 金이 된다. 이 합을 인의지합(仁義之合) 이라고 한다.
- 丙과 辛이 합하면 水가 된다. 이 합을 위엄지합(威嚴之合) 이라고 한다.
- 丁과 壬이 합하면 木이 된다. 이 합을 인수지합(仁壽之合) 이라고 한다.
- 戊와 癸가 합하면 火가 된다. 이 합을 무정지합(無情之合) 이라 한다.

지지(地支)에는 합이 있다.
　子丑合은 土
　寅亥合은 木
　卯戌合은 火
　辰酉合은 金
　申巳合은 水
　午未合은 火

지합을 육합(六合)이라고도 한다. 그리고 삼합(三合)이란 것이 있다.

申子辰은 水局을 이룬다.
巳酉丑은 金局을 이룬다.
寅午戌은 火局을 이룬다.
亥卯未는 木局을 이룬다.

巳酉 酉丑 두 오행이 모이면 반합이라 한다. 巳는 金의 生地요 酉는 金의 旺地요 丑은 金의 고지(庫地)이다.
용신이 생지나 왕지에 들면 길하나 고지에 들면 흉하다. 용신이 甲木인데 亥운이나 卯운에 들면 길하나 未운에 들면 흉하다.

다음에는 각종 살(殺)에 대하여 알아 본다.
충살(冲殺)은 악살 중에 가장 무섭다. 특히 용신을 충당하면 죽거나 까무러칠 정도로 화를 당한다.
　子午 冲
　丑未 冲
　寅申 冲
　巳亥 冲
　卯酉 冲
　辰戌 冲

해살(害殺) 또한 고통이 심하다.
　酉戌 害
　申亥 害
　子未 害
　丑午 害
　寅巳 害

卯辰 害

형살(刑殺) 또한 고통이 많이 따른다.
寅巳申은 三刑이다(無恩之刑).
丑戌未도 三刑이다(侍待勢之刑).
子卯는 刑이다(無禮之刑).
辰·午·酉·亥는 자형(自刑)이다.

파(破)는 충돌·파손·불화 등을 일으킨다.
　子酉 破
　戌未 破
　申巳 破
　午卯 破
　丑辰 破
　寅亥 破

괴강(魁罡)이란 악살도 있다.
　이 괴강살은 모든 사람을 제압하는 강력한 살로 부귀영화가 극과 극으로 달리는 운명을 좌우한다.

〈庚辰, 壬辰, 戊戌 庚戌〉

일지	寅午戌	巳酉丑	申子辰	亥卯未
도화	卯	午	酉	子
역마	申	亥	寅	巳

도화살(桃花殺)은 음란을 주재하는 살로 사주에 도화살이 있으면 남녀 모두 색(色)을 좋아한다.

그리고 역마살(驛馬殺)은 여행이나 이동을 관장하는 살로 사주에 역마살이 있으면 사람이 공연히 분주해진다. 한 곳에 오래 있지 못하고 자주 돌아다닌다.

8. 실제 감정

(1) 부모덕(父母德)

월주에 용신이나 희신이 자리하면 부모덕이 있다.
인성이 용신이나 희신에 해당하면 부모덕이 있다.
월주에 기신이나 구신이 자리하면 부모덕이 없다.
인성이 기신이나 구신이면 부모덕이 없다.
월주에 용신이나 희신이 자리하나 인성이 흉신에 해당하면 부모덕은 반길반흉하다.
월주에 기신이나 구신이 자리하나 인성이 용신이면 부모덕은 반길반흉이다.

```
年 月 日 時
甲 丁 己 壬      戊己庚辛壬癸甲
申 丑 酉 申      寅卯辰巳午未申
```

이 사주는 식상인 金이 많아 신약사주이다. 용신은 월상(月上=月干)의 丁火이다.
연간에 甲木이 도우므로 용신은 약하지 않다.
용신이 월주에 있고 편인이 용신이므로 부모의 도움을 많이 받았다.
이 사주는 부모덕에 부유한 생활을 했으며 물려받은 재산도 상당히 많았다.

年 月 日 時
丙 丁 丙 己　　戊己庚辛壬癸甲
午 未 申 亥　　申酉戌亥子丑寅

이 사주는 인성이 기신이고 월주에 자리하므로 부모덕이 없다.
부모의 도움이란 아무것도 없고 자수성가해 일어났다.
용신은 水이고 희신은 金이다.

(2). 아 내

일지에 용신이나 희신이 자리하면 아내덕이 있다.
재성이 길신이면 아내덕이 있다.
일지에 흉신이 자리하면 아내덕이 없다.
재성이 흉신에 해당하면 아내덕이 없다.
재성은 길신이나 일지에 흉신이 자리하거나 일지에는 길신이 자리하지만 재성이 흉신에 해당하면 아내덕은 반길반흉이다.

年 月 日 時
庚 庚 庚 丁　　辛壬癸甲乙丙丁
申 辰 寅 亥　　巳午未申酉戌亥

이 사주는 일지에 寅木이 길신이므로 아내덕이 많다.
일찍이 등과하여 벼슬길에 올랐고 아내의 도움으로 여러 난관을 잘 헤쳐나왔다.
그것은 아내가 어질고 현명했기 때문이다.

```
年  月  日  時
壬  庚  甲  戊      辛壬癸甲乙丙丁
子  申  申  辰      酉戌亥子丑寅卯
```

이 사주는 일지에 기신이 자리하고 재성이 흉신에 해당하므로 아내덕이 없다.

아내의 성질이 난폭하고 음탕하여 부부간에 분쟁이 자주 일어났다.

아내가 바람기가 심하여 남편 눈을 피해 외간 남자들과 자주 놀아났기 때문이다.

(3) 형제덕(兄弟德)

비겁을 형제로 본다.

비겁이 용신이나 희신이 될 때는 형제덕이 있고 비겁이 기신이나 구신에 해당하면 형제덕이 없다.

또한 형제덕의 유무는 월령을 보고 판단하기 때문에 월지가 길신이면 형제덕이 있고 월지가 흉신이면 형제덕이 없다.

```
年  月  日  時
戊  丙  甲  戊      丁戊己庚辛壬癸
戌  寅  午  辰      丑寅卯辰巳午未
```

이 사주는 일지에 寅木이 용신이므로 형제의 도움을 많이 받았다.

몇 번의 사업 실패에도 매번 형제들의 도움으로 재기하곤 했다.

형제간에 우애도 많다.
형제간에 우애가 많으면 부모님이 즐거워하신다.

```
年 月 日 時
丙 戊 辛 壬     己庚辛壬癸甲乙
午 申 丑 辰     酉戌亥子丑寅卯
```

이 사주는 비겁이 흉신이므로 형제간에 사이가 나쁘다. 늘 만나면 으르렁거리며 충돌이 일어난다. 부모님이 돌아가자 재산을 서로 많이 차지하겠다고 싸우더니 칼부림이 일어나고 법원에 고소하는 등 형제라기보다는 원수들이 모여사는 집안 같다.

(4) 자녀덕(子女德)

식상이 용신이면 자식이 많다.
　재성을 아내로 보기 때문에 재성이 생한 것은 관살이므로 관살을 자식으로 보기도 한다. 이것은 남자 입장에서 본 것이다.
　또는 여자 입장에서는 관살을 남편으로 보기 때문에 관살이 생한 것을 자식으로 보기도 한다.
　그러나 어디까지나 시주(時柱)가 길신이냐 흉신이냐에 따라서 자식덕의 유무를 판단하는 데 비중을 많이 두어야 한다.

```
年 月 日 時
丙 戊 己 壬     己庚辛壬癸甲乙
戌 戌 丑 申     亥子丑寅卯辰巳
```

이 사주는 시주에 용신이 자리하고 상관이 용신이므로 자식복이 많다.

아들만 9명을 두었고 모두 건강하게 잘 자랐으며 나름대로 출세했다.

  年 月 日 時
  己 戊 戊 辛　　己庚辛壬癸甲乙
  未 辰 申 酉　　巳午未申酉戌亥

이 여인은 자식을 11명이나 두었다.
1명도 도중에 죽지 않고 모두 자랐으며 벼슬을 했다. 식상이 용신이며 왕성했기 때문이다.

  年 月 日 時
  庚 丁 丙 甲　　戊己庚辛壬癸甲
  甲 巳 午 午　　午未申酉戌亥子

이 사주는 시주에 흉신이 자리하여 자식복이 없다. 아들 하나 있는 것이 천하에 개망나니였고 일은 하지 않고 밤낮으로 여자사냥만 하러 다니며 부모 속을 태웠다.

(5) 벼슬운

높은 벼슬자리를 차지하고 싶은 욕망은 누구나 있다. 그러나 팔자에 관운(官運)을 타고나야 한자리해 먹을 수 있는 법이다.

신강사주에 관성이 용신이면 관운이 있다.

제12장 사주 보는 법 377

신약사주에 왕성한 관성을 인성이 유통시켜도 관운이 있다.

```
年 月 日 時
丁 辛 庚 戊        庚己戊丁丙乙甲
巳 亥 申 寅        戌酉申未午巳辰
```

이 사주는 박정희(朴正熙) 전대통령의 사주이다.

庚金일주가 亥月에 태어났으나 辛戌申 등의 인비가 강하여 신강사주가 되었다.

강한 金기운을 억제하기 위해서라도 관성인 火가 필요하고 亥月에 출생했기 때문에 조후로 보아도 火가 필요하다.

그러므로 火가 용신이다.

42세부터 대운이 18년간 들므로 제왕의 자리에 머물 수 있었다.

```
年 月 日 時
乙 己 丙 壬        戊丁丙乙甲癸壬
丑 丑 申 辰        子亥戌酉申未午
```

이 사주는 김종필(金鍾泌)의 사주이다. 丙火일주가 丑月, 즉 추운 달에 태어났으므로 火가 용신이며 많은 土기운을 억제해야 하므로 木이 희신이 된다.

사주에 식신과 상관이 왕성하여 비상한 두뇌를 가지고 처세한다. 격국으로 보아서는 천하를 맡겨도 능히 잘 처리해 나갈 대인(大人)이다. 그러나 대운이 고르지 못한 것이 아쉽다. 모두 하늘의 뜻이리라.

(6) 부자운(富者運)

갑부(甲富)가 되려면 인력으로는 불가능하며 오직 하늘이 점지해 주어야 한다.

그래서 '큰 부자는 하늘이 점지해 주고 작은 부자는 누구나 노력하면 된다.'라고 했다.

갑부는 재기통문(財氣通門)해야 한다.

신왕재왕한데 식상이 있거나 없으면 관성이 있어야 한다. 신강한데 식상이 약하면 재성이 왕성해야 한다. 신강사주에 관살이 약할 때 재성이 왕성해야 한다.

비겁이 왕성하고 재성이 왕성해도 큰부자 사주이다.

하늘이 어떤 사람에게 많은 재물을 가지도록 점지해 준 뜻은 천하에 모든 가난을 몰아내라는 천명(天命)이 있는 것이다.

이와 같이 하늘의 뜻을 잘 알고 뜻대로 살아야 재물을 소유한 보람이 있는 것이다.

하늘의 뜻을 모르고 자기 재물로 착각하고 살면 도리어 죄악을 모아둔 결과밖에 되지 않는다.

年	月	日	時						
癸	辛	丁	乙	庚	己	戊	丁	丙	乙	甲
卯	酉	巳	巳	申	未	午	巳	辰	卯	寅

이 사주는 일제시대의 큰 부자인 박흥식(朴興植)의 사주이다.

사주에 인성과 비겁이 왕성하여 신강같이 보이나 卯酉가 충(沖)하고 巳酉가 합이 되며 巳中庚金이 자리하여 신약사주이다.
 월주에 자리한 재성이 왕성하므로 비겁운을 만나면 대발전을 하게 된다. 용신은 火이고 희신은 木이다.
 대운은 木火운으로 흐르므로 큰 재물을 모았던 것이다.

```
 年  月  日  時
 庚  戊  戊  壬         己庚辛壬癸甲乙
 戌  寅  申  戌         卯辰巳午未申酉
```

 이 사주는 재벌의 대명사인 이병철(李秉喆)의 사주이다.
 사주에 土운과 金기운이 왕성하다.
 그러므로 土를 억제하기 위해서는 木이 필요하고 金을 다스리기 위해서는 火가 용신이 된다. 즉 木火운에 대발전하는 것이다.
 왕성한 土기운이 金을 생조하고 金이 편재인 壬水를 생조하여 재물이 많이 따르는 운이다.
 용신이 寅中丙火이므로 암장되어 있다. 용신이 숨어 있으므로 악운이 와도 화를 면할 수 있는 사주이다.

(7) 과부될 팔자

 여자라면 누구나 남편에게 사랑을 받으며 살고 싶어한다. 그러나 조상의 업보가 무거우면 뜻대로 되지 않고 원치 않게 과부로 살게 되거나 노처녀로 늙을 수가 있다.
 관성이 기신에 해당하고 일지에 또한 기신이 자리하면 남편덕이 없거나 과부가 되기 쉽다.
 그리고 관살이 약한데 식상이 관살을 파극하면 과부되기 쉽다. 또는 관살이 약한데 인성이 많아서 관살의 기운을 유출시켜 약한 관살이 더욱더 약해지면 남편이 일찍 황천객이 되기 쉽다.

그러나 실제 살아가는 모습을 보면 꼭 사주에 얽매일 수는 없다. 문제는 마음이 더 중요하기 때문이다. 자신의 행실 여하에 따라 많이 좌우되기 때문이다.

```
年  月  日  時
庚  丁  甲  丙      丙乙甲癸壬辛庚
申  酉  申  寅      申未午巳辰卯寅
```

이 사주는 甲木일주가 酉月에 출생하여 신약사주이다.

寅申이 상충하여 남편복이 없다. 용신은 木이고 희신은 水이다. 丁과 丙이 있으나 일주의 기운이 미약하므로 약용신을 쓸 수가 없다.

巳대운 庚申年에 남편이 황천객이 되었으며 딸 하나만 키우면서 고고(苦孤)하게 살았다.

```
年  月  日  時
戊  庚  甲  戊      己戊丁丙乙甲癸
寅  申  申  辰      未午巳辰卯寅丑
```

이 사주도 관살이 기신이고 일지에 자리하므로 남편복이 없다.

남편의 성질이 난폭하고 잔인하여 손버릇이 아주 고약하다. 남편에게 얻어맞고 살다 보니 늘 얼굴에는 멍든 자국이 사라질 날이 없으며, 남편의 손버릇은 고칠 수가 없다.

辰대운 辛酉年에 출타했다가 산적들에게 목숨을 잃고 남편은 시체가 되어 돌아왔다.
그 이후로 일생을 혼자 살아야 했다.

(8) 음란한 사주

일주가 왕성하고 관성이 미약한데 재성이 없으면 음란한 여자이다. 왕성한 일주의 기운을 관성이 억제해야 하는데 억제하지 못하면 정조를 관리할 수 없으므로 아무에게나 몸을 맡겨 버린다.

또 신강사주에 관성이 약하고 재성이 없는데 식상이 많으면 음란한 여자가 된다. 즉 약한 관성인데 식상이 바로 파격해 버리므로 자기의 정조를 지키겠다는 의지를 파격해 버린 것이 되므로 자진해서 창녀가 되고자 애를 쓴다.

일주가 왕성하고 관살이 약한데 인성이 많으면 음란한 여자가 된다.

약한 관성의 기운을 인성이 유출시켜 더욱더 관성을 약하게 만들므로 정조지키려는 관념이 희박하므로 색마가 되기를 자청한다.

그리고 일주는 미약한데 식상이 태과한 여자는 음란하다. 식상은 일주의 기운을 유출시키는 육신이므로 약한 일주를 더욱더 약하게 만들므로 자기 일신의 정조를 지킬 기운이 없으므로 아무 남자에게나 몸을 허락해 버린다.

年 月 日 時
癸 壬 庚 丁   癸甲乙丙丁戊己
亥 子 辰 亥   丑寅卯辰巳午未

이 사주는 庚金일주에 식상이 너무나 많다. 식상은 일주의 기운을 유출시키는 육신(六神)이므로 정조관념이 희박하다. 그러므로 일찌감치 천직(天職)인 창녀가 되어 살다가 丙대운 甲寅年에 병이 들어 죽었다.

사람으로 왔다가 죄만 지어 놓고 갔던 것이다.

```
年 月 日 時
乙 丙 丙 己      丁戊己庚辛壬癸
卯 午 午 丑      未申酉戌亥子丑
```

이 사주를 보면 관살인 水가 없다. 관살이 없다는 것은 여자에게는 남편이 없다는 뜻이다.

그러므로 첫사랑에 배신당하고는 곧장 창녀가 되고 말았다. 타고난 팔자대로 사는 것이다.

제 13 장
사주의 비밀

1. 사주의 점지

 사주를 잘 타고나야 부귀영화를 누릴 수 있다는 것은 누구나 잘 알고 있는 사실이다.
 그래서 사람들은 모두 좋은 사주팔자를 타고나기를 바라고 있다. 그리하여 철학관에 와서 자기의 사주가 어떻게 점지되어 있는가를 알고 싶어한다.
 그러면 이러한 사주팔자를 도대체 누가 점지하는가?
 이 점이 가장 궁금한 문제가 된다. 나의 사주를 누가 정했을까? 나는 왜 가난뱅이로 태어났을까? 나는 왜 병(病)에 걸릴 팔자를 타고났을까? 나는 왜 남편복이 없을까? 등등 여러 가지 궁금한 내용이 많다.
 사주를 보면 그 내용이 대충 다 나온다.
 그렇다면 '사주를 누가 점지했을까?'
 사주를 누가 점지했을까? 라는 문제를 풀기 위해서는 먼저 이 세상의 존재모습과 이치를 알지 않고는 풀 수가 없다.
 사람을 살펴보면 몸과 같은 자연세계가 있고 또 우리의 육안으로는 볼 수 없지만 엄연히 존재하는 마음과 같은 세계가 있는데 이것을 영계(靈界)라고 한다.
 사람은 누구나 이 땅에서 살다가 육신이 노쇠하면 그것을 벗어 버리고 영혼만이 영계에 들어가서 영원히 산다.
 세상 사람들은 흔히 이 땅을 이승세계라고 하고 영계를 저승세계라고 한다.
 영혼의 입장에서 보면 영혼이 인간의 본래적 주인이며 육신은 영혼의 옷과 같은 것이다.

옷이 낡으면 벗어 버리는 것과 같이 육신도 노쇠하면 벗어 버리고 영계로 들어가는 것은 하늘이 정해 놓은 순리의 길이다.

이 지상세계는 시간과 공간의 제약을 받고 살지만 영계는 시간과 공간을 초월하는 세계이다.

그러므로 영계는 사람에게 있어서는 본고향인 것이다. 고향은 태어난 곳을 말함인데 우리의 육신은 부모로부터 태어나지만 육신 속에 있는 참된 주인인 영혼은 천지부모로부터 탄생된 것이다.

사람은 누구나 태어날 때 육신과 영혼이 함께 태어나는데 영혼은 천지부모가 직접 낳아 주신 것이다.

그러므로 인간이 이 땅에 태어나기 전에는 그 영혼의 씨가 천지부모의 몸속에 있었던 것이다.

씨만 가지고서는 인간 구실을 못하므로 인간의 가치와 모습을 찾기 위해 육신이 태어날 때 함께 태어나는 것이다.

영혼이 비록 육신의 주인이긴 하나 지상에 살 동안에는 영혼이 육신의 탈 속에 감추어져 있으므로 육신의 영향을 받고 자라는 것이다.

육신이 나쁜 짓을 하면 그 모든 생각이나 행동이 영혼에 기록되는 것이다. 그리고 육신이 선한 일을 하면 그 모든 선한 것이 영혼에 기록되는 것이다. 이렇게 사람이 지상에서의 선악간 모든 행동이나 생각은 모두 영혼에 기록되어 업이 된다.

그 업보(業報)를 가지고 영계에 들어가면 그 업보대로 낙원으로 가거나 지옥으로 떨어지거나 하여 즐겁게 사는 영혼도 있고 고통스럽게 사는 영혼도 있다.

이러한 영혼의 선악간 업보를 참고로 하여 그 후손이 태어날 때 사주에 나타나게 되는 것이다.
 그러므로 결론은 조상들의 선악간 업보가 후손에게는 사주가 되는 것이다.
 인간이 태어날 때는 부모로부터 피와 살을 물려받는데 그 속에는 부모의 선악간 업보도 물려받는다.
 그러므로 조상들의 모든 선악간 업보는 후손에게 흘러 내려오므로 조상과 후손은 일체(一體)의 운명이며 부모와 자식간에는 필연적인 공동의 운명인 것이다.
 즉 부모와 자식과의 관계나 더 멀리는 조상과 후손의 관계는 끊을래야 끊을 수 없는 절대적인 인연이므로 조상들의 선악간 업보는 후손들이 반드시 책임을 지고 갚아야 하는 것이 천지의 법칙인 것이다.
 그러므로 공덕이 많은 조상의 후손들은 사주팔자를 길(吉)하게 태어나는 것이고 죄악을 많이 지은 조상의 후손은 사주팔자가 흉하게 태어나는 것이다.
 이러한 사실을 놓고 볼 때 또 자신의 아들딸이나 후손들이 좋은 사주를 타고나 행복하게 잘 살기를 바란다면 공덕을 쌓고 복을 많이 지어야 하는 것은 당연한 사실이다.
 나 한 사람의 사주팔자가 점지되기까지는 부모와 조상들의 선악간 업보가 원인이 되어 점지되는데 7대조상까지가 가장 많은 영향을 받는다.
 그 중에서도 부모의 업보가 가장 사주에 많은 영향을 미치며 점점 위로 올라갈수록 그 영향력이 약해진다.
 우리 속담에 이런 말이 있다.
 '잘 되면 자기 탓, 못 되면 조상 탓'
 사실 지상과 천상을 함께 보면 잘되는 것도 조상들의 음덕 때문이고 또한 못되는 것도 조상들의 죄업 때문인 것이다.

조상들이 살인이나 도적질이나 간음을 많이 범했을 경우 그 후손의 사주는 반드시 상충살(相冲殺)과 상파살(相破殺)이 들게 되며 재물이 손해가 날 운세가 닥치며 색마(色魔)의 유혹이 닥치게 된다.

또 조상 중에 남을 모함한 업보가 있다면 그 후손의 사주에는 말을 못하는 벙어리가 되는 팔자나 가슴앓이를 앓을 사주를 타고나게 된다.

이와 반대로 조상들 중에서 공덕을 많이 쌓은 업보가 있다면 그 후손의 사주에는 암록살이나 귀인살이 들며, 사주가 상생 중화된 좋은 팔자를 타고나는 것이다.

충성을 많이 한 조상의 후손이면 사주에 관운을 좋게 타고난다.

또한 조상이 지극한 효성 공덕이 있다면 후손에게도 효자가 되며 만가지 복을 받을 수 있는 사주를 타고나게 되는 것이다.

조상이 의리가 있고 신용이 돈독하였다면 그 후손의 사주에는 반드시 주위 사람들로부터 환영을 받는 인덕이 있는 팔자를 타고나게 되는 것이다.

그러므로 사주만 보면 그 사람의 조상들이 어떻게 살다가 갔는지 짐작할 수가 있다.

```
年  月  日  時
壬  癸  丙  戊      壬辛庚己戊丁丙
子  亥  午  子      戌酉申未午巳辰
```

이 사주는 丙火일주가 강한 水기운에 눌리고 있다.
子午상충하므로 용신이 상처를 입고 사주에 인성인 木이

없으므로 더욱 일주(日主)는 쇠약하다.

용신이 상충(相冲)을 당하고 水기운을 감당치 못하여 이 여자는 창녀가 되었다.

이 여자의 조상 중에는 7대조상과 조부모가 음란하여 간음죄를 많이 지었기 때문에 그 음란한 기운이 이 사주의 주인공에게 나타났던 것이다.

그리고 子午가 상충을 당하는 것으로 보아 약한 자를 압박하는 죄도 많이 지었음을 알 수 있다.

조상들이 지은 죄업은 후손이 반드시 갚아야 하는 것이 하나님이 정한 법이다.

그러므로 사주가 점지되는 그 원인은 부모와 조상들의 선악간 업보에 그 원인이 있는 것이다.

이러한 내용을 볼 때 우리는 자녀나 후손을 생각해서라도 하늘을 절대적으로 믿고 마음을 바르게 가지며 공덕을 많이 쌓아야 한다는 것을 깨닫게 된다.

그러므로 나는 누구인가?

나는 조상들의 업보의 결과이므로 그 업보를 소멸시켜 조상들도 구원하고 나도 공덕을 쌓는 사람이 되어야 할 나인 것이다.

2. 업보의 소멸(消滅)

　소멸(消滅)이란 말은 태워서 멸하여 없어지게 한다는 뜻이다.
　예를 들면 빚을 진 채무의 문서가 있다면 그 빚을 다 갚기 전까지는 채권자는 계속하여 독촉을 하게 된다.
　빚을 갚지 않고는 지상이나 천상이나 자유가 없고 다 갚을 때까지는 노예로 묶여 있는 것이 하늘의 법칙이다.
　사람이 열심히 노력하여 그 빚을 다 갚고 나서는 채무용지를 불에 태워 없애는 것을 '소멸'이라고 한다.
　이와 마찬가지로 조상들이 죄를 지으면 그것은 죄의 빚이 되어 그 빚을 다 갚아야 한다.
　원칙은 빚을 진 당사자가 갚아야 하나 이미 육신을 벗고 영계에 들어가 버렸기 때문에 갚을래야 갚을 도리가 없다. 그래서 채권자들은 갚을 수 있는 지상의 후손에게 독촉을 하는 것이다. 조상과 후손은 혈통의 인연 때문에 공동운명이기 때문이다.
　그 빚을 갚는 데는 여러 가지가 있는데 지혜로운 사람은 자진 납부하여 혜택을 많이 본다. 그러나 어리석은 사람은 자진 납부를 하지 않으므로 하늘은 강제집행을 하는 것이다.
　이 강제집행이란 곧 무서운 병이 들게 하거나 아니면 큰 사고를 당하여 고통을 주거나 또는 벼락을 맞게 되는 등의 강재집행이 있다.
　이처럼 강제집행을 당하면 여러 모로 많은 손해를 본다.

조상들의 죄업이 소멸된다 하더라도 강제집행을 당한 본인에게는 아무런 공덕이 되지 않는다. 그것은 하늘로부터 저주를 받기 때문이다.
 조상들의 업보는 반드시 갚아야 살 길이 열리게 되어 있다. 그 갚는 방법은 세 가지로 구분할 수가 있다.
 첫째는 동일한 방법이다.
 이 동일한 방법은 조상이 지은 죄만큼만 갚으면 되는 것이다. 예를 들어 조상이 남의 개를 한 마리 훔쳤다면 그 후손은 개 한 마리 값만 보상해 주면 그 업보는 소멸되는 것이다. 만일 조상이 남의 소(牛) 한 마리 훔친 죄업이 있다면 그 후손은 소 한 마리 값만 보상을 하면 된다.
 이것이 업보에 대한 동일한 소멸방법이다.
 그러나 동일한 방법이라고 해도 그 조상과 후손과의 사이에는 시간적으로 몇십 년이나 또는 몇백 년의 거리가 있기 때문에 그 시간적인 거리를 보아 이자가 상당히 많을 수 있다.
 때로는 이자가 원금보다 더 많을 수도 있다.
 어찌 되었건 후손은 조상이 지은 업보를 원금과 이자를 모두 계산하여 갚아야 업보가 소멸되어 삼재팔난(三災八難)을 면할 수가 있는 것이다.
 그럼 어디에다 갚아야 하는가?
 물론 당사자들은 이미 몇십 년 전이나 몇백 년 전에 모두 죽고 없다.
 그래서 채권자인 하늘은 그 갚는 곳을 지정해 주었으니 곧 국가에 성금(誠金)으로 낼 수도 있고 또는 공익사업에 성금으로 낼 수도 있고 도문(道門)에 헌금할 수도 있는 것이다.
 그리고 조상이 만일 살인죄를 범했다면 그 후손은 국가를 위해 몇 년간 무료봉사를 하면 그 업보가 소멸되고 또 성금으로 갚아도 된다.
 조상이 만일 음란한 죄를 많이 지었다면 그 후손은 반드시 열남열녀(烈男烈女)의 길을 걸어가야 그 업보가 소멸된다.
 둘째로 갚는 방법이 있다. 즉 보다 작은 것으로 갚는 방법이다.
 이것은 그 조상이 비록 지은 죄가 많다 해도 그 후손이 바른 마음을 가졌고 모든 일에 감사하며 효성이 지극하고 나라에 충성한다면 보다 작은 값으로 업보를 갚을 수가 있다.
 예를 들면 조상이 남의 쌀 백 가마니를 도적질한 업보가 있으면 그 후손이 갚을 시기에 마음이 바르고 하늘을 지성으로 공경했다면 줄여서 열 가마니 값만 갚는 것으로 조상의 업보를 청산할 수 있는 방법이다.
 이 방법은 어디까지나 그 후손의 마음가짐과 정성 여하에 따라서 절반으로 갚을 수도 있고 10분의 1로 갚을 수도 있는 것이다.
 하늘도 모든 사람이 이 방법을 택하도록 하기 위해 성현들을 보내 인간의 마음을 선으로 인도하는 것이다.
 사람이 이처럼 작은 값으로 갚는 방법을 택할 때가 가장 유리하다. 조상의 업보도 소멸될 뿐만 아니라 또한 자신에게도 큰 공덕을 짓는 결과가 되기 때문이다.
 그러므로 성현의 말씀을 따라서 살면 많은 혜택을 보는 것이다. 즉 예수님을 믿는다는 그 작은 조건 때문에 낙원에 들어갈 수도 있고 부처님을 믿는다는 작은 공덕 때문에 극락에 들어가기도 하는 것이다.
 예를 들어 보면 파리가 천리를 날아갈 수는 없으나 천리마(千里馬)의 꼬리에 달라붙으면 천리를 갈 수 있는 것과 같은 이치이다.

다음 세번째 방법은 보다 크게 갚아야 하는 소멸 방법이다. 이 방법은 조상의 업보를 후손이 갚을 생각도 하지 않고 자꾸 죄만 더 짓고 있는 상태일 때 강제로 갚게 하는 강제집행인 것이다.

즉 병이 들게 하여 업보가 소멸될 때까지 누워 있게 한다거나 또는 사고를 당하여 치료를 하느라고 그 업보가 소멸될 때까지 가중시키는 것이다.

그리고 부도가 나서 졸지에 알거지가 된다거나 하는 것 등이 그렇다.

이는 조상이 쌀 백 가마니를 훔친 죄가 있다면 갚을 때는 가중된 벌(罰)로써 천 가마니나 2천 가마니로 갚게 하는 방법이다.

이와 같이 스스로 갚지 않고 하늘이 강제집행을 할 때는 엄청난 손해를 보게 된다.

하늘의 저주가 함께 내려오므로 고통은 고통대로 당하면서 아무런 공덕도 되지 않는다. 강제집행을 통하여 조상의 업보는 소멸되었지만 당사자에게는 아무 혜택이 없는 것이다.

이와 같이 사람의 마음이 바르지 못하면 많은 손해를 보게 된다.

아무리 사람이 조상들의 업보를 피하려고 숨어 다닌다 해도 천지의 기운은 먼저 알고 독촉장을 내놓는다.

그 모든 빚을 조금도 남김없이 다 갚을 때까지 따라다니면서 환난을 준다.

또 그 받아가는 방법도 가지가지다.

재물로 빼앗아 갈 수도 있고 질병에 걸리게 하여 그 고통을 통하여 탕감시킬 수도 있고 또는 노예로 잡아가거나 하여 그 업보를 다 갚을 때까지 고통을 주기도 하는 것이다.

하늘은 어리석지가 않다. 틀림없이 다 갚기 전에는 그 사람에게는 자유가 없다.

만약 그 사람이 강제집행을 통해서라도 갚지 못하면 그 아들딸에게로 그 업보는 넘어간다.

업보는 반드시 다 갚을 때까지 조상과 후손을 사이에 두고 수백년을 기다리며 늘 독촉을 하고 있다. 독촉장을 주기적으로 보낸다.

이처럼 죄악의 업보는 조상과 후손을 사이에 두고 역사를 점령하면서 내려오고 있다.

이 죄악의 물결을 그대로 흘러가도록 방치할 것이 아니라 당대에 과감히 소멸시켜 끝을 내야 할 것이다.

그래야만 아들딸, 후손들에게는 화(禍)가 미치지 않는 것이다. 아무리 조상들의 죄업이 무겁다 해도 자신의 마음가짐 여하에 따라 충분히 청산할 수 있는 길이 있다. 그 방법은 다음과 같다.

첫째, 지난날의 잘못된 일이 있다면 모두 회개할 것이요
둘째, 바른 마음을 가지고 모든 일에 감사하며 공덕을 많이 쌓을 것이요
셋째, 분수 밖의 탐욕이나 시기 질투심을 내지 말 것이요
넷째, 밤낮으로 천문(天文)을 암송하여 복을 쌓을 것이요
다섯째, 천지부모를 절대적으로 믿고 사모할 것이다.

이상 다섯 가지를 지켜나가면 조상들의 업보는 소멸되며 많은 복을 짓게 될 것이다.

그러므로 나는 누구인가?

조상들의 업보를 미리 알고 보다 작은 가치로 소멸시킬 수 있는 방법을 택하여 공덕을 쌓아야 할 나인 것이다.

3. 조상들의 소원

　다음은 먼저 영계에 들어간 우리들의 조상은 지금 무엇을 소원하고 있는지를 살펴본다.
　사람이 살다가 육신이 노쇠하면 누구나 육신을 벗고 영혼만이 영계에 들어간다.
　지상에서 살면서 지은 모든 선악간 업보의 기록을 가진 영혼이 영계에 들어가면 먼저 와 있는 자기의 부모와 친척들과 조상들이 맞이한다.
　처음에는 자신이 죽은 것인지 살아 있는 것인지 잘 몰라 어리둥절하다가 얼마간의 시간이 지나면 자신이 죽어 영계에 와 있다는 것을 깨닫게 된다.
　저승문을 들어서면 먼저 심사를 하는데 열두 대문을 통과해야 천국에 들어갈 수 있다.
　지상에서 살 동안에는 선한 일을 하였거나 악한 일을 하였거나 간에 분별할 수가 없지만 영계에서는 영혼의 얼굴에 색깔이 다르게 나타난다.
　도(道)를 많이 닦은 영혼이거나 음덕을 많이 쌓은 영혼은 그 얼굴에 발광체(發光體)가 되어 있고 반대로 지상에 살 동안 죄를 많이 지은 영혼은 그 얼굴이 마치 먹빛처럼 검다.
　그러므로 영계에서는 그 얼굴만 보아도 색깔의 차이에 따라서 선악간 지은 바를 알 수 있다.
　심경대(心鏡台)란 거울 앞에 들어서면 자기 자신의 일생이 마치 필름처럼 보인다.

염라대왕을 비롯한 열두 대왕이 함께 지켜보고 있노라면 터럭만큼도 속일 수가 없다.

뒷집 유부녀와 아무도 모르게 간통을 했는데 심경대의 거울에는 상세하게 나타난다.

남의 집 소를 훔쳐올 때는 아무도 본 사람이 없는데 심경대의 거울에는 자세하게 나타난다.

아무도 모르게 오직 자기만의 비밀인데도 심경대에는 나타난다.

이렇게 해서 그 영혼의 일생 선악간 업보조사가 끝나면 그 영혼에 해당하는 곳으로 보내는데 제일 위로는 천국에서부터 제일 아래인 지옥까지는 수만 층의 단계가 있다.

죄를 많이 지은 영혼일수록 지옥 가까운 곳으로 가게 되고 공덕을 많이 쌓은 영혼일수록 천국 가까운 곳으로 가게 된다.

한번 자리가 정해지면 영원히 그 자리가 변하지 않는다. 마치 육신은 나무와 같고 영혼은 과일과 같다. 과일이 나무에 달려 있을 때 제대로 자라지 못하고 도중에 떨어지면 더 이상 자라지 못하는 것과 같이 영혼도 육신을 터로 하여 성장하는데, 한번 육신을 벗어 버리면 그 영혼은 육신을 쓰고 있을 때의 감정 요소를 그대로 지니고 영계에 가서 영원히 존재하므로 육신을 벗고 나서는 덕을 쌓을래야 쌓을 길이 없고 죄를 씻을래야 씻을 도리가 없다.

육신생활의 귀중함이 바로 여기에 있다. 이러한 천지의 법칙을 조금이라도 깨닫는다면 지상에서의 삶을 함부로 살 수 없는 것이다.

또한 자신의 업보가 반영되어 그 후손이 태어날 때 사주팔자가 구성되는 것이다.

강도나 살인을 한 업보가 있다면 그 후손 중의 누군가가 태어날 때 사주에 상극살과 충파 등의 악살이 엮어지게 된다.
 그리고 간음한 죄가 있다면 그 후손의 사주에는 음란한 사주가 구성되는 것이다. 병이나 빈천이나 불구자나 비명횡사나 요절 등은 모두 조상들의 죄업 때문에 당하는 것이다.
 조상들의 소원은 비록 자신은 죄를 짓고 영계의 지옥에 떨어져서 고통을 당하지만 후손들은 자기와 같은 죄를 짓고 지옥에 떨어지는 것을 원치 않는다.
 그리고 후손들이 마음을 바르게 하여 조상의 업보를 소멸시켜 지옥의 고통에서 구원해 주기를 간절히 바라고 있다.
 조상의 능력으로 죄를 벗을 수는 없지만 지상의 후손들이 정성을 들여줌으로써 그 정성의 기운에 의해 죄를 조금씩 조금씩 벗을 수가 있는 것이다.
 즉 후손의 마음가짐 여하에 따라 공덕을 쌓으면 먼저 조상들이 죄악의 사슬에서 해방되며 반대로 지상의 후손이 죄를 지으면 그 죄악의 기운으로 영계에 있는 조상들은 점점 더 고통 속으로 들어가는 결과가 되기 때문에 조상들이 탄식을 한다.
 아무튼 지금 영계에서는 조상들이 후손들을 향해 애원하고 있다. 구원해 달라는 소리가 천지를 진동하고 있건만 영적인 귀가 어두워진 지상의 후손들은 듣지 못하고 살아간다.
 이처럼 조상들의 간절한 소리를 듣지 못함으로써 자행자지하며 도적질을 하며 간음을 하며 온갖 죄를 짓고 있는 것이다. 참으로 안타까운 일이다.
 그러므로 나는 누구인가?
 애타게 부르는 조상들의 그 애원을 들을 수 있는 사람이 되어야 할 나인 것이다.

4. 조상들의 인연(因緣)

조상들은 수없이 많이 있지만 특별히 후손과 인연이 있는 조상이 있다. 그 인연된 조상의 업보를 소멸시켜야 할 책임이 후손에게 있는 것이다.
- 사주에서 보면 일주(日主)는 자기 자신이다.
- 일주를 생조하는 것은 인성이다. 그래서 인성은 부모가 된다.
- 인성을 생조하는 육신(六神)은 관성이므로 관성은 조부모가 된다.
- 관성을 생조하는 육신은 재성이므로 재성은 증조부모가 된다.
- 재성을 생조하는 것은 식상이므로 식상은 고조부모가 된다.
- 식상을 생조하는 것은 비겁이므로 비겁은 현조부모가 된다.

〈조상들의 관계〉

비 겁	인 성	관 성	재 성	식 상
본인	부모	조부모	증조부모	고조부모
현조부모	6대조	7대조	8대조	9대조

- 비겁이 기신이면 5대조상인 현조부모의 업보가 악함을 나타낸다.
- 인성이 길신이면 부모와 6대조상의 선업의 기운이 나에게 오고 있다는 증거이다.
- 관성이 흉신이면 조부모와 7대조상의 악업이 나에게 전해온다.
- 재성이 길신이면 증조부모와 8대조상의 선업의 기운이 나를 지켜준다.
- 식상이 흉신이면 고조부모와 9대조상의 악업이 나에게 전해온다.

이렇게 볼 때 선업을 전해주는 조상은 문제될 것이 없고 악업을 전해주는 조상들이 문제이다. 즉 악업을 전해주는 조상들의 업보를 소멸시켜야만 한다.

물론 선업을 남겨준 조상들을 위해서도 공덕을 쌓아야 하지만 더 급한 것은 악업을 전해주는 조상을 먼저 구원해야 하는 것이다.

사주상 기신과 구신을 찾아 여기에 해당되는 조상을 놓고 정성을 드리고 기도를 해야 하는 것이다.

① 기신이 木이라면 시기질투를 심하게 한 죄업이 있으며 부정한 짓을 많이 했으며 권세를 남용한 업보가 있는 것이다. 기신이라도 왕성한가 미약한가에 따라서 달라지는데 기신이 왕성면 죄업이 무겁고 기신이 미약하면 죄업이 가벼운 것이다.

② 火가 기신이면 무례한 짓을 많이 했음을 알 수 있다. 火의 기신이 왕성하면 그 죄업 또한 무겁고 기신이 미약하면 그 죄업 또한 가벼운 것이다.

③ 土가 기신이면 불효한 죄가 있으며 불신(不信)의 죄가

있고 무책임한 죄가 있는 것이다.
④ 金이 기신이면 불의(不義)의 길을 간 죄업이 있으며 난폭하거나 잔인한 짓을 많이 하거나 금전에 대한 죄가 있다.
⑤ 水가 기신이면 간음을 많이 했거나 남을 속여 재물을 빼앗은 죄가 있으므로 기신이 왕성하면 죄업이 무거운 것이고 기신이 미약하면 죄업 또한 가벼운 것이다.
 또한 조상들의 죄업을 육신(六神)을 중심으로 판단할 수도 있다.

비견(比肩)이 기신(忌神)이면
부모에게 불효한 죄가 있으며 부부간 불화(不和)한 죄가 있으며 재산문제로 형제간에 싸운 죄가 있다.

겁재(劫財)가 기신(忌神)이면
도적질한 죄가 있으며 남을 시기질투한 죄가 있으며 재산문제로 남을 해롭게 한 죄가 있다.

식신(食神)이 기신(忌神)이면
남의 재산을 빼앗은 죄가 있으며 약한 자에게 폭력을 행한 죄가 있으며 결혼을 빙자하여 간음을 한 죄가 있으며 여자사냥을 많이 한 죄가 있으며 음란하게 산 죄가 있다.

상관(傷官)이 기신(忌神)이면
남의 재산을 빼앗은 죄가 있으며 병든 하인을 집안에 도움이 안된다고 하여 쫓아낸 죄가 있으며 남의 신용을 타락시킨 죄가 있다.

편재(偏財)가 기신(忌神)이면
남의 유부녀와 간통을 하거나 간음을 한 죄가 있으며 병든 자를 구박한 죄가 있으며 남의 재산을 빼앗은 죄가 있다.

정재(正財)가 기신(忌神)이면
남의 유부녀와 간통을 했거나 간음죄를 지었으며 남의 재산을 훔친 죄가 있거나 남의 돈을 빌리고는 갚지 않은 죄가 있다.

편관(偏官)이 기신(忌神)이면
폭력을 사용하여 남의 목숨을 빼앗거나 남을 많이 상하게 한 죄가 있으며 권력을 남용하여 남의 재산이나 남의 여인을 빼앗은 죄가 있다.

정관(正官)이 기신(忌神)이면
권세를 남용한 죄가 있으며 남을 모함한 죄가 있으며 남의 재산을 빼앗은 죄가 있다.

인수(印綬)가 기신(忌神)이면
남의 명예를 더럽게 한 죄가 있으며 글을 이용하여 남을 시기질투하거나 모함한 죄가 있으며 남의 잘되는 사업을 방해한 죄가 있다.

편인(偏印)이 기신(忌神)이면
과거시험 벼슬에 뇌물을 받았거나 뇌물을 준 죄가 있으며 남의 시문(詩文) 등을 자기 것으로 이용한 죄가 있으며 병든 자를 구박한 죄가 있다.

이렇게 사주에서 기신을 찾아 조상들의 업보를 소멸시켜야만 조상들은 지옥의 고통에서 해방되는 것이다.

그러나 한두 번의 기도나 선행으로 소멸되는 것이 아니라 꾸준히 공덕을 쌓아가게 되고 도수가 차면 그 업보는 소멸이 되고 또한 지상인은 공덕을 쌓은 결과가 되는 것이다.

여기에서 신앙심이 필요한 것이다. 조상들이 지은 업보가 태산같이 많다 하더라도 절대적으로 하늘을 믿고 받들고 살면 점점 태산 같은 업보도 허물어지기 시작하는 것이다.

그러므로 망하더라도 하늘을 믿고 살다가 망해야 하며 죽더라도 하늘을 붙잡고 죽어야 그 사람은 승리하게 되는 것이다.

조상들의 업보소멸을 일시에 청산한다는 것은 불가능하므로 일생을 두고 선업을 쌓아간다는 한마음으로 공덕을 쌓는 것이 중요하다.

그러므로 나는 누구인가?

나는 조상들의 업보를 소멸시켜야 할 사명자로서 이 땅에 태어났으므로 일생을 통해 변치 않는 마음으로 꾸준히 공덕을 쌓아야 할 나인 것이다.

제 14 장
삼대주의(三大主義)

1. 경천주의(敬天主義)

사람의 근본은 하늘〔天〕이다.
사람은 육신과 영혼의 이중구조로 되어 있는데 육신은 영혼의 옷과 같은 부분이며 영혼이 진짜 사람의 본래적 자기인 것이다.
그러므로 본래적 자기(本來的自己)가 인간의 참모습이며 그것이 영혼이므로 영혼의 선악을 놓고 그 사람의 인격을 판단하는 것이다.
육신이 아무리 순수해도 그 영혼에 결함이 있다면 그는 온전한 사람이라 할 수가 없고 반대로 육신에 결함이 있다 하더라도 그 영혼이 덕망이 높으면 그를 온전한 사람으로 보는 것이다.
이처럼 사람에게는 영혼의 가치가 육신의 가치보다 몇 배 이상 중요한 것이다.
육신은 또한 지상에서 살다가 주인인 영혼이 빠져나가 버리면 시체가 되어 영원히 사라져 버리지만 영혼은 육신과 상관없이 영계에 들어가서 영원히 산다.
이렇게 볼 때 우리의 육신을 낳아 주신 부모를 위해서는 효도하고 공경한다고 야단들이지만 더 중요한 우리의 영혼을 낳아 주신 천지부모에 대해서는 왜 효도할 줄 모르며 공경할 줄 모르는가?
사실 알고 보면 육신의 부모에게 효도해야 하는 것은 당연한 일이나 그보다 천지부모를 위해 더 많은 효도를 해야 하는 것이다.

　천지부모는 우리의 가장 중요한 영혼을 낳아 주신 분이기 때문이다. 사람이 타락하여 죄악이 눈을 가려 천지부모를 몰라보게 됨에 따라 천지효(天地孝)를 잊어버린 것이다.

　경천사상(敬天思想) 이야말로 하늘 앞에 효도하는 정신이다.

　천지부모이신 하늘을 공경하는 마음 자세 이것이 만복의 근원이 된다.

　하늘을 공경하기를 몸이 아픈 것도 잊어버릴 정도로 지극히 사모하면 무슨 병이라도 낫는다.

　하늘을 지극히 사모하는 정신을 가지고 사는 사람은 백천사마(百千邪魔)가 침범하지 못한다.

　인간에게 하늘은 부모인 것이다. 영혼을 낳아 주신 참부모가 곧 하늘인 것이다. 하늘을 천지부모라고 부르는 것이 가장 적절한 표현이므로 필자는 이렇게 부른다.

　착한 일을 하는 사람에게는 하늘이 복을 준다. 틀림없는 사실이다.

　악한 일을 하는 사람에게는 하늘이 재앙을 내린다. 당연한 일이다.

　천지부모는 잃어버린 자녀를 찾기 위해 유구한 역사를 통하여 죄악세계를 눈물을 흘리며 찾아오셨다.

　지금 이 순간에도 천지부모는 대문 밖에서 기다리고 계신다. 천지부모를 마음속에 모시고 사는 사람이 가장 복이 많은 사람이다.

　천지부모께 보고(報告) 드리며 명령대로 사는 사람이 가장 현명한 사람이다.

　천지부모는 사람의 본심(本心)을 통해 나타나신다. 본심의 소리는 곧 천지부모의 음성이다.

    선을 쌓아라
    남을 용서하여라
    어려운 사람을 구제하여라
    복을 많이 지어라
    양보하는 사람이 복이 있느니라
    참는 사람이 복이 있느니라
    사람을 사랑하라
    물건을 아끼고 사랑하라.

  본심은 늘 이렇게 말하고 있다. 이 본심의 소리는 곧 천지부모의 음성인 것이다. 그래서 사람이 본심의 소리를 들으며 살아갈 때 비로소 만복이 찾아오며 만가지 은혜가 찾아오는 것이다.
  본심의 소리와 자주 대화하는 것은 곧 천지부모와 대화를 하는 것이 된다.
  천지부모는 항상 말씀하신다

    정도(正道)를 걸어야 복을 받는다
    사람을 사랑할 줄 알아야 은혜가 넘친다
    효도하는 마음은 참으로 복된 마음이다
    이 세상에서 가장 어리석은 사람은 천지부모를 모르고 사는 사람이다
    항상 은혜를 입고 살면서도 느끼지 못하는 것이 사람이다.
    밤낮으로 심장을 작동시켜 주는 분이 누구인가?

밤낮으로 몸속에 피〔血〕를 돌게 하는 분이 누구인가?
공기를 만들어 주는 분이 누구인가?

천지부모가 아니고 누구이겠는가.
내 생명의 주인이시며 내 영혼의 참부모이시며 나의 원인이 그분이신데 그분을 모르고 산다는 것은 참으로 어리석은 인생이 되고 만다.
소〔牛〕도 자기 주인을 알아 보고 말〔馬〕도 자기 집을 찾아 가는데 하물며 만물의 영장이라는 인간이 자기의 주인이며 자기의 진짜 부모인 천지부모를 모른다면 사람의 가치가 없는 것이다.
우리의 목숨을 관장하시는 이가 천지부모이다. 온 천하를 주고도 바꿀 수 없는 귀중한 나의 목숨을 관리하는 그분에게 무슨 부탁을 해야 할까?
천지부모의 그 무량한 은혜를 갚는 비결은 피끓는 효성(孝誠)을 바치며 지극히 사모하는 것뿐이다.
모든 것을 천지부모께 맡기고 살 때 나를 책임지는 것이다.
그러므로 나는 누구인가?
참부모이신 천지부모께 지극한 효성과 모심(慕心 : 사모하는 마음)으로 항상 사모하며 공경하는 그 마음을 단 한순간도 잊어서는 안될 나인 것이다.

2. 인화주의(人和主義)

　　사람은 본래 하늘의 자녀이므로 하늘이 거룩하고 위대한 것처럼 자녀인 사람도 거룩하고 위대한 것이다.
　　그러므로 사람을 사랑해야 한다. 사람을 사랑한다는 말은 사람들과 화합(和合)을 잘 이룬다는 말과 같다.
　　진실로 사람들과 잘 화합하는 곳에 복록이 나타나며 은혜가 생겨나는 것이다.
　　공자께서도 인(仁)은 곧 사람을 사랑하는 것이라고 했다. 또한 모든 성현들의 가르침을 보면 사람을 사랑하라는 것이 주체가 되고 있다.
　　여기서 말하는 사랑은 참사랑을 말한다. 하룻밤 풋사랑이 아니다.
　　참사랑은 영원한 것이다.
　　참사랑은 변하지 않는 것이다. 그러므로 참사랑은 절대적인 사랑이다.
　　부모가 자식에게 주는 사랑은 참사랑이다.
　　그러므로 부모가 자식을 사랑하는 마음으로 세상의 모든 사람을 사랑하게 될 때 이것이 곧 참사랑인 것이다.

　　　참사랑 속에는 만복이 따른다
　　　참사랑 속에는 무량한 은혜가 따른다
　　　참사랑 속에는 참생명이 나타난다
　　　참사랑을 실천하는 사람은 가장 복이 많은 사람이다

참사랑은 모든 장애물을 극복하며 모든 장벽을 허물 수가 있다.

참사랑을 가지고 천지부모를 찾아가면 기쁘게 맞이해 주신다.

참사랑을 가지고 원수를 찾아가면 원수가 변하여 친구가 된다.

성현들이 세상 사람을 사랑하는 것은 곧 참사랑이다.

참사랑으로 공덕을 쌓으면 조상들의 업보가 아무리 무겁다 하더라도 눈녹듯 쉽게 녹아 버린다.

부모가 자식을 사랑하는 것이 곧 참사랑이라는 정의를 내렸다.

그러므로 모든 사람을 대할 때 부모의 마음으로 대하여 사랑해 주어야 참사랑의 실현자가 되며 천지자녀의 자리를 회복할 수 있는 것이다.

참사랑의 실천자가 되고자 한다면 먼저 부모의 심정을 가져야 한다. 부모의 심정을 가지지 않고서는 결코 참사랑의 실천자가 될 수 없다.

부모의 심정을 가지지 않고서 사람을 사랑한다는 것은 그 방향이 자칫 잘못하면 음란한 사랑이 될 위험이 따르고 순간적인 거짓 사랑이 되기 쉬우며 쉽게 변할 수 있는 사랑이 되기 쉽다.

그러므로 참사랑의 실천자가 되려면 먼저 부모의 마음, 부모의 심정을 가져야 한다.

참사랑이란 곧 천지사랑이다.

그러므로 참사랑을 많이 가지는 사람은 곧 천지자녀의 자리를 회복할 수가 있는 것이다.

인간의 최종적인 목적은 참사랑을 통해 천지자녀의 자리를 회복하는 것이다. 이것이 곧 도(道)의 완성이다.
　참사랑을 외면한 그 어떠한 도(道)나 재주나 요술도 모두 거짓이며 허망한 것이다.
　비록 사람이 물 위를 걷는 재주가 있고 손가락에서 불을 내뿜는 재주가 있다 해도 참사랑이 없다면 아무 소용이 없는 것이다.
　아무리 수도를 많이 하여 천기(天氣)를 살필 수 있는 도력을 얻었다 하더라도 그 사람 속에 참사랑이 없다면 아무 소용이 없는 것이다.
　인화주의(人和主義)를 주장하는 사람은 모두 성위(聖位)에 오를 문이 열린 사람들이다. 그러므로 성현의 도를 배우려면 제일 먼저 사람을 사랑할 줄 알아야 한다. 참사랑을 외면한 채 수도를 한다는 것은 마치 모래를 가지고 밥을 짓는 것과 마찬가지로 어리석은 일이다.
　참사랑을 외면한 채 마음공부를 한다는 것은 마치 계란으로 바위를 치는 것과 같이 어리석은 짓이다. 그러므로 사람을 진실로 사랑하는 참사랑 이것이 곧 도의 완성인 것이다.
　그러므로 나는 누구인가?
　인간의 최종적인 목적인 참사랑을 통하여 천지자녀의 자리를 회복함으로써 도(道)를 완성해야 할 나인 것이다.

3. 애물주의(愛物主義)

애물주의란 곧 만물(萬物)을 사랑하는 주의를 말한다. 천지자녀가 되고자 한다면 먼저 하늘을 공경하고 참사랑을 가지고 사람과 잘 화합하며 만물을 사랑하는 마음을 가져야 한다. 천지의 모든 만물은 천지부모가 만든 피조물이다.

어느 것 하나 창조의 손길이 닿지 않는 것이 없다. 우리가 마시는 냉수 한 그릇도 천지부모가 만든 것이다. 그러므로 냉수 한 그릇을 마시면서도 감사할 줄 알아야 한다.

우리가 매일 먹는 음식들도 모두 천지부모의 젖줄을 통하여 나온 귀한 것들이다.

사람들은 흔히 아주 귀한 것은 그 고마움을 모르고 살 때가 많다. 한 시간만 공기가 없다면 사람은 즉시 죽고 만다.

이처럼 귀중한 공기의 고마움을 과연 얼마나 느끼며 살고 있을까?

더 나아가서는 이러한 공기를 만들어 주신 분이 누구인가에 대하여 얼마나 생각하면서 살고 있을까?

이 모든 것이 모두 무량하신 천지부모의 은혜에서 비롯된 것이다.

태초에 스스로 계신 천지부모는 장차 태어날 자식인 인간을 위해서 모든 만물을 창조하셨다.

땅이 있어야 의지할 곳이 되므로 지구를 창조하셨고, 태양이 있어야 따뜻한 기온을 유지할 수가 있고 물이 있어야 마실 수 있으며 음식물이 있어야 먹을 수 있으며 공기가 있어야 숨을 쉴 수 있는 것이다.
 그러므로 만물은 모두 인간의 행복을 위해 만들어 주신 천지부모의 은혜인 것이다.
 사람은 누구나 만물에 감사할 줄 알아야 하며 만물을 아끼고 보살필 줄 알아야 한다. 즉 만물을 친자식처럼 사랑할 줄 알아야 참사람이 되는 것이며 천지자녀의 자리를 회복할 수 있는 것이다.
 어진 사람은 냉수 한 그릇을 마시면서도 천지부모의 은혜에 감동하여 감사의 눈물을 흘린다. 참사랑의 소유자는 음식을 대할 때마다 먼저 천지부모의 은혜를 생각한다. 선한 사람은 종이 조각 하나라도 함부로 버리지 않는다. 도를 닦는 사람은 못 한 개라도 함부로 버리지 않는다.
 그것은 만물의 귀중함을 알기 때문이며 그 만물의 배후에는 천지부모가 계신 것을 알기 때문이다.
 강(江)에 가서 물의 귀중함을 알고 아껴 사용하는 사람이 진정한 수도인의 자세이다.
 산(山)에 올라가서 흙 한 줌을 귀하게 여길 줄 아는 사람이 곧 어진 사람의 자세이다.
 어려서부터 하늘을 공경하고 참사랑을 나누며 만물을 귀하게 여길 줄 아는 마음자세가 되어 있는 사람은 복(福)이 많은 사람이다.
 이 세 가지 귀한 것을 어느 것 하나라도 소홀히 할 수가 없다. 세상에는 사람들이 엄청나게 많으나 이처럼 참사람은 찾기가 힘이 든다. 한 작은 회사의 사장이 한 탄식 소리가 생각난다.
 '사람은 많지만 참사람이 없다.'
 세상에는 직장을 구하지 못해 쩔쩔매는 사람이 있는가 하면 반대로 직장에서는 사람을 구하지 못해 쩔쩔매고 있다. 참으로 신기한 현상이다.

이런 신기한 현상이 일어나는 것은 결국 사람은 많지만 참사람이 귀하기 때문이다.

물건을 아껴쓸 줄 모르는 사람은 참사람이 될 수가 없다. 남의 것은 함부로 사용해도 된다는 그 마음은 죄인(罪人)의 마음이다.

그러므로 나는 누구인가?

만물에 대하여 감사하며 아껴쓸 줄 아는 참사람의 자리를 지켜나가야 할 나인 것이다.

맺 음 말

필자는 사주쟁이다.

사주쟁이란 사람들의 운명을 감정해 주는 것으로 복채를 받아먹고 사는 직업이다.

색다른 직업이기 때문에 여러 가지 세상살이의 어두운 구석도 많이 대하게 된다.

찾아온 손님 가운데 혼자 고민하는 일을 털어놓기 때문이다. 그 내용은 천태만상이지만 대체로 보면 색마(色魔)의 노예가 되어 괴로워하거나 재물 때문에 분쟁이 일어나거나 부부(夫婦) 사이의 갈등 문제이거나 사람들과의 관계에서 이해다툼이거나 병마(病魔)에 시달리고 있거나 또는 소원이 이루어지지 않아 찾아오는 사람이 대부분이다.

물론 사람들마다 각각 사연이 다르고 바라는 소망 또한 천태만상이지만 모두가 만족을 얻은 사람은 극소수에 불과할 뿐이다.

어느날 40대 여인이 찾아왔다. 자신은 경제적으로도 넉넉한 편이고 학식도 일류급이 되고 자녀도 남부럽지 않게 성장하였고 남편의 사업도 호황을 누리고 있는 그야말로 무엇 하나 걱정할 것 없는 사람이라고 했다. 단 하나 불만이 있다면 남편에게 만족을 느끼지 못한다는 것이다.

그렇다고 외도를 할 수도 없는 노릇이라며 탄식을 한다. 물론 정력에 좋다는 약이란 약은 모두 구해 보신시켜 보았으나 별 효력이 없었으며 심지어는 외국에 나가서 수백만 원이나 하는 '해구신(海狗腎)'까지 구해 보신시켜 보았으나 아무 효력이 없다는 것이다.

활활 타오르는 불기둥을 남편이 좀체 꺼주지 못하므로 때로는 외간 남자와 실컷 즐겨 볼까 하는 생각이 하루에 열두 번도 더 일어나니 이 문제를 어떻게 해결하면 좋을까 하고 상담해 올 때 참으로 답변하기가 어렵다. 궁합이 안 맞으면 이러한 고민거리가 따르게 마련이다. 처음부터 궁합을 보았다면 이러한 문제는 쉽게 해결되었을 것이다.

즉 강한 사람은 강한 사람끼리 어느 정도는 맞아야 하기 때문이다. '옹녀'에게는 '변강쇠'가 가장 좋은 궁합이기 때문이다.

만일 변강쇠를 만나지 못했다면 옹녀는 밤마다 고통 속에서 살아가야 했을 것이다.

그리고 사업을 크게 벌여 놓았는데 자금이 제대로 돌지 않아 쩔쩔매는 사람을 많이 보게 된다. 당장 몇억이 꼭 필요한데 나올 구멍이 전연 없다는 것이다.

할 수 없이 위험부담을 안고 사채꾼들에게 의지했다가 졸지에 회사를 빼앗기는 일을 당했을 때는 천지가 캄캄하다는 것이다. 이러한 내용들은 대부분이 과욕이 부른 자업자득(自業自得)이라고밖에 할 수 없다.

무슨 일을 시작하거나 마찬가지겠지만 특히 사업을 시작하려면 먼저 자기의 능력을 알아야 하며 운세의 흐름을 파악해야 하는 것이다.

영안이 어두운 장님에게는 미래를 알지 못한다. 그러므로 미래에 대하여 손바닥 보듯이 훤히 알고 있는 역학인을 찾아가서 문의를 해야 하는 것이다.

진정으로 자신의 미래에 대하여 올바르게 알고 싶다면 먼저 자신의 과거를 솔직히 고백해야만 한다. 왜냐하면 대부분 사람들이 출생시(出生時)를 잘 모르기 때문에 지나온 과거의 길흉을 보아 미래를 예언할 수 있기 때문이다.

물론 백 퍼센트 다 알 수는 없고 다만 70퍼센트까지는 알 수 있다. 70퍼센트까지밖에 알 수 없는 이유는 사람의 사주를 점지할 때 70퍼센트만 정해 주었기 때문이다.

왜냐하면 30퍼센트는 자신의 노력 여하에 달려 있기 때문이다. 그러므로 아무리 유능한 역학인이라도 70퍼센트가 한계인 것이다. 즉 70퍼센트 적중했다는 말은 인간의 지능으로나 하늘의 능력으로나 백 퍼센트 적중했다고 봐야 한다.

왜냐하면 70퍼센트까지만 점지해 놓은 것이 하늘의 법칙이기 때문이다.

그리고 간혹 필자를 찾아오는 손님 중에 다년간 병마에 시달리는 사람들이 많다. 그리고 병을 고칠 수 있는 방책을 문의할 때 필자가 의사는 아니지만 그래도 의사보다 더 깊은 면을 상담하지 않을 수 없다.

병자는 당연히 병원에 가서 치료를 받아야 회복할 수 있는 것이지만 치료를 받으면서 마음공부를 권하고 있다.

사람은 누구나 육신과 영혼의 이중구조로 되어 있으므로 병이 발생하는 것도 육신과 영혼 두 부분으로 발생하는 것이다. 그러나 더 엄밀히 살펴보면 먼저 영혼에 병이 들었다가 육신으로 번져 나오는 것을 알 수 있다.

예를 들어 간(肝)에 병이 들었다면 간이 병들기 전에 먼저 영혼에 병이 들었다는 것이다.

사람들이 이처럼 근본적인 영혼의 치료는 생각지 않고 육신만 치료하기에 돈과 시간을 투자하게 된다. 그러나 근본적인 부분을 치료하지 않고는 육신을 치료한다 해도 좀처럼 회복하기가 어려운 것이다.

그러므로 육신과 함께 영혼을 치료해야만 회복이 빠른 것이다. 영혼을 치료하는 방법은 여러 가지가 있지만 무엇보다 중요한 것은 먼저 천지부모를 절대적으로 믿고 지극히 사모하면 병이 쉽게 회복된다.

그리고 마음자세를 올바르게 가지고 모든 일에 감사하는 마음으로 살면 쉽게 회복되는 것이다.

천지부모를 믿고 사모하고 싶어도 잘 되지 않거나 마음을 올바르게 가지고자 해도 잘 되지 않을 때는 다른 방법, 즉 천문(天文)을 지성으로 암송하면 소원이 이루어지게 된다.

이것이 곧 영혼을 치료하는 방법이다. 무엇보다 어려운 문제는 색마의 노예가 되어 고통당하는 사람이다.

색마의 장난에 걸려들지 않으려면 인간 자신의 노력만으로는 불가능하다. 그러므로 천지부모를 믿고 사는 절대적 부자지간(父子之間) 관계가 성립되지 않고는 색마의 장난에서 벗어나기란 불가능하다. 여기에서 사람은 누구나 천지부모를 믿고 살아야 한다는 결론을 얻게 된다.

사람이 일생을 살아가자면 여러 가지 길흉을 당하게 된다. 이러한 일들은 모두 부모나 조상들의 업보 때문인 것을 알게 될 때 우리는 자신의 사주를 보아 어느 조상의 업보가 나에게 머물러 있는가를 알아내어 소멸을 위해 공덕을 쌓아야 한다. 지금 이 순간도 우리의 많은 조상들 중에서는 지옥에서 살려 달라고 애타게 부르고 있다.

지옥에 빠져 고통당하는 조상들을 구원할 수 있는 길은 지상에 살고 있는 후손들이 바른 마음으로 공덕을 쌓아 그 정성을 올려 보내주는 수밖에 없다.

그러므로 사람들은 누구나 자기 조상들의 구원을 위해서나 자신의 장래를 위해서도 공덕을 반드시 쌓아야 행복해질 수 있는 것이다.

필자는 이 책을 쓰기 시작하면서 참으로 많은 것을 깨닫게 되었다. 사주팔자를 통해 조상들의 업보를 알 수 있고 소멸방법을 알게 되었을 때 많은 사람들에게 알리지 않을 수 없었다.

이러한 조상 구원에 대한 오묘한 내용을 알면서도 알리지 않고 침묵만 지키고 있다가는 벼락이라도 내릴까봐 두려워서 이 책을 쓰게 된 것이다.

운명으로 본 인생
───────────────────────
初版 印刷 ● 1995年 4月 1日
初版 發行 ● 1995年 4月 6日

著 者 ● 金 讚 東
發行者 ● 金 東 求
發行處 ● 明 文 堂
　　　서울特別市 鍾路區 安國洞 17~8
　　　對替　010041-31-0516013
　　　電話　(營) 733-3039, 734-4798
　　　　　　(編) 733-4748
　　　FAX　734-9209
　　　登錄　1977. 11. 19. 第 1~148號
───────────────────────
● 落張 및 破本은 交換해 드립니다.
● 不許複製 · 版權 本社 所有.

값 7,000원
ISBN 89-7270-443-1　　13140